HANS KÜNG
Was bleibt

HANS KÜNG
Was bleibt
Kerngedanken

Herausgegeben von Hermann Häring
und Stephan Schlensog

Piper München Zürich

Mehr über unsere Autoren und Bücher:
www.piper.de

www.weltethos.org

ISBN 978-3-492-05579-6
© Piper Verlag GmbH, München 2013
Gesetzt aus der Minion Pro
Satz: Dr. Stephan Schlensog, Tübingen
Druck und Bindung: CPI – Clausen & Bosse, Leck
Printed in Germany

Inhalt

Was bleibt?	10
Gruß an den Leser	15

1. Gott – Grund, Halt und Ziel

Gott Existiert	19
Nein oder Ja zu Gott möglich	19
Gott – eine Sache des Vertrauens	20
Der Gottesglaube als letztlich begründetes Grundvertrauen	22
Gottesglaube rational verantwortet	25
Gottesglaube als Geschenk	29
Der Gott der Liebe	32
Vom Leben betrogen?	32
Ein mit-leidender Gott	35
Gott und das Leid	38
Der Kampf des Hiob	38
Gott als Anfang?	53
Die Frage nach dem Anfang der Anfänge	54
Die Anfangssingularität	54
»Kopernikanische Wende« in der Philosophie: Descartes	56
Gottesbeweise – zum Scheitern verurteilt: Kant	57
Auch Gegenbeweise scheitern	58
Wie Gott denken?	60
Eine Alternative zum Wort Gott?	61
Gott – ein überirdisches Wesen?	62
Zeit-Raum, umgriffen von Ewigkeit und Unermeßlichkeit	64
Ist Gott Person?	65
Wie Gottes Wirken denken?	69
Ein vergeistigtes Gottesverständnis	70
Der Unendliche wirkt im Endlichen	71
Keine Konkurrenz zwischen Gott und Welt	72

2. Jesus – Lebensmodell und Maßstab

Die oberste Norm – zur ethischen Botschaft Jesu	79
Statt Gesetzlichkeit Gottes Wille	79
Der Sinn der Bergpredigt	83
Jesus – der Konflikt	87
Der Streit um Gott	87
Revolution im Gottesverständnis	87
Vater der Verlorenen	90
Die nicht selbstverständliche Anrede	94
Sein Vater und unser Vater	98
Das Ende	101
Ein letztes Mahl	102
Verhaftung, Prozeß, Verurteilung	106
Die Hinrichtung	109
Warum er sterben mußte	110
Umsonst gestorben?	116
Tod und danach? Auferweckung Jesu	119
Radikalisierung des Gottesglaubens	123

3. Ökumene – Einheit im Glauben

Getrennt im Glauben?	129
Katholisch – evangelisch. Eine ökumenische Bestandsaufnahme	136
Das bisher Erreichte	136
Was hat sich verändert für die Christenheit insgesamt?	138
Was hat sich verändert für die Kirchen der Reformation?	139
Was hat sich verändert für die östlichen Kirchen?	142
Die Aufgaben der Zukunft	143
Was heißt »katholisch« und was »evangelisch«?	145

4. Kirche – Aufbruch in Freiheit

Manipulation der Wahrheit?	149
Kirche und Reich Gottes	158

Provisorische Kirche	158
Anspruchslose Kirche	159
Dienende Kirche	161
Gehorsame Kirche	162
Warum dieser Papst groß war	166
Das Evangelische	167
Offen für alle Christen	169
Warum ich in der Kirche bleibe	175
Abschied von der Kirche?	175
Eine persönliche Antwort	177
Kirche als Sachwalterin Jesu Christi	179

5. Freiheit – erfahren und gelebt

Zur Problematik unfehlbarer Sätze	187
Die Problematik von Sätzen überhaupt	187
Der rationalistische Ursprung des Erkenntnisideals von klaren Sätzen	191
Aufhebung der Aporie	196
Blaise Pascal – Die Gründe des Herzens	198
Zwischen Unendlichkeit und Nichts	199
Unerledigte Fragen	204
Freiheit des Christen	209
Eigentum, Familie, Staat	209

6. Tod – nicht Ende, sondern Vollendung

Ewiges Leben	221
Nur Gott schauen?	221
Die neue Erde und der neue Himmel	225
Das Ende aller Dinge	231
Physikalische Hypothesen vom Ende	231
Apokalyptische Visionen vom Ende	234
Der Sinn der biblischen Visionen	236
Sterben ins Licht hinein	238

Menschenwürdig sterben 241
Ein theologisch verantworteter Weg der Mitte 241
Wie sterben? 248

7. Weltreligionen – Horizont und Herausforderung

Lebensmodelle der Weltreligionen 253
Religionen im Wettstreit 253
Das Hindu-Modell 254
Das Buddha-Modell 257
Das konfuzianische Modell 259
Das jüdische Modell 262
Verfälschte christliche Spiritualität 264
Das christliche Modell 267
Ein einzigartiges Leben 270
Das muslimische Modell 274

Die Religionen – mögliches Fundament des Ethos 278
Woher die Verbindlichkeit? 278
Kann menschlich Bedingtes unbedingt verpflichten? 280
Nur Unbedingtes kann unbedingt verpflichten 282
Grundfunktionen der Religion 283

Ethische Perspektiven der Weltreligionen 286
Das Wohl des Menschen 286
Maximen elementarer Menschlichkeit 287
Vernünftiger Weg der Mitte 289
Goldene Regel 290
Sittliche Motivationen 291
Sinnhorizont und Zielbestimmung 291

8. Weltethos – Orientierung für die Menschheit

Moral ohne Religion? 295
Entscheidungsfreiheit für oder gegen Religion 296

Ethik im dritten Jahrtausend 298
Ziel und Kriterium: der Mensch 298

Ethik als öffentliches Anliegen	300
Keine Weltordnung ohne Weltethos	302
Nicht nur Rechte, auch Pflichten	304
Menschenpflichten stärken Menschenrechte	304
Die »Pflicht«, aber auch das »Recht« kann mißbraucht werden	310
Nicht alle Pflichten folgen aus Rechten	315
Politik und Ethos	319
Keine rücksichtslose Realpolitik	320
Aber auch keine moralisierende Gesinnungsethik	320
Ein Mittelweg der verantworteten Vernunft	321
Statt Thetik oder Taktik eine verantwortete Gewissensentscheidung	322
Keine globale Politik ohne globales Ethos	324
Wirtschaft und Ethos	327
Welches wirtschaftspolitische Konzept? Marktwirtschaft sozial	327
Wege aus der Weltwirtschaftskrise? Drei Komplexe des Versagens	328
Verantwortungsvolles Wirtschaften: ohne institutionalisierte Gier und Lüge	328
Globale Marktwirtschaft erfordert ein globales Ethos der Humanität	329
Keine unökonomische Gesinnungsethik	330
Auch keine gesinnungslose Erfolgsethik	330
Für eine ethisch fundierte Unternehmenskultur	331
Der Autor dieses Buches	335
Bücher des Autors zur Vertiefung	336

Was bleibt?

Es ist ein anspruchsvoller und gewagter Titel, den wir, Herausgeber und Verlag, dieser Textsammlung gegeben haben. Wer von uns kann denn schon vorhersagen, welche Texte aus dem umfangreichen Schrifttum von Hans Küng bleiben werden? Werden seine Fragen und seine Antworten zu Christentum, Religionen und Weltethos auf lange Zeit Bestand haben? Ist der hier vorgelegte Umfang bleibender Texte zu groß oder viel zu bescheiden und auf welche Zeiträume soll diese Dauer angelegt sein? Wir wissen es nicht: In dieser Sache sind keine objektiven, gar unfehlbaren Urteile möglich. Wir können nur sagen: Die Fragen nach Lebenssinn und Gerechtigkeit, Glauben und Wissen, einer letzten Instanz und Weltdeutung, nach Religionen und deren ethischer Botschaft werden nicht so schnell aus den Köpfen und Herzen der Menschen verschwinden. Zudem lässt sich kaum bestreiten, dass Hans Küng diese Fragen über fünf Dekaden lang nachhaltig mitgestaltete, kräftig vorantrieb und sich immer wieder zu Wort meldete. Wer sich also ohne besondere Vorkenntnisse in die Forschungsarbeit, die Intentionen und Denkergebnisse dieses Theologen einlesen will, beginne mit den hier vorgelegten Texten, denn sie führen in die Mitte seiner Schaffens und legen Spuren, die weiter zu verfolgen sich lohnt.

Hans Küng blickt auf ein langes und reiches Arbeitsleben zurück. Sein erster Artikel erschien 1955 mit dem für ihn kennzeichnenden Titel, der in seiner Spannung als Motto seines Lebens gelten könnte: »Ist Friede Kapitulation?«. Nach nunmehr 58 Jahren liegt der abschließende Band seiner Memoiren vor: »Erlebte Menschlichkeit«. Oft hat man Hans Küng als konfliktfreudigen Kämpfer charakterisiert; das lässt sich nicht leugnen. Denn von Anfang an konzentrierte er sich auf unvermeidliche, bisweilen gar lebensgefährliche Konflikte, denen ängstlichere Kollegen sorgsam ausgewichen sind. Dazu gehörten Fragen katholischer Kirchenreform, die Dar- und Auslegung christlicher Dogmen, Wege zu einer interreligiösen Ökumene und schließlich die Weltethosidee, die aus guten Gründen bis nach Bogotá und Beijing zum Selbstläufer geworden ist.

Zu all diesen Themen hat Hans Küng sich in Tausenden von Buchseiten geäußert. Er arbeitete die wissenschaftliche Literatur auf, argumentierte detailreich und wurde zugleich zum reisefreudigen Weltbürger, bezog moderne Kommunikationsmittel bis hin zu aufwendigen Fernsehreportagen in seine Arbeit ein. Überzeugungskraft und Zustimmung hätten sich aber nicht eingestellt, wäre seine Arbeit nicht vom ersten Tag an von einer unstillbaren Leidenschaft nach Wahrheit und Wahrhaftigkeit getragen gewesen. Und höchst glaubwürdig hätten seine Kämpfe nicht gewirkt, hätte er nicht von Anfang an weder sachliche Niederlagen noch persönliche Verwundungen gescheut. Immer wieder hat er sich ihnen ausgesetzt und sie ertragen. Seine Botschaften aber haben dadurch zunehmend an Kraft und an Tiefe gewonnen.

Um dies zu erreichen, bedarf es nicht nur einer starken physischen und psychischen Energie, sondern auch eines stabilen Selbstbewusstseins, das bei ihm aus einem unerschütterlichen, weil religiös geerdeten Grund- und Gottvertrauen lebt. Vertrauen ist denn auch ein Grundthema, das sich durch alle seine Aktivitäten und Äußerungen zieht. Wie anders hätte er seiner Kirche die Treue halten, mit Joseph Ratzinger/Benedikt XVI. immer wieder Kontakt suchen und an seiner Hoffnung auf eine Kirchenreform unerschütterlich festhalten können. Wie anders kann man Jahrzehnte Energie in das Sisyphosprojekt von Weltfrieden und Weltversöhnung investieren, dabei den Dialog und die Kooperation mit Religionen konsequent im Auge behalten – auch solcher, die sich alles andere als in bester, gegenwartstauglicher Verfassung zeigen?

Wer mehr über die persönlichen Hintergründe dieses schaffensreichen Lebensweges erfahren möchte, lese entweder die drei Memoirenbände des Autors; in vielen Teilen kann ihm die Spannung eines Kriminalromans sicher sein. Oder er greife zu Küngs reifem und sehr persönlichem Spätwerk »Was ich glaube« (München 2009), in dem er ohne alle Aufdringlichkeit von seiner Spiritualität und seinem eigenen Glauben spricht. Auf solche persönlichen Zentralmotive und Hintergründe kommt die vorliegende Textsammlung nur am Rande zu sprechen. Denn wichtiger war es den Herausgebern, einen Einblick in die zentralen Sachthemen in Glaube und Gesellschaft zu geben, um die sich der Autor – wie schon angedeutet – intensiv bemüht hat. Man könnte Küngs Wirken in vier Phasen gliedern:

– Zunächst beschäftigt ihn die Vision einer strukturell erneuerten und ökumenisch versöhnten Kirche (Rechtfertigungslehre, Konzil, Kirche und Unfehlbarkeit); die Ergebnisse haben sich in umfassenden Monographien und kleineren Schriften niedergeschlagen.

– Im ersten nachkonziliaren Jahrzehnt (1970–80) wendet er sich zentralen christlichen Glaubensfragen zu (wer war Jesus, was meinen Christus- und Gottesglaube, was ist unsere Zukunft?); die Hauptergebnisse sind in vier umfassenden Monographien niedergelegt.

– Nach der endgültigen Kampfansage Roms (1979/80) verlagert sich Küngs Interesse in den 1980er Jahren auf die weltweite Ökumene der Weltreligionen (Projekt: »Die religiöse Situation der Zeit«); breit dokumentierte Monographien zu Christentum, Judentum und Islam sind die Folge.

– In den 1990er Jahren gewinnt das Projekt Weltethos immer mehr an Kontur. Es führt zu einem letzten großen Kreativitäts- und Bekanntheitsschub mit Büchern zur Idee

des Weltethos, zu Fragen einer ethisch verantwortbaren Politik und Wirtschaft und den Möglichkeiten einer globalen Verständigung auf ein Minimum an gemeinsamen Werten. Streng genommen sind das weder religiöse noch theologische Projekte; sie sind aber dort angelangt, wo christliche Glaubenspraxis hingehört, nämlich bei der Gestaltung einer gerechten und versöhnten Welt.
– Hinzukommende Themenbereiche, denen sich Hans Küng zuwandte (Abhandlungen und Essays zu Kunst, Literatur, Naturwissenschaften, Paradigmentheorie, zu historischen Persönlichkeiten und Entwicklungen) werden hier ebenso ausgeklammert wie die Tatsache, dass die genannten Themen einander auch überlagerten und unter neuen Problemstellungen zurückkamen, so etwa Fragen der Kirchenreform, die heute noch drängender sind als vor 55 Jahren.

Gewiss finden diese vier Phasen im vorliegenden Band ihren Niederschlag, wie schon das Inhaltsverzeichnis zeigt. Beabsichtigt ist aber kein geschlossenes System, sondern eine Vielfalt interessanter Textstücke, die zum Weiterlesen einladen. Küngs Bücher können zwar Konzentration erfordern und weit in die Forschungslabore von Theologen, Religionswissenschaftlern, Kulturspezialisten, Politologen, Naturwissenschaftlern oder Wirtschaftskundigen hineinreichen, aber immer wirken sie erhellend und erfrischend. Sie lesen sich mal als mitreißende Polemik, öfters als informationsreiche Erkundungstour, in vielen Fällen wie ein spannender Roman, den man nicht mehr aus der Hand legt. Und weil sich Theologie und Kirche seit 50 Jahren leider im Kreise drehen, sind selbst seine theologischen Werke von damals noch aktuell. Sogar sein Buch »Die Kirche«, vor genau 45 Jahren erschienen, enthält schon alle aktuellen Reformprogramme, die dem Vatikan noch heute die Ruhe rauben.

Dieses Buch ist Hans Küng zu seinem 85. Geburtstag gewidmet. Wir feiern diesen Tag mit großer Dankbarkeit für sein Lebenswerk; denn wir sind davon überzeugt: Seine globalen Wirkungen innerhalb und außerhalb der Kirche sind noch lange nicht ausgeschöpft. Angesichts seines Alters will der Gefeierte jetzt alle seine Ämter und Funktionen niederlegen, die er noch immer mit Tatkraft in voller Präsenz zu versehen weiß. Wer würde das nicht verstehen! Doch wissen wir auch: Seinen geliebten Schreibtisch, an dem er schon die ersten Tübinger Bücher geschrieben hat, wird er bestimmt nicht entsorgen und wir können uns nicht vorstellen, dass seine Energie über Nacht versiegen wird.

Mit dieser Textsammlung möchten wir Hans Küng auch persönlich Dank sagen: dem unermüdlichen und stets neugierigen Forscher und Denker, dem großartigen Inspirator und Lehrer, dem motivierendem Chef und vertrauensvollen Kollegen, kurz: einem wunderbaren Menschen, der unser beider Leben geprägt hat und dem wir beide sehr viel verdanken.

Doch einstweilen wünschen wir dem vorliegenden Buch eine große Verbreitung. Es möge zum Türöffner werden zu Hans Küngs Schrifttum, also zu vielen spannenden Exkursionen über Gott und die Welt, den Frieden und die Versöhnung, auf den die ganze Menschheit hofft und in deren Dienst er immer noch arbeitet.

Tübingen, im Dezember 2012

Hermann Häring *Stephan Schlensog*

Gruß an den Leser

Was bleiben soll von meinem Denken, kann ich nur als *Hoffnung* formulieren: Ich hoffe, dass meine Kerngedanken zu Gott und Jesus Christus, zu existentiellen Fragen des Menschseins, zu Weltreligionen, Weltfrieden und Weltethos bleiben. Bleiben als Antworten auf schwierige Probleme, als Hilfe für Leben und Glauben, als Impulse zum Weiterdenken und Handeln.

So oft wurde ich gefragt: »Ich möchte mich mehr mit Ihrem Denken befassen, aber wo soll ich anfangen? An die großen Bücher wage ich mich nicht, und die kleineren treffen vielleicht nicht das Zentrum?« Dieses Buch hier nun ermöglicht, zentrale Texte meines Denkens kennenzulernen und so Zugang zu den großen Kernthemen meines theologischen Schaffens zu finden. Das wird sicher spannend sein für den neuen Leser, aber auch interessant für den damit vertrauten. Ich habe selber meine eigenen Texte, auch wenn sie mehrere Jahrzehnte zurückliegen, mit Dankbarkeit und Freude wiedergelesen.

Was von unserem Œuvre bleibt, was vergessen wird, was Bestand hat oder was vielleicht erst viel später wieder Bedeutung erhält, darüber befindet nicht der Autor, darüber urteilt der Leser, der gegenwärtige und der künftige. Und deshalb habe ich auch die Bücher, die ich geschrieben habe, nie gezählt. Ich habe sie gewichtet, nach geistigem Aufwand, nach Reichweite und Tiefgang der Problematik, nach Wirkung und Auswirkung. Aber ich habe mich stets geweigert, die Frage zu beantworten, *welches* denn mein *wichtigstes* Buch sei. Das weiß ich nicht und brauche es auch nicht zu wissen. Das kann posthum – wenn alle Urteile über Orthodoxie und Katholizität, alle Konkurrenz, Ressentiments, Rivalität und Neid endgültig der Vergangenheit angehören werden – ganz anders aussehen als zu meinen Lebzeiten. Und erst recht ganz anders nach ein paar Jahren, wenn die Situation von Welt, Kirche und Theologie wieder einmal völlig anders sein wird. Was bleibt: Vielleicht wird man sich dann an schon längst Gedachtes und Vorgeschlagenes, Gewünschtes und Gefordertes erinnern. Wer weiß?

Dass ich dieses Buch neben der Arbeit am dritten Band meiner Erinnerungen veröffentliche, verdanke ich der Überzeugungskraft und Hartnäckigkeit meines langjährigen Lektors beim Piper Verlag, Ulrich Wank. Die höchst kundige Auswahl der Texte aber verdanke ich meinen treuen theologischen Wegbegleitern und Freunden Professor Dr. Hermann Häring und Dr. Stephan Schlensog. Sie sind seit Jahrzehnten mit meinem Werk bestens vertraut und konnten mit dem Blick des Lesers die geeigneten Texte zusammenstellen. So haben sie dem Autor die Qual der Wahl erspart.

Dieses Buch erscheint pünktlich zur Vollendung meines 85. Lebensjahres und ist das schönste Geburtstagsgeschenk, das ich mir denken kann.

Tübingen, Neujahr 2013

Hans Küng

1. Gott – Grund, Halt und Ziel

Gott Existiert

Zu Hans Küngs wichtigen Veröffentlichungen zählt das 1978 erschienene Werk »Existiert Gott?«, das in 875 Seiten die neuzeitliche Gottesfrage aufarbeitet. Der Kern von Küngs eigener Antwort wird hier wiedergegeben.

Nein oder Ja zu Gott möglich

Die Auseinandersetzung mit Feuerbach, Marx, Freud und Nietzsche hat es gezeigt: Eines kann dem Atheismus nie bestritten werden – ein Nein zu Gott ist möglich. Der Atheismus läßt sich nicht rational eliminieren: Er ist unwiderlegbar! … Die Auseinandersetzung mit Feuerbach, Marx, Freud und Nietzsche hat freilich auch ein anderes gezeigt: Der Atheismus seinerseits kann auch die andere Alternative nicht positiv ausschließen – auch ein Ja zu Gott ist möglich. Der Atheismus läßt sich nicht rational etablieren: Er ist unbeweisbar!

Warum? Es ist die Wirklichkeit in aller Fraglichkeit, die genügend Anlaß gibt, um nicht nur ein vertrauendes Ja zu dieser Wirklichkeit, ihrer Identität, Sinnhaftigkeit und Werthaftigkeit zu wagen, sondern darüber hinaus auch ein Ja zu dem, ohne den die Wirklichkeit in allem Begründen letztlich unbegründet, in allem Halten letztlich haltlos, in allem Sich-Entwickeln letztlich ziellos erscheint: ein vertrauendes Ja also zu einem Urgrund, Urhalt und Urziel der fraglichen Wirklichkeit.

Also: Es gibt tatsächlich kein schlüssiges Argument für die Notwendigkeit des Atheismus. Es kann auch nicht positiv widerlegt werden, wer sagt: Es ist ein Gott! Gegen ein solches von der Wirklichkeit selber her sich aufdrängendes Vertrauen kommt der Atheismus seinerseits nicht an. Auch die Bejahung Gottes beruht zutiefst auf einer *Entscheidung*, die wiederum mit der Grundentscheidung zur Wirklichkeit überhaupt in Zusammenhang steht. Auch sie ist rational unwiderlegbar.

Gott – eine Sache des Vertrauens

Die Alternativen sind deutlich geworden: Ein Nein oder Ja zu Gott ist möglich. Stehen wir also nicht ... vor einem Patt, einem Unentschieden? Hier genau liegt der entscheidende Knoten zur Lösung der Frage nach der Existenz Gottes ...: Wenn Gott ist, ist er die Antwort auf die radikale Fraglichkeit der Wirklichkeit. Daß Gott ist, kann angenommen werden, nicht stringent aufgrund eines Beweises oder Aufweises der reinen Vernunft (Natürliche Theologie), nicht unbedingt aufgrund eines moralischen Postulates der praktischen Vernunft (Kant), nicht ausschließlich aufgrund des biblischen Zeugnisses (Dialektische Theologie). Daß Gott ist, kann nur in einem – in der Wirklichkeit selbst begründeten – Vertrauen angenommen werden.

Schon dieses vertrauende Sich-Einlassen auf einen letzten Grund, Halt und Sinn der Wirklichkeit – und nicht erst das Sich-Einlassen auf den christlichen Gott – wird im allgemeinen Sprachgebrauch zu Recht als »Glauben« an Gott bezeichnet: als »*Gottesglaube*«. Entsprechend dem »Grundvertrauen« könnte man auch generell von »Gottvertrauen« reden, wenn dieses Wort nicht allzu theologisch oder emotional besetzt wäre. Um dieses wichtige Wort nicht völlig dem Verschleiß preiszugeben, sprechen wir manchmal in bewußter Analogie zum »Grundvertrauen« von »Gott-Vertrauen«. Dabei geht es selbstverständlich um echten Glauben, freilich in einem weiten Sinn: Insofern solcher Glaube nicht notwendig von der christlichen Verkündigung provoziert sein muß, sondern auch Nichtchristen (Juden, Moslems, Hindus ...) möglich ist. Die Menschen, die sich zu einem solchen Glauben bekennen, werden zu Recht – ob Christen oder Nichtchristen – als »Gottgläubige« bezeichnet. Demgegenüber erscheint der Atheismus, insofern er Verweigerung des Vertrauens zu Gott ist, wiederum im allgemeinen Sprachgebrauch durchaus zu Recht als »Unglaube«.

So hat sich gezeigt: Nicht nur bezüglich der Wirklichkeit als solcher, nein, auch bezüglich eines Urgrunds, Urhalts und Urziels der Wirklichkeit ist für den Menschen eine – freie, wenn auch nicht willkürliche – *Entscheidung unumgänglich*: Da sich die Wirklichkeit und ihr Urgrund, Urhalt und Urziel nicht mit zwingender Evidenz aufdrängen, bleibt Raum für die Freiheit des Menschen. Der Mensch soll sich entscheiden, ohne intellektuellen Zwang, allerdings auch ohne rationalen Beweis. Atheismus wie Gottesglaube sind also ein Wagnis – und ein Risiko. Gerade die Kritik an den Gottesbeweisen macht es klar: Glaube an Gott hat Entscheidungscharakter, und umgekehrt: Entscheidung für Gott hat Glaubenscharakter.

Um eine Entscheidung also, um eine Lebensentscheidung, geht es in der Gottesfrage, die freilich in eine noch ganz andere Tiefe reicht als die angesichts des Nihilismus notwendige Entscheidung für oder gegen die Wirklichkeit als solche: Sobald diese letzte Tiefe für den Einzelnen aufbricht und sich die Frage stellt, wird die Entscheidung unumgänglich. Wie beim Grundvertrauen, so gilt auch in der Gottesfrage: Wer nicht wählt, wählt: Er hat gewählt, nicht zu wählen. Stimmenthaltung in einer Vertrauensabstimmung zur Gottesfrage bedeutet Vertrauensverweigerung, faktisch ein Mißtrauensvotum. Wer hier nicht – zumindest faktisch – Ja sagt, sagt Nein.

Doch leider stehen die »Tiefe« (oder »Höhe«) einer Wahrheit und die Sicherheit ihrer Annahme durch den Menschen in umgekehrtem Verhältnis. Je banaler die Wahrheit (»Binsenwahrheit«, »Platitüde«), desto größer die Sicherheit. Je bedeutsamer die Wahrheit (etwa im Vergleich zur arithmetischen die ästhetische, moralische, religiöse Wahrheit), um so geringer die Sicherheit. Denn: Je »tiefer« die Wahrheit für mich ist, um so mehr muß ich mich für sie erst aufschließen, innerlich bereiten, mich mit Intellekt, Wille, Gefühl auf sie einstellen, um zu jener echten »Gewißheit« zu kommen, die etwas anderes ist als abgesicherte »Sicherheit«. Eine für mich äußerlich unsichere, von Zweifeln bedrohte tiefe Wahrheit (Gott existiert), die ein starkes Engagement meinerseits voraussetzt, kann viel mehr Erkenntniswert besitzen als eine sichere oder gar »absolut« sichere banale Wahrheit ($2 \times 2 = 4$).

Der Gottesglaube als letztlich begründetes Grundvertrauen

Folgt aber aus der Möglichkeit des Ja oder Nein nicht die Gleichgültigkeit des Ja oder Nein? Keineswegs! Das Nein zu Gott bedeutet ein letztlich unbegründetes Grundvertrauen zur Wirklichkeit: Der Atheismus vermag keine Bedingung der Möglichkeit der fraglichen Wirklichkeit anzugeben. Wer Gott verneint, weiß nicht, warum er letztlich der Wirklichkeit vertraut.

Das heißt: Der Atheismus lebt, wenn schon nicht aus einem nihilistischen Grundmißtrauen, so jedenfalls aus einem letztlich *unbegründeten* Grundvertrauen. Im Nein zu Gott entscheidet sich der Mensch gegen einen ersten Grund, tiefsten Halt, ein letztes Ziel der Wirklichkeit. Im Atheismus erweist sich das Ja zur Wirklichkeit als letztlich unbegründet: ein frei treibendes, nirgendwo verankertes, gehaltenes, gerichtetes und deshalb paradoxes Grundvertrauen. Im Nihilismus ist ein Ja zur Wirklichkeit wegen des radikalen

Grundmißtrauens überhaupt nicht möglich. Der Atheismus vermag keine Bedingung der Möglichkeit der fraglichen Wirklichkeit anzugeben. Deshalb läßt er, wenn gewiß auch nicht jede, so doch eine radikale Rationalität vermissen, was er freilich oft verschleiert durch ein rationalistisches, aber im Grund irrationales Vertrauen zur menschlichen Vernunft.

Nein, es ist nicht gleichgültig, ob man Ja oder Nein zu Gott sagt: Der Preis, den der Atheismus für sein Nein zahlt, ist offenkundig! Er setzt sich der Gefährdung durch eine letzte Grundlosigkeit, Haltlosigkeit, Ziellosigkeit aus: der möglichen Zwiespältigkeit, Sinnlosigkeit, Wertlosigkeit, Nichtigkeit der Wirklichkeit überhaupt. Der Atheist setzt sich, wenn er sich dessen bewußt wird, auch ganz persönlich der Gefährdung durch eine radikale Verlassenheit, Bedrohtheit und Verfallenheit aus mit allen Folgen des Zweifels, der Angst, ja der Verzweiflung. Dies alles natürlich nur, wenn Atheismus Ernstfall und nicht intellektuelle Attitüde, snobistische Koketterie, öd gedankenlose Oberflächlichkeit ist.

Für den Atheisten bleiben jene letzten und doch zugleich nächsten und durch kein Frageverbot zu verdrängenden »ewigen« Fragen des menschlichen Lebens unbeantwortet, die sich nicht nur an den Grenzen des Menschenlebens, sondern mitten im persönlichen und gesellschaftlichen Leben stellen. Um nochmals an die Fragen Kants anzuknüpfen:

Was können wir *wissen*? Warum gibt es überhaupt etwas? Warum ist nie nichts? Woher kommt der Mensch und wohin geht er? Warum ist die Welt, wie sie ist? Was ist der letzte Grund und Sinn aller Wirklichkeit?

Was sollen wir *tun*? Warum tun wir, was wir tun? Warum und wem sind wir letztlich verantwortlich? Was verdient schlechthinnige Verachtung, was Liebe? Was ist der Sinn von Treue und Freundschaft, aber auch der von Leid und Schuld? Was ist für den Menschen entscheidend?

Was dürfen wir *hoffen*? Wozu sind wir auf Erden? Was soll das Ganze? Gibt es etwas, was uns in aller Nichtigkeit trägt, was uns nie verzweifeln läßt? Ein Beständiges in allem Wandel, ein Unbedingtes in allem Bedingten? Ein Absolutes bei der überall erfahrenen Relativität? Was bleibt uns: der Tod, der am Ende alles sinnlos macht? Was soll uns Mut zum Leben und was Mut zum Sterben geben?

Wahrhaftig, all dies sind Fragen, die aufs Ganze gehen: Fragen nicht nur für Sterbende, sondern für Lebende. Nicht nur für Schwächlinge und Uniformierte, sondern gerade für Informierte und Engagierte. Nicht Ausflüchte vor dem Handeln, sondern Anreiz zum Handeln. All dies sind Fragen, die im Atheismus zutiefst unbeantwortet bleiben. Dagegen die These: Das Ja zu Gott bedeutet ein letztlich begründetes Grundvertrauen zur Wirklichkeit: Der Gottesglaube als das radikale Grundvertrauen vermag die Bedingung der Möglichkeit der fraglichen Wirklichkeit anzugeben. *Wer Gott bejaht, weiß, warum er der Wirklichkeit vertrauen kann.*

Der Gottesglaube lebt aus einem letztlich *begründeten* Grundvertrauen: Im Ja zu Gott entscheide ich mich vertrauensvoll für einen ersten Grund, tiefsten Halt, ein letztes Ziel der Wirklichkeit. Im Gottesglauben erweist sich mein Ja zur Wirklichkeit als letztlich begründet und konsequent: ein in der letzten Tiefe, im Grund der Gründe verankertes und auf das Ziel der Ziele gerichtetes Grundvertrauen. Mein Gott-Vertrauen als qualifiziertes, radikales Grundvertrauen vermag also die Bedingung der Möglichkeit der fraglichen Wirklichkeit anzugeben. Insofern zeigt es, anders als der Atheismus, eine radikale Rationalität, die freilich nicht einfach mit Rationalismus verwechselt werden darf.

Nein, es gibt kein Patt zwischen Gottesglauben und Atheismus! Der Preis, den der Gottesglaube für sein Ja erhält, ist offenkundig. Weil ich mich statt für das Grundlose für einen Urgrund, statt für das Haltlose für einen Urhalt, statt für das Ziellose für ein Urziel vertrauensvoll entscheide, vermag ich nun mit gutem Grund bei aller Zwiespältigkeit eine Einheit, bei aller Wertlosigkeit einen Wert, bei aller Sinnlosigkeit einen Sinn der Wirklichkeit von Welt und Mensch zu erkennen. Und bei aller Ungewißheit und Ungesichertheit, Verlassenheit und Ungeborgenheit, Bedrohtheit, Verfallenheit, Endlichkeit auch meines eigenen Daseins ist mir vom letzten Ursprung, Ursinn und Urwert her eine radikale Gewißheit, Geborgenheit und Beständigkeit geschenkt – *geschenkt*. Freilich nicht einfach abstrakt, isoliert von den Mitmenschen, sondern immer in einem konkreten Bezug zum menschlichen Du: Wie anders soll insbesondere der junge Mensch erfahren, was es heißt, von Gott angenommen zu sein, wenn er von keinem einzigen Menschen angenommen ist?

So erhalten jene letzten und nächsten Fragen des Menschen eine zumindest grundsätzliche Antwort, mit der der Mensch leben kann: eine Antwort aus der allerletzten-allerersten Wirklichkeit Gottes. Und um das ganze Gewicht der Antwort zu ermessen, lese man jetzt nochmals den vorausgegangenen Abschnitt »Was sich änderte, wenn«!

Gottesglaube rational verantwortet

Es ist nach all dem offensichtlich: Von einem Patt, einem Unentschieden zwischen Gottesglauben und Atheismus kann keine Rede sein. Der Mensch erscheint denn auch nicht einfach indifferent gegenüber der Entscheidung zwischen Atheismus und Gottesglauben. Er ist schon vorbelastet: An sich möchte er die Welt und sich selbst verstehen, möchte auf die Fraglichkeit der Wirklichkeit eine Antwort, möchte die Bedingung der Möglichkeit der fraglichen Wirklichkeit erkennen, möchte um einen ersten Grund, einen tiefsten Halt und ein letztes Ziel der Wirklichkeit wissen, möchte den

Ursprung, Ursinn, Urwert kennen. Das Urfaktum Religion gründet hier.

Doch auch hier bleibt der Mensch – in Grenzen – *frei*. Er kann Nein sagen. Er kann mit Skepsis alles aufkeimende Vertrauen zu einem letzten Grund, Halt und Ziel ignorieren oder gar ersticken: Er kann, vielleicht durchaus ehrlich und wahrhaftig, ein Nichtwissen-Können bezeugen: Agnostizismus mit Tendenz zum Atheismus; oder er kann eine durchgängige Nichtigkeit, eine Grund- und Ziellosigkeit, Sinn- und Wertlosigkeit der ohnehin fraglichen Wirklichkeit behaupten: Atheismus mit Tendenz zum Nihilismus. Wie schon beim Grundvertrauen, so gilt auch hier: Ohne Bereitschaft keine Einsicht, ohne Öffnung kein Empfangen! Und selbst wenn ich Ja zu Gott sage, bleibt das Nein ständige Versuchung.

Aber wie das Grundvertrauen, so ist auch das Gott-Vertrauen keineswegs irrational. Wenn ich mich der Wirklichkeit nicht verschließe, sondern mich ihr öffne, wenn ich mich dem allerletzten-allerersten Grund, Halt und Ziel der Wirklichkeit nicht entziehe, sondern es wage, mich dran- und hinzugeben: So erkenne ich *zwar nicht bevor*, aber auch nicht nur erst nachher, sondern *indem* ich dies tue, daß ich das Richtige, ja im Grunde das »Allervernünftigste« tue. Denn, was *sich im voraus* nicht beweisen läßt, das erfahre ich *im Vollzug*, im Akt des anerkennenden Erkennens selbst: Die Wirklichkeit vermag sich in ihrer eigentlichen Tiefe zu manifestieren; ihr erster Grund, tiefster Halt, letztes Ziel, ihr Ursprung, Ursinn, Urwert schließen sich mir auf, sobald ich mich selber aufschließe. Zugleich erfahre ich in aller Fraglichkeit eine radikale Vernünftigkeit meiner eigenen Vernunft: Das grundsätzliche Vertrauen zur Vernunft ist von daher nicht irrational. Es ist rational begründet. Die letzte und erste Wirklichkeit, Gott, erscheint so geradezu als der *Garant* der Rationalität der menschlichen Ratio!

Wenn der Mensch im Gottesglauben das »Allervernünftigste« tut, um was für eine Art von Rationalität handelt es sich hier? Diese Rationalität ist derjenigen des Grundvertrauens ähnlich:
- Keine *äußere* Rationalität, die eine abgesicherte Sicherheit verschaffen könnte: Die Existenz Gottes wird nicht zuerst vernünftig bewiesen oder aufgewiesen und dann geglaubt, was so die Rationalität des Gottesglaubens garantierte. Nicht zuerst rationale Erkenntnis Gottes, dann vertrauende Anerkenntnis. Die verborgene Wirklichkeit Gottes zwingt sich der Vernunft nicht auf,
- Eine *innere* Rationalität vielmehr, die eine grundlegende Gewißheit gewähren kann: Im Vollzug, durch die »Praxis« des wagenden Vertrauens zu Gottes Wirklichkeit, erfährt der Mensch bei aller Anfechtung durch Zweifel die Vernünftigkeit seines Vertrauens: gegründet in einer letzten Identität, Sinn- und Werthaftigkeit der Wirklichkeit, in ihrem Urgrund, Ursinn, Urwert.

Ist so nun der Zusammenhang zwischen Grundvertrauen und Gottesglauben nicht offenkundig geworden? Material gesehen bezieht sich das Grundvertrauen auf die Wirklichkeit als solche (und auf mein eigenes Dasein), das Gott-Vertrauen aber auf Urgrund, Urhalt und Urziel der Wirklichkeit. Trotzdem zeigen Grundvertrauen und Gott-Vertrauen, formal gesehen, eine analoge Struktur, die im materialen Zusammenhang (bei allem Unterschied) von Grundvertrauen und Gott-Vertrauen ihre Wurzel hat. Denn: Wie das Grundvertrauen, so ist auch der Gottesglaube
- eine Sache nicht nur der menschlichen Vernunft, sondern des *ganzen* konkreten lebendigen *Menschen*: mit Geist und Leib, Vernunft und Trieben, in seiner ganz bestimmten geschichtlichen Situation, in der Abhängigkeit von Traditionen, Autoritäten, Denkgewohnheiten, Wertschemata,

mit seinen Interessen und in seiner gesellschaftlichen Verflochtenheit. Von dieser »Sache« kann der Mensch nicht reden und sich selber aus der »Sache« heraushalten;
- also *überrational:* Wie für die Wirklichkeit der Wirklichkeit, so gibt es auch für die Wirklichkeit Gottes keinen logisch zwingenden Beweis. Der Gottesbeweis ist so wenig wie die Liebe logisch zwingend. Das Gottesverhältnis ist ein Vertrauensverhältnis;
- aber *nicht irrational:* Es gibt eine von der menschlichen Erfahrung ausgehende und an die freie menschliche Entscheidung appellierende Reflexion über die Wirklichkeit Gottes. Der Gottesglaube läßt sich gegenüber einer rationalen Kritik rechtfertigen. Er hat einen Anhalt an der erfahrenen fraglichen Wirklichkeit selbst, die erste und letzte Fragen nach der Bedingung ihrer Möglichkeit aufgibt;
- somit eine nicht blinde und wirklichkeitsleere, sondern eine begründete, wirklichkeitsbezogene und im konkreten Leben *rational* verantwortete Entscheidung: Ihre Relevanz wird an der Wirklichkeit der Welt und des Menschen für die existentiellen Bedürfnisse wie die gesellschaftlichen Verhältnisse ersichtlich;
- im konkreten Bezug zum *Mitmenschen* vollzogen: Ohne die Erfahrung eines Angenommenseins durch Menschen scheint die Erfahrung eines Angenommenseins durch Gott schwierig zu sein;
- nicht ein für allemal gefaßt, sondern *stets neu* zu realisieren: Nie ist der Gottesglaube gegenüber dem Atheismus durch rationale Argumente unangreifbar und krisenfest abgesichert. Der Gottesglaube ist stets bedroht und muß gegenüber den andrängenden Zweifeln stets in neuer Entscheidung realisiert, durchgehalten, gelebt, errungen werden: Der Mensch bleibt auch gegenüber Gott selbst in den unaufhebbaren Gegensatz zwischen Vertrauen und Mißtrauen, Glauben und Unglauben gestellt. Aber gerade

durch alle Zweifel hindurch bewährt sich das Ja zu Gott in Treue zur einmal getroffenen Entscheidung: es wird ein geprüfter und bewährter Gottesglaube.

Gottesglaube als Geschenk

Gottesglaube ist vertrauende Entscheidung des Menschen, ist meine Tat. Dies hat mit Rationalismus oder Pelagianismus nichts zu tun. Denn wie schon angedeutet: Nicht schon vorher – aufgrund eines Beweises oder Aufweises –, sondern erst indem ich mich vertrauend auf sie einlasse, eröffnet mir die Wirklichkeit selber ihren ersten Grund, tiefsten Halt, ihr letztes Ziel. Deshalb gilt der Satz: Ohne Bereitschaft zur vertrauenden Anerkenntnis Gottes (die praktische Konsequenzen hat!), gibt es keine rational sinnvolle Erkenntnis Gottes! Wie beim Grundvertrauen, so wird von mir auch beim Gott-Vertrauen ein Vorschuß, ein Wagnis, ein Risiko erwartet.

Aber wie das Grundvertrauen, so läßt sich auch das Gott-Vertrauen nicht einfach beschließen, wollen, erzwingen oder machen. Letzte Gewißheit, Geborgenheit, Beständigkeit kann ich mir nicht einfach selber schaffen oder verschaffen. Gott … ist kein unmittelbarer Gegenstand der Erfahrung; er gehört nicht zum Seienden, zu den in der Erfahrung vorfindbaren Objekten: Keine Intuition oder Spekulation, keine direkte Erfahrung oder unmittelbare Erkenntnis vermag ihn zu »schauen«. Gerade so erscheint der Gottesglaube als *Geschenk*:

Es ist die rätselhafte Wirklichkeit selbst, die mich – oft wider den Augenschein – einlädt und herausfordert, mich grundsätzlich auf einen Urgrund, einen Urhalt, ein Urziel in ihr einzulassen, und mir so mein Gott-Vertrauen ermöglicht.

Es ist die rätselhafte Wirklichkeit selbst, bei der sozusagen die »Initiative« liegt: die mir den verborgenen Ursprung,

Ursinn und Urwert auch meines eigenen Daseins manifestiert.

Es ist die rätselhafte Wirklichkeit selbst, die mir die »Vertrauensbasis« liefert für jenes »Vertrauensvotum«, das für Gottes Wirklichkeit in dieser Weltwirklichkeit abgegeben werden soll.

Es ist die rätselhafte Wirklichkeit selbst, die mir ermöglicht, daß bei allem Zweifel, aller Angst und Verzweiflung die Geduld im Blick auf die Gegenwart, die Dankbarkeit im Blick auf die Vergangenheit, die Hoffnung im Blick auf die Zukunft letztlich begründet ist. Somit gilt:

Der Gottesglaube ist ein Geschenk! Die Wirklichkeit ist mir vorgegeben. Schließe ich mich nicht ab, sondern öffne ich mich der sich öffnenden Wirklichkeit ganz, so kann ich ihren ersten Grund, ihren tiefsten Halt, ihr letztes Ziel glaubend annehmen: Gott, der sich als Ursprung und Urwert offenbart!

Offenbart? Ist es theologisch gestattet, im Zusammenhang der allgemeinen – und gerade nicht spezifisch christlichen – Gotteserkenntnis von »Offenbarung« zu reden? Daß Gott im christlichen Verständnis von allen Menschen, auch den Nichtjuden und Nichtchristen, erkannt werden kann, haben wir dargelegt: Dies wird vom ganzen Alten und Neuen Testament, von der gesamten katholischen, orthodoxen und reformatorischen Tradition (mit Ausnahme der Dialektischen Theologie) als selbstverständlich vorausgesetzt und auch von der Religionsgeschichte bestätigt. Und gerade der Apostel Paulus, der sonst über die Heiden als Gruppe pauschal negativ urteilen kann, setzt im Römerbrief nicht nur eine faktische Gotteserkenntnis der Heiden aufgrund der Welterkenntnis voraus, sondern spricht geradezu von »Offenbarung«: »Weil das, was man *von Gott erkennen kann*, unter ihnen *offenbar ist*; denn Gott hat es ihnen geoffenbart. Sein unsichtbares Wesen, das ist seine ewige Kraft und Gottheit, ist ja seit Erschaffung der Welt, wenn man es in den Werken betrachtet, deutlich zu ersehen, damit sie keine Entschuldigung haben, deshalb, weil sie Gott zwar kannten, ihm aber doch nicht als Gott Ehre und Dank erwiesen.« Dies wird im Johannesprolog und besonders – mit Entschuldigung der Heiden und ihres Nichtwissens – in der Apostelgeschichte bestätigt. Gott existiert; es ist legitim, hier von Offenbarung und auch von Gnade zu reden.

»Existiert Gott?« (1978), S. 624–640.

Der Gott der Liebe

Aus der Botschaft Jesu ergibt sich die Liebe als die zentrale Eigenschaft Gottes. Das bedeute, dass Gott den Menschen nahe ist. Hans Küng spricht in diesem kurzen Text vom menschenfreundlichen und mit-leidenden Gott.

Vom Leben betrogen?

Simone de Beauvoir, die Gefährtin Jean-Paul Sartres, älter geworden, beschließt den dritten Band ihrer Memoiren »Der Lauf der Dinge« (1963) mit einem Rückblick auf das von ihr so leidenschaftlich bejahte Leben: »Manchmal ist mir der Gedanke, mich ins Nichts aufzulösen, genauso abscheulich wie früher. Voller Melancholie denke ich an all die Bücher, die ich gelesen, an all die Orte, die ich besucht habe, an das Wissen, das sich angehäuft hat und das nicht mehr da sein wird. Die ganze Musik, die ganze Malerei, die ganze Kultur, soviele Bindungen: plötzlich bleibt nichts mehr … Wenn ich wenigstens die Erde bereichert, wenn ich etwas geschaffen hätte … was denn? Einen Hügel? Eine Rakete? Aber nein. Nichts wird stattgefunden haben. Ich sehe die Haselstrauchhecke vor mir, durch die der Wind fuhr, ich höre noch die Versprechungen, mit denen ich mein Herz berauschte, als ich diese Goldmine zu meinen Füßen betrachtete, ein ganzes Leben, das vor mir lag. Sie wurden erfüllt. Aber wenn ich jetzt einen ungläubigen Blick auf dieses leichtlebige junge Mädchen werfe, entdecke ich voller Bestürzung, wie sehr ich geprellt worden bin.«

Sind wir vielleicht doch allesamt Geprellte? Oder gibt es einen Sinn, nicht nur für die Jugend, sondern auch für das

Alter, nicht nur für Zeiten des Glücks, sondern auch für Zeiten des Unglücks, für Zeiten des Leids?

Daß *Leid* tatsächlich der *Testfall* ist für Grundvertrauen und Gott-Vertrauen, für den alttestamentlichen wie den neutestamentlichen Gottesglauben, wird von vielen Menschen bezeugt. Immer wieder bricht die Frage hier auf, vor allem wenn es den Menschen unschuldig trifft: Warum konnte Gott das Übel nicht verhindern? Warum? Entweder er kann es nicht; ist er dann wirklich allmächtig? Oder er will es nicht; ist er dann noch der gute Gott, auf den ich mein Vertrauen setzen soll? Oder er kann und will es nicht, ist er dann nicht machtlos und mißgünstig zugleich? Nicht doch ein Despot, ein Betrüger, Spieler, Henker?

Gibt es denn angesichts der überwältigenden Realität des Leids im Menschenleben und in der Menschheitsgeschichte zur Hoffnungslosigkeit der Simone de Beauvoir eine *Alternative?* Eine Alternative auch zur Empörung etwa eines Iwan Karamasoff gegen diese für ihn inakzeptable Gotteswelt? Oder zur Revolte eines Camus, der wie Dostojewski auf die Leiden der unschuldigen Kreatur hinweist? Statt als emanzipierter, autonomer Prometheus sich gegen die Macht der Götter aufzulehnen oder aber wie Sisyphus den Felsblock vergeblich immer neu den Berg hinaufzuwälzen, von dessen Gipfel der Stein von selbst wieder herunterrollt, kann man, wie wir sahen, die Haltung des Hiob einnehmen: trotz allem Leid dieser Welt ein unbedingtes, unerschütterliches Vertrauen zum unbegreiflichen Gott. Aber die Frage kommt einem doch: Was ist das für ein unbegreiflicher, teilnahmsloser Gott, der, erhaben über allem Leid, Menschen in ihrem unermeßlichen Elend sitzen, kämpfen, protestieren, umkommen oder eben einfach resignieren und sterben läßt? Dies ist Anlaß zum Atheismus für viele.

Freilich, auch diese Frage läßt sich umkehren: Ist Gott wirklich so erhaben über allem Leid, wie wir ihn uns menschlich vorstellen und bei allen unseren Protesten voraussetzen, wie ihn gerade Philosophen denken? Gewiß kann einer sagen: Wenn man das unendliche Leid der Welt anschaut, kann man nicht glauben, daß es einen Gott gibt. Doch läßt sich auch umgekehrt sagen: Nur wenn es einen Gott gibt, kann man dies unendliche Leid der Welt überhaupt anschauen! Wir denken an den Göttlicheren Gott: Erscheint Gott nicht *gerade in Leben und Leiden Jesu* doch in einem *anderen Licht*? Ist in Jesu Leben und Leiden nicht über alle Unbegreiflichkeit Gottes hinaus, wie sie Hiob so schmerzlich erfuhr, eine definitive Erlösung durch den unbegreiflichen Gott offenbar geworden, die Leid und Tod zum ewigen Leben und zur Erfüllung aller Sehnsucht wandelt? Gewiß, das Faktum des Leidens kann auch von Jesus her nicht rückgängig gemacht werden; es bleibt immer ein Rest von Zweifel möglich. Nur das eine, allerdings Entscheidende, läßt sich vom Leben und Leiden dieses Einen den anscheinend sinnlos Lebenden und Leidenden sagen: Auch manifest sinnloses menschliches Leben und Leiden *kann* einen *Sinn* haben, kann einen Sinn bekommen!

Einen *verborgenen* Sinn: Ich kann ihn meinem Leben und Leiden nicht selbst anheften, aber ich kann ihn im Lichte des vollendeten Lebens und Leidens dieses Einen empfangen. Keine automatische Sinn-Gebung: Es soll kein menschliches Wunschdenken befriedigt, keine Leidverklärung proklamiert, kein psychisches Beruhigungsmittel, kein billiger Trost vermittelt werden. Wohl aber ein frei-bleibendes Sinn-Angebot. Auch hier muß ich mich entscheiden. Ich kann diesen – verborgenen – Sinn ablehnen: in Trotz, Zynismus oder Verzweiflung. Ich kann ihn auch annehmen: in glaubendem Vertrauen auf ihn, der dem sinnlosen Leiden und Sterben Jesu Sinn verliehen hat. Es erübrigt sich dann mein Protest, meine Empörung, die Frustration bleibt aus, die Verzweiflung hat ein Ende. Das Gott-Vertrauen als *Ver-*

wurzelung des Grundvertrauens erreicht hier seine größte Tiefe.

Ein mit-leidender Gott

Dieses Sinn-Angebot bedeutet ganz konkret: Meine Situation mag noch so trostlos, sinnlos, verzweifelt sein – auch hier ist Gott da. Nicht nur im Licht und in der Freude, auch im Dunkel, in der Trauer, im Schmerz, in der Melancholie *kann* ich ihm begegnen. Was von Leibniz behauptet und von Dostojewski dunkel erspürt, das wird dem Hiob bestätigt und vom auferweckten Gekreuzigten her definitiv offenbar und gewiß: Auch mein Leiden ist von Gott umfangen, auch mein Leiden kann bei aller Gottverlassenheit Ort der Gottbegegnung werden. Damit weiß ich keinen Weg am Leid vorbei, aber ich weiß einen Weg hindurch: in aktiver Indifferenz letztlich gelassen gegenüber dem Leid und gerade so zum Kampf gegen das Leid und seine Ursachen bereit. Mit dem Blick auf den einen Leidenden und in glaubendem Vertrauen auf den, der in seinem und meinem Leid verborgen anwesend ist und der selbst in äußerster Bedrohung, Sinnlosigkeit, Nichtigkeit, Verlassenheit, Einsamkeit und Leere mich trägt und hält, darf ich wissen: Es ist ein Gott, der als Mit-Betroffener neben den Menschen steht, ein Gott, solidarisch mit den Menschen. Kein Kreuz der Welt kann das Sinn-Angebot widerlegen, das im Kreuz des zum Leben Erweckten ergangen ist.

Nirgendwo deutlicher als in Jesu Leben und Wirken, Leiden und Sterben ist es mir sichtbar geworden: Dieser Gott ist ein Gott für die Menschen, ein Gott, der ganz auf unserer Seite steht! Nicht ein angstmachender, theokratischer Gott »von oben«, wie man ihn mit Bloch noch im Alten Testament feststellen kann. Sondern ein *menschenfreundlicher, mitleidender Gott*, »mit uns unten«. Nein, nicht ein grausamer

Willkür- und Gesetzesgott hat sich mir in Jesus manifestiert, sondern ein mir als rettende Liebe begegnender Gott, der sich in Jesus mit mir solidarisiert hat, der Liebe nicht fordert, sondern schenkt: der selber ganz Liebe ist: »Denn Gott ist Liebe. Darin ist die Liebe Gottes zu uns offenbar geworden, daß Gott seinen einzigen Sohn in die Welt gesandt hat, damit wir durch ihn leben.«

Gegen einen über allem Leiden in ungestörter Glückseligkeit oder apathischer Transzendenz thronenden Gott kann ich revoltieren. Aber nicht gegen den Gott, der mir in Jesu Leid sein ganzes Mit-Leid geoffenbart hat. Gegen eine abstrakt betrachtete Gerechtigkeit Gottes und gegen eine für die Gegenwart prästabilierte oder für die Zukunft postulierte Harmonie des Universums kann ich revoltieren. Aber nicht gegen die in Jesus manifest gewordene Liebe des Vaters der Verlorenen, die in ihrer voraussetzungslosen Grenzenlosigkeit auch mein Leid umfaßt, meine Empörung zum Schweigen bringt, meine Frustration überwindet und mir in allen anhaltenden Nöten ein Durchhalten und schließlich ein Obsiegen ermöglicht.

Gottes Liebe bewahrt mich nicht *vor* allem Leid. Sie bewahrt mich aber *in* allem Leid. So hebt für mich in der Gegenwart an, was freilich erst in Zukunft vollendet sein wird: der definitive Sieg der Liebe eines Gottes, der nicht ein teilnahmsloses und liebloses Wesen ist, den Leid und Unrecht nicht rühren können, sondern der sich in Liebe selber des Leids der Menschen angenommen hat und annehmen wird. Der Sieg der Liebe Gottes, wie sie Jesus verkündet und manifestiert hat, als der letzten, entscheidenden Macht: Das ist das Gottesreich! Denn die Sehnsucht Blochs, Horkheimers und Ungezählter in der Menschheitsgeschichte nach Gerechtigkeit in der Welt, nach echter Transzendenz, nach »dem ganz Anderen«, »daß der Mörder nicht über das unschuldige Opfer triumphieren möge«, soll in Erfüllung gehen. Wie auf den letzten Seiten der Schrift jenseits aller kritischen Theorie und kritischen Theologie verheißen: »Gott selbst wird als ihr Gott bei ihnen sein Er wird alle ihre Tränen abwischen. Es wird keinen Tod mehr geben und keine Traurigkeit, keine Klage und keine Qual. Was einmal war, ist für immer vorbei« (Apk 21,4).

»Existiert Gott?« (1978), S. 757–760.

Gott und das Leid

> *Zum ersten Mal hat sich Hans Küng 1967*
> *mit dem Problem des Leidens und der Theodizee*
> *auseinandergesetzt. Dem hier abgedruckten Kapitel*
> *zur Hiobsgestalt geht ein Kapitel zu Dostojewski*
> *unter dem Titel »Empörung« voraus.*

Der Kampf des Hiob

Ob der Mensch Gott rechtfertigen kann? Ist denn die Frage richtig gestellt? »Es war ein Mann im Lande Uz, der hieß Hiob.« Er war gottesfürchtig und dem Bösen feind. Er war glücklich und besaß alles: eine glückliche Familie und eine reiche Habe. Und er verlor alles: seine Familie, seine ganze Habe, seine Gesundheit, alle seine Freunde. Zum Bettler geworden, nackt wie er geboren, mit dem Aussatz behaftet saß er da: die Frage der Theodizee war gestellt.

In einer monumentalen Dramatik, die nicht in einer äußerlich fortschreitenden Handlung, sondern in einem ununterbrochenen Hin- und Hergerissensein zwischen Zweifel und Vertrauen, Empörung und Hingabe, Glaube und Unglaube besteht, setzt sich dieses einzigartige Dokument aus dem fünften bis zweiten vorchristlichen Jahrhundert – man hat es eines der bedeutendsten Werke der Weltliteratur genannt – mit der Frage des unverschuldeten Leidens und der Rechtfertigung Gottes auseinander. Durch Hiob wird mehr als eine philosophisch-theologische Denkfrage gestellt. Wie bei Dostojewski versucht hier ein Mensch, der im grundlosen Leid den Boden unter den Füßen verliert und sich gegen Gott empört, einen letzten Halt zu gewinnen.

Was sich an theoretischen Argumenten für den Sinn des Leidens und die Gerechtigkeit vorbringen läßt, wird Hiob von seinen Theodizee treibenden Freunden gesagt und wieder gesagt. Kommen sie doch von der »Weisheit« her, jener Geistesströmung und Geisteshaltung, die besonders in Ägypten, Griechenland, Syrien und, seit Salomos Zeiten, auch in Israel verbreitet war und die man – es ist im Zusammenhang mit Leibniz nicht unwichtig – eine typische Aufklärungserscheinung genannt hat. Mit den Mitteln einer rationalen Theologie und Ethik versuchen Hiobs Freunde des unbegreiflichen Leidens Herr zu werden. Was für Leibniz vor allem der gütige Gott ist, der aufs beste die Welt in prästabilierter Harmonie geschaffen und eingerichtet hat, das ist für Eliphas, Bildad und Zophar der gerechte Gott, der aufs beste einem jeden vergilt, dem Gerechten Lohn, dem Ungerechten Strafe, so daß im Gang des Menschenlebens die Rechnung aufgeht und Gott gerechtfertigt dasteht. Eliphas: »Besinne dich doch: Wer verdarb je unschuldig, wo wurden Gerechte vernichtet ? Soviel ich gesehen: Die, die Unrecht pflügen und Unheil sähen, die ernten es auch« (4,7f.). Bildad: »Wird wohl Gott das Recht verdrehen und der Allmächtige die Gerechtigkeit ? ... Siehe, Gott verwirft den Frommen nicht und hält nicht fest die Hand der Missetäter« (8,3.20). Zophar: »Kannst du die Tiefen Gottes ergründen und die Vollkommenheit des Mächtigen fassen?... Denn er, er kennt die argen Leute, er sieht den Frevel und achtet darauf« (11,7.11).

Auf dieser theoretischen Grundlage setzen sich die Freunde mit Hiob auseinander, indem sie in ihrer klugen Disputierkunst alle Register ziehen: grundsätzliche Gedanken und belegende Beispiele, Verheißungen und Warnungen, Vorwürfe und Tröstungen, Appell an Hiobs Gerechtigkeit und Behauptung seiner Schuld und Sünde, Erinnerung an die einstige Frömmigkeit und Aussicht auf eine glücklichere Zukunft ... Was aber soll diese ganze Gerechtigkeitslogik nützen einem Mann, auf dem das unergründliche Leid in einer Weise lastet, daß er den Tag seiner Geburt verwünscht (»Vernichtet sei der Tag, da ich geboren ward ... Warum starb ich nicht bei meiner Geburt, verschied nicht, als ich aus dem Mutterschoß kam?« 3,3.11), der den Sinn seines Lebens nicht mehr einsieht (»Warum gibt er dem Elenden Licht, und Leben den Seelenbetrübten?« 3,20), der sich den Tod wünscht und gehören will zu denen,« die des Todes harren, und er kommt nicht, und die nach ihm mehr als nach Schätzen graben, die sich freuen würden bis zum Jubel, die frohlockten, fänden sie das Grab – dem Mann, dem sein Pfad verborgen und dem Gott jeden Ausweg sperrt« (3,21–23)? Ja, die Anfechtung ist übergroß, der Konflikt unüberwindbar, die Situation ausweglos! Hiob will Gottes Gerechtigkeit akzeptieren, doch sie erscheint ihm als Widerspruch. Er will glauben, ist aber verzweifelt. Er will zu Gott fliehen, muß ihn aber anklagen:

»Wieviel sind meiner Vergehen und Sünden?
Meine Schuld und Sünde laß mich wissen.
Warum verbirgst du dein Angesicht
und hältst mich für deinen Feind?« (13,23f.)

Hin und her wird Hiob gerissen zwischen Resignation und Lästerung. Wie er auch darum ringt und sich quält, über die Theodizeefrage kommt er nicht hinweg. Keine rationale Theorie und Deduktion hilft ihm weiter. Unlösbar bleibt für ihn die Frage, wie sich Gottes Gerechtigkeit zur Verteilung von Glück und Unglück verhält und wie des Menschen Schicksal sinnvoll sein soll. Der Tod verhüllt das Rätsel, gibt aber erst recht keine Lösung:

»Der eine stirbt inmitten seiner Kraft,
in tiefer Ruhe und im Frieden;

*Der andere stirbt betrübten Herzens
und hat nie das Glück gekostet.
Zusammen betten sie sich in den Staub,
und der Moder deckt sie beide«. (21,23.25.26)*

Die Antwort der Freunde auf Hiobs Klage aber sind neue Angriffe. Damit sie die Logik ihrer Theodizee, die mit den rationalen Kategorien von Lohn und Strafe arbeitet, aufrechterhalten können, scheuen sie auch vor Behauptungen einer persönlichen Schuld Hiobs nicht zurück: Wenn Hiob schon so schwer zu leiden hat, muß er auch schwer gefehlt haben. Auf diese Weise wird Hiob in die gefährliche Selbstverteidigung förmlich hineingetrieben. Das Unrecht im Unglück ist für ihn das Allerschlimmste. Selbst möchte er sich rechtfertigen vor Gott. Würde er mit seinem guten Gewissen und seiner sittlichen Rechtschaffenheit nicht als Redlicher gerechtfertigt dastehen? Ist da nicht – wir erinnern uns an Iwan – Empörung, Aufruhr erlaubt, geboten?

*»Noch heute ist Aufruhr meine Klage,
und seine Hand liegt schwer auf meinem Stöhnen.
O daß ich wüßte, wo ich ihn fände,
daß ich gelangte vor seinen Thron!
Vorlegen wollte ich ihm die Sache
und meinen Mund mit Beweisen füllen,
wollte wissen, wie er mir Rede stünde,
und vernehmen, was er mir sagen könnte!
Würde er in Allmacht mit mir rechten?
Ach wollte er nur auf mich achten!
Da würde ein Redlicher mit ihm rechten,
und für immer rettete ich mein Recht.
Er weiß ja, welchen Weg ich wandle;
prüft er mich, wie Gold gehe ich hervor.
In seiner Spur blieb fest mein Fuß;*

ich hielt ein seinen Weg und wich nicht ab.
Von dem Gebote seiner Lippen ließ ich nicht,
im Busen bewahrte ich die Reden seines Mundes.«
(23,2–7.10–12)

Wie soll Hiob je aus dem Widerspruch herauskommen? Immer wieder bäumt er sich leidenschaftlich auf gegen Gottes Unbegreiflichkeit, immer wieder sinkt er verzweifelnd zurück in seine eigene Erbärmlichkeit. Kann er denn trotz all seinem Leid je zugeben, daß er durch eine schwere Schuld das bisher ungebrochene Gottesverhältnis gestört habe? Andererseits, was soll ihm das Überzeugtsein von seiner Unschuld nützen, wenn Gott frei ist und sein Recht allein gilt? Trotz allen tröstlichen Durchstößen erscheint ihm Gott in der Maske des Dämons (16,7–17). Hiobs größte Anfechtung in seinem grundlosen Leiden ist in der Tat, daß Gott selbst gegen ihn, daß er sein Feind zu sein scheint. Gottes Handeln scheint ihm von einer erschreckenden Willkür und Gewalttätigkeit zusein:

»Er aber wollte es – wer mag ihm wehren?
Sein Herz begehrte es – und er vollbringt's.
Denn er vollendet, was mir bestimmt ist,
und so hält er's allewege.
Darum erschrecke ich vor seinem Angesichte,
betrachte ich's, erzittre ich vor ihm.
Ja, Gott hat mir das Herz verzagt gemacht,
und der Allmächtige hat mich erschreckt.
Denn ich vergehe vor der Finsternis,
und mein Angesicht bedeckt das Dunkel.« (23,13–17)

Gottes Gerechtigkeit im Weltenlauf, die den brutalen Reichen hilft und die schwachen Armen im Stiche läßt, die die Versklavung der Waisenkinder erlaubt und die dunklen Verbrechen ungesühnt läßt, ist nicht zu erkennen: »Ist es nicht so? Wer will mich Lügen strafen und meine Rede zur Lüge machen?« (24,25) Hiob, der früher im Lichte der Gottesgemeinschaft stand, steht gottverlassen vor dem Untergang:

> *»Ich schreie zu dir, doch du erhörst mich nicht;*
> *ich stehe vor dir, und du achtest nicht mein.*
> *Du wandelst dich mir zum grausamen Feinde;*
> *mit gewaltiger Hand befehdest du mich,*
> *hebst auf den Sturm mich,*
> *lässest mich dahinfahren,*
> *lässest mich zergehen ohne Rettung.*
> *Ja, ich weiß: dem Tode willst du mich zuführen,*
> *dem Haus, wo alles Lebende sich einstellt.« (30,20–23)*

Das Letzte, was Hiob tun kann, ist, noch einmal in feierlichster Form – in der Form eines Reinigungseides – seine Unschuld zu beteuern und sich selbst zu rechtfertigen: Weder der Begehrlichkeit noch der Falschheit, »weder des Ehebruchs noch der Ungerechtigkeit, weder der Ungastlichkeit noch der Heuchelei, weder des Geizes noch der Schadenfreude, weder der Hartherzigkeit noch des Aberglaubens braucht er sich zu zeihen. Wahrhaftig, steht er nach allen Schritten seines Lebens, die er Gott vorrechnen kann, nicht voll gerechtfertigt da? Darf er es nicht wagen, in kühner Selbstsicherheit – nicht als ein Schuldbeladener, sondern »wie ein Fürst« – sein Recht zu fordern, Gottes Urteil herauszufordern?

> *»Ach, daß ich einen hätte, der mich hörte!*
> *Hier meine Unterschrift.*
> *Der Allmächtige gebe mir Antwort!*
> *Hätt' ich die Klageschrift,*
> *die mein Widersacher schrieb!*

> *Wahrlich, auf meine Schulter wollt' ich sie heben,*
> *als Kranz sie um das Haupt mir winden.*
> *Die Zahl meiner Schritte wollt' ich ihm kundtun,*
> *wie ein Fürst wollte ich ihm nahen.«* (31,35–37)

Und Gott, der hier allein antworten kann, würdigt Hiob der Antwort. Gott antwortet nicht mit einer Theorie, sondern er greift ein in seiner Offenbarung. Und wie seltsam: Mit keinem Wort wird das Leiden Hiobs erwähnt, mit keinem Wort auf seine Selbstrechtfertigung eingegangen. Die Selbstrechtfertigung des Menschen, durch die der Mensch mit Berufung auf seine Taten und seine moralische Rechtschaffenheit sich selbst vor Gott ins Recht zu setzen sucht, erscheint als grundlegender Irrtum. Gerade durch des Menschen Rechthaberei wird Gottes Ratschluß und Walten verdunkelt. Gerade so verschließt sich der Mensch selber die Einsicht in Gottes souveräne Weisheit. Der Mensch hat es so sich selbst zu verdanken, wenn ihm Gottes Handeln willkürlich, gewalttätig vorkommt. Nein, so läßt sich Gott vom Menschen nicht befragen und anklagen. Gott selbst ist es, der befragt, der anklagt. Gott ist Gott. Er gibt nicht Rechenschaft, er fordert Rechenschaft.

> *»Da antwortete der Herr dem Hiob*
> *aus der Wetterwolke und sprach:*
> *Wer ist's, der da verdunkelt den Ratschluß*
> *mit Reden ohne Einsicht?*
> *Gürte doch wie ein Mann deine Lenden;*
> *ich will dich fragen, und du lehre mich!*
> *Wo warst du, als ich die Erde gründete?*
> *Sag an, wenn du Bescheid weißt!*
> *Wer hat ihre Maße bestimmt – du weißt's ja! –*
> *oder wer die Meßschnur über sie ausgespannt?«* (38,1–5)

So offenbart sich Gott: nicht als der einklagbare gleichberechtigte Partner, sondern als der Schöpfer, dessen unbegreifliche Herrlichkeit reine Weisheit und Güte ist. Gottes ganzes herrliches und geheimnisvolles Schöpfungswerk tut sich vor den Augen des staunenden Menschen auf. Der unermeßliche Reichtum der Schöpfung in ihrer Weite und in ihrer Tiefe, die Wunder der Erde und des Meeres, des Lichtes und des Wetters, der Sterne und der Tiere – weist dies nicht alles darauf hin, daß alles »sehr gut« geschaffen ist und daß das Geschick des Menschen in guten Händen ist? Die allen Menschenverstand übersteigende *Unbegreiflichkeit* einer Schöpfung, in der gegen alle Ökonomie Regen auf die Steppe geschüttet wird und Wildpferd und Wildstier und die seltsame Straußenhenne ein Leben jenseits aller Nutzbarkeit führen – weist dies alles nicht darauf hin, daß hinter allem der schlechthin freie *Unbegreifliche* steht? Dessen Walten nicht einem rationalen System vernünftiger Zwecke eingeordnet werden kann und der trotzdem in allem seinen Geschöpfen freundlich zugewandt ist? Und mit diesem weisen und allmächtigen, unbegreiflichen gütigen Schöpfer des Alls soll der kleine Mensch wegen seines Leids rechten wollen?

> *»Und der Herr wandte sich an Hiob und sprach:*
> *Hadern will der Tadler mit dem Allmächtigen?*
> *Der Gott zurechtwies, gebe darauf Antwort! –*
> *Da antwortete Hiob dem Herrn und sprach:*
> *Siehe, ich bin zu gering,*
> *was soll ich dir antworten?*
> *Ich lege die Hand auf meinen Mund.*
> *Einmal habe ich geredet und wiederhole es nicht,*
> *zweimal, und tue es nicht wieder.« (39,31–35)*

Vor den lebendigen Gott gestellt, bleibt dem rebellierenden Menschen nur das Stammeln, nur das Verstummen übrig.

Um dieses Gottes willen kann die Welt mit allen ihren Rätseln und all ihrem Übel und Leid bejaht werden. Im Licht der göttlichen Erhabenheit, Herrlichkeit und Allmacht erkennt der Mensch seine eigene Geringheit, Erbärmlichkeit und Ohnmacht. Gibt es für ihn etwas Schlimmeres, als sich in sich selbst zu verkrampfen? Dies aber geschieht, wenn er sich vor Gott selber rechtfertigen will. Das ist mehr als ein Irrtum, das ist Sünde. Das ist ein Angriff auf Gottes Gerechtigkeit: Gott soll ins Unrecht versetzt werden, damit der Mensch Recht behalte.

*»Ich will dich fragen,
und du lehre mich!
Willst du gar mein Recht vernichten,
mir Unrecht geben, daß du Recht behaltest?«* (40,2b–3)

Solange der Mensch selbst das Gute und das Böse zu verrechnen sucht, wozu er weder berechtigt noch fähig ist, bleibt sein Blick auf sich selbst geheftet. Solange er auf sich selbst geheftet ist, kann er nicht frei werden für die Unbegreiflichkeit, Weisheit und Güte Gottes. Nur der Verzicht auf jegliche Selbstrechtfertigung läßt den Menschen den Weg zu Gott finden. Eine letzte Selbstbesinnung bleibt Hiob hier nicht erspart: Nicht wegen einzelner Sünden und Verfehlungen, die er nicht getan, braucht er sich zu quälen. Wohl aber muß er sich über seine verkehrte Grundhaltung klar werden. Ein Unrecht ist es, wenn der Mensch – auch im tiefsten Leid – mit Gott rechten will, wenn er sich ihm gegenüber als der Unschuldige aufspielen will und ihm gegenüber Recht haben will. Gerade so beweist er, daß in seiner Haltung letzlich etwas nicht in Ordnung ist. Daß er offenkundig nicht weiß, mit wem er es zu tun hat. Daß er – die Ursünde – dem guten Gott ein geheimes Mißtrauen entgegenbringt, als ob er dem Menschen nicht wahrhaft gut sei. Dann kommt es so weit, daß er im Leiden einen Angriff Gottes auf sich sieht. Dann kommt es so weit, daß er schließlich in Gott selbst seinen heimlichen Feind sieht.

Wie ganz anders aber ist der lebendige Gott! Kann der Mensch anders als überwältigt sein vor seiner Macht und Herrlichkeit, die keine Grenzen kennt? Die auch das umfaßt, was der Mensch nicht versteht, ja, was ihm unmöglich und absurd vorkommt? Dieses Geheimnis der Allmacht und Unbegreiflichkeit kann der Mensch nicht enträtseln. Aber dieses Geheimnis umfaßt auch das Elend seines Leidens. Das erkennt Hiob jetzt und ist erschüttert. Wie groß war doch sein Unverstand, wie groß seine Torheit! Aus der äußersten Verzweiflung wirft er sich in das unbedingte Vertrauen. Er hält das Bekenntnis seiner Schuld nicht mehr zurück, er bekennt und widerruft:

> »Ich habe erkannt, daß du alles vermagst;
> nichts, was du sinnst, ist dir verwehrt.
> Wer ist's, der da verhüllt ohne Einsicht den Ratschluß?
> Darum habe ich geredet in Unverstand,
> Dinge, die zu wunderbar für mich, die ich nicht begriff.
> Höre doch, und ich will reden;
> ich will dich fragen, und du lehre mich!
> Vom Hörensagen hatte ich von dir gehört;
> nun aber hat dich mein Auge gesehen.
> Darum widerrufe ich und bereue in Staub und Asche.«
> (42,2–6)

In der Begegnung mit dem lebendigen Gott – »Nun aber hat mein Auge dich gesehen!« – wird der Schleier des Geheimnisses, der über dem Leiden liegt, nicht weggenommen. Aber es eröffnet sich dem leidenden Menschen das wahre Wesen Gottes, der in seiner Güte auch das Leid umfangen hält. Der dem Menschen nicht heimlich feind ist, sondern der sich im

Gegenteil zu ihm herabneigt: ihm gnädig ist. Die Begegnung mit dem lebendigen Gott ist es, die alle menschliche Kritik und Vernünftelei verstummen läßt.

So spricht denn Gott das Urteil über Hiob und seine Freunde: Hiob – anders als seine Freunde, gegen die Gottes Zorn entbrennt, nicht ohne ihnen zugleich gnädige Versöhnung anzubieten – hat« recht von mir geredet« (42,71). So steht er vor den Freunden als der Gerechtfertigte da. Er ist »mein Knecht Hiob« (42,71). Der erneute Segen über Hiob, der nach einem neuen glücklichen Leben mit sieben Söhnen und drei schönen Töchtern (»Täubchen«, »Wohlgeruch« und »Schminkbüchschen«) in Reichtum »alt und lebenssatt« sterben darf, ist das unübersehbare Siegel auf Gottes gnädiges Urteil.

Wie hat sich die Situation geändert! Gott, der dem leidenden Menschen als ungerechter Herr, ja, als Feind erschienen war, hat sich als der wahre, gerechte, gütige, gnädige Freund, der ihn umsorgt, gezeigt. Das Meer des Leidens, das allen Zugang zu Gott zu versperren schien, hat sich als Weg des Menschen zu Gott oder besser als Weg Gottes zum Menschen erwiesen. Eine Theodizee des Menschen, der Gott gegenüber dem Leid und Bösen der Welt zu rechtfertigen trachtet, hat sich als ungangbar gezeigt: sowohl die Theodizee Hiobs, der mit seiner Selbstrechtfertigung indirekt auch eine Rechtfertigung Gottes versuchte, wie die Theodizee seiner Freunde, die die Rechtfertigung Gottes direkt mit ihren logischen Argumenten durchzuführen gedachten, ist gescheitert. Die Theodizee des selbstbewußten und selbstmächtigen Menschen mußte weichen.

In der Hiobsgeschichte wird uns also etwas anderes gegeben als Argumente der Theodizee für die Vernünftigkeit und Einsichtigkeit der Weltordnung, als ein durchsichtiges Schema der Welterklärung, das jedem einleuchtend gemacht werden könnte. Gewiß, die naive Unmittelbarkeit des

Naturverständnisses, das uns besonders in den letzten Kapiteln des Hiobbuches entgegentritt, ist uns heute nicht mehr möglich. Wir leben in einem hochtechnisierten Zeitalter, das uns in den unendlichen Räumen des Makrokosmos und des Mikrokosmos viel eher Gottesferne als Gottesnähe erfahren läßt. Aber die bleibende Botschaft des Hiobbuches liegt nicht hier.

Worauf kommt es denn nach der Hiobsgeschichte an? Daß wir das Rätsel des Leides und des Bösen nicht gewaltsam mit den Schlüsseln der Vernunft aufzubrechen versuchen; weder psychologisierend noch philosophierend noch moralisierend läßt sich das Dunkel des Leides und des Bösen in Licht verwandeln. Es kommt darauf an, daß wir nicht hinter das Geheimnis des Ratschlusses und Weltplanes Gottes zu kommen versuchen; auch die Alleserklärer, die fein säuberlich beweisen, daß alles gerade so sein muß und es so am besten ist, lassen uns in der persönlichen Not der Sünde und des Leides im Stich. So heißt es auch bei Isaias:

»Wer hat den Geist des Herrn gelenkt,
und wer ist sein Ratgeber, der ihn unterwiese?
Mit wem hat er sich beraten,
daß der ihn belehrte und ihm den Pfad des Rechten
zeigte, den Weg der Einsicht ihm wiese?« (Is 40,131)

Gewiß, wir brauchen keineswegs die Argumente der Leibnizschen Theodizee als Unsinn abzutun; sie haben, richtig verstanden, ihre Wahrheit. Aber sie kommen in ihrer abstrakten Allgemeinheit und in ihrer optimistischen Logik nicht an gegen das dunkle Paradox des konkreten persönlichen Leides. Sie können die Empörung des Iwan Karamasoff nicht verhindern. Sie können vielmehr sogar zur Empörung aufreizen.

> *»Fürwahr, du bist ein verborgener Gott,
> der Gott Israels, ein Erretter!« (Is 45,15)*

Worauf kommt es also nach der Hiobsgeschichte an? Daß wir unsere Unfähigkeit, hinter das Rätsel des Leids und des Bösen zu kommen, nüchtern und ruhig eingestehen. Daß wir uns nicht als außenstehende Unbeteiligte und unbefugte Zensoren vorkommen, die sich in Unschuld ein Urteil über Gott und die Welt anmaßen dürften. Daß wir so auf alle Fälle ablehnen, Gott ein auch nur verborgenes, auch nur leises, auch nur unausgesprochenes Mißtrauen entgegenzubringen. Oder besser positiv ausgedrückt: Daß wir Gott von vorneherein ein letztes, ein bedingungsloses und restloses *Vertrauen* entgegenbringen. Daß wir in allem Leid, in aller inneren Not und allem äußeren Schmerz, in aller Angst und Sorge, Schwäche und Müdigkeit, Leere und Trostlosigkeit, Anfechtung und Versuchung, in allem Zweifel und in allem Zorn einfach und schlicht zu ihm gehen: nicht um vor ihm aufzubegehren, um mit ihm zu rechten, ihm unsere eigene Gerechtigkeit und Wichtigkeit vorzuführen, sondern um vor ihm – gerade das wird uns befreien und trösten – mit vollkommen leeren Händen dazustehen und von ihm alles zu erwarten: Hier stehe ich. Ich kann dir nichts bieten, nicht eigene Weisheit und nicht eigene Rechtschaffenheit. Ich bin ganz und gar dein Schuldner, dein Geschöpf, dein unnützer Diener. Laß mich, ich bitte dich, meine ganze Sorge, die ich nicht bewältigen kann, mein ganzes Elend, mein ganzes Leid, das ich nicht mehr tragen kann, auf dich werfen. Laß mich bei dir Hoffnung, Kraft, Freude finden.

> *»Denn so sprach Gott, der Herr, der Heilige Israels:
> In Umkehr und Ruhe liegt euer Heil;
> in Stillhalten und Vertrauen besteht eure Stärke.« (Is 30,15)*

Vielleicht sind wir in übergroßem Leid zu keinem Worte fähig, können nur stumm dastehen, uns nur leer und ausgebrannt hinhalten. Aber gerade dieses leere und wortlose Sich-Hinhalten wird dann der Ausdruck unseres abgrundtiefen Vertrauens sein, das von sich nichts, von Gott alles erwartet. Das von vorneherein zu allem, was *Er* tut, überzeugt »Amen« sagt: so sei es! und es ist gut so! Amen-Sagen ist die Übersetzung für das alttestamentliche Hauptwort »glauben«. Was ist die »Lösung« des Leidensproblems? Das ungesicherte und doch befreiende Wagnis des Glaubens! Im vertrauenden Glauben läßt sich das Leid nicht »erklären«, wohl aber – und darauf kommt es an – *bestehen*! Der vertrauende Glaube an den unbegreiflichen, immer größeren Gott ist der Sieg, der das Leid überwindet, der das Böse überwindet, der die Empörung des Unglaubens von vorneherein überwunden hat. Der Glaube ist es, der sich freiwillig gefangen gibt, um so frei zu sein in der Gewißheit, von Gott selbst gerufen und gehalten zu sein. Der Glaube ist es, der im Bekenntnis zur eigenen Ohnmacht und zum Verzicht auf jegliche Selbsthilfe aus eigener Klugheit und Anstrengung die Kraft findet zum wagemutigen Risiko gegen alle bedrohende Wirklichkeit und gegen alle entgegenstehenden Vernunftsgründe zur vollen vertrauensvollen Hingabe an Gott, den Herrn. Der Glaube ist es, der das Gehen über das Meer des Leids ermöglicht, der vertrauensvoll einschlägt in die Hand, die sich über dem Abgrund des Leides und des Bösen dem Menschen entgegenstreckt. Soll uns dies nicht genug sein?

»Glaubet ihr nicht, so bleibet ihr nicht!« (Is 7,9b)

Im Menschen Hiob erkennen wir uns selbst. Sein Leiden gibt unserem Leiden Kraft und Sinn und Trost. Sein Glaube ruft unseren Glauben, sein Vertrauen unser Vertrauen. Und doch ist von uns nicht erwartet, daß wir Hiobs Weg einfach nachvollziehen, daß wir etwa das Leid im Hiobschen Ausmaß suchen, um so, in die äußerste Anfechtung gestellt, durch eigenes Leid zum Heil zu gelangen. Hinter dem leidenden Gottesknecht Hiob, der sein eigenes Leid getragen hat, erscheint die Gestalt jenes anderen leidenden Gottesknechtes, der das Leid der Welt getragen und Leid, Sünde, Tod definitiv überwunden hat. In ihm geht in Erfüllung, was im Alten Testament angekündigt ist: nicht nur in der Geschichte des Hiob, sondern auch im Leiden Gottes um die Verlorenen bei Osee und Jeremias, im Leiden des von Gott berufenen Mittlers und Gottesknechts beim Deutero-Isaias und beim guten Hirten des Zacharias.

»Nachdem Gott vorzeiten zu vielen Malen
und auf vielerlei Weisen zu den Vätern gesprochen
hat durch die Propheten, hat er am Ende
dieser Tage zu uns geredet durch den Sohn.« (Hebr 1,1f.)

»Gott und das Leid« (1967), S. 27–43.

Gott als Anfang?

Die Frage nach dem Anfang allen Seins ist eine Urfrage der Menschheit. Schon früh hat Hans Küng den Dialog mit Naturwissenschaftlern gesucht und beschreibt in diesem Text die Möglichkeiten und Grenzen der Erkenntnis von Naturwissenschaft und Theologie.

Auf einem ganz kleinen Planeten am Rand einer der vielleicht 100 Milliarden Galaxien, deren jede in der Regel mehr als 10 Milliarden Sterne enthält, lebt seit erst zweihunderttausend Jahren die Menschheit. Unsere Teleskope reichen weit, aber sie haben Grenzen. Und selbst wenn wir immer weiter reichende Teleskope bauen, werden diese immer begrenzt bleiben durch den beschränkten kosmischen Horizont. Gibt es doch Galaxien, die jenseits unseres Sichthorizonts liegen: »Solche Galaxien sind nicht nur jetzt prinzipiell unbeobachtbar – sie werden für immer jenseits unseres Horizonts bleiben«, so der britische Royal Astronomer Sir *Martin Rees*. Der Mensch kann also das Allergrößte nicht fassen, kann seinen beschränkten kosmischen Horizont nicht wissenschaftlich konstatierend, sondern – so scheint es – höchstens spekulierend übersteigen.

Doch mir geht es in diesem zweiten Kapitel weniger um kosmologische Spekulationen als um philosophisch-theologische Reflexionen. Wissen wir auch nicht oder noch nicht, wie die vier kosmischen Kräfte – die elektrodynamischen, die schwachen und starken Kräfte und die Schwerkraft – zusammenhängen, so vermögen wir vielleicht doch auch ohne eine »Weltformel« oder physikalische »Theorie für alles« zur Frage vorzudringen, was ein Anfang aller Dinge sein könnte.

Die Frage nach dem Anfang der Anfänge

Die Frage nach dem »Anfang« (griech. *arché*) aller Dinge war schon für die alten Griechen ein Hauptproblem der Philosophie. Die älteren ionischen Naturphilosophen am Anfang des 6. Jh. v. Chr. nahmen ein einziges Urprinzip an, aus dem alle Dinge entstanden sind: *Thales* von Milet das Wasser, *Anaximenes* die Luft, *Heraklit* das Feuer, *Anaximander* aber das »Grenzenlose« (griech. *ápeiron*) und »Göttliche« (griech. *theion*). Dem Weltstoff setzt dann unter den jüngeren Naturphilosophen im 5. Jh. v. Chr. *Anaxagoras* den selbstständigen, weltordnenden »Geist« (griech. *noús*) entgegen. Seither ist das Göttliche in der griechischen Philosophie präsent, ob es nun im 4. Jh. von *Platon* als die Idee des Guten konzipiert wird oder von *Aristoteles* als unbewegter Beweger des Kosmos und letztes Ziel alles Strebens in der Wirklichkeit. Für die ersten (ebenfalls griechischen) christlichen Philosophen und Theologen (»Apologeten«) war es ohne allzu große begriffliche Anstrengung möglich, dieses Göttliche und diesen Geist mit dem Schöpfergott der Bibel zu identifizieren. Doch in der heutigen Naturwissenschaft stellt sich die Problematik anders dar:

Die Anfangssingularität

Es ist durchaus verständlich: Physiker lieben in der Naturordnung das Einzigartige, das *Singuläre*, nicht. Singularität reizt sie vielmehr zu untersuchen, ob sich nicht gerade diese Singularität in Gesetzmäßigkeit auflösen, in das Gefüge der bewährten physikalischen Gesetze einordnen lasse. Deren Charakteristikum ist nicht der Einzelfall, sondern die Wiederholung. Und solche Auflösung der Singularität ist ja in vielen Fällen durchaus gelungen.

Aber bei der *Anfangssingularität* geht es um etwas grundsätzlich anderes, um etwas, was sich allen physikalischen Begriffen und Gesetzen entzieht. Schon eine 100stel Sekunde nach dem Urknall gelten wohlbekannte Gesetze der Physik. Aber für die Zeit 0 und für die Ursache der geheimnisvollen Urexplosion ist der Physiker in einer gewissen Verlegenheit: Wie soll er erklären, daß in einer winzigen Einheit von unendlicher Dichte, Temperatur und Anfangsschwung das ganze Potential für hundert Milliarden Galaxien enthalten war. Nur wenn er die *Anfangsbedingungen* erklären kann, kann er die Besonderheit unseres Universums erklären. Muß sich der Physiker, wenn er auf eine Antwort nicht verzichten will, vielleicht auf etwas *Meta-physisches oder Proto-physisches* einlassen?

Nun ließe sich natürlich »ad hominem« argumentieren: Ist das wirklich eine zu große Zumutung an die menschliche Vernunft? Man kann es doch auch umgekehrt sehen: Wieviel »Glauben« mutet der menschlichen Vernunft das kosmologische Standardmodell zu! Nach dem Urknall sollen aus einer winzigen Einheit die Milliarden Galaxien entstanden sein? Wenn das nicht eine Art »wissenschaftlicher Wunderglaube« ist? Das jedenfalls meint der amerikanische Wissenschaftsjournalist *Gregg Easterbrook*: Was »deren schiere Unglaublichkeit« angehe, würde »nichts an Theologie oder Metaphysik dem Big Bang das Wasser reichen. Käme diese Schilderung der kosmischen Genese aus der Bibel oder aus dem Koran statt aus dem Massachusetts Institute of Technology, würde sie ganz sicher als ein überspannter Mythos behandelt.«

Und doch halte selbstverständlich auch ich als informierter Theologe das physikalische Standardmodell für wohlbegründet und hoffe zugleich, daß auch der informierte Naturwissenschaftler den »*Anfang*« aller Dinge nicht als beliebigen Beginn versteht: »Big Bang« ist kein bloßer »Beginning«! Geht es doch nicht nur um einen einzelnen ersten Moment (die erste »100stel Sekunde«) innerhalb einer Abfolge vieler vergleichbarer Momente einer beginnenden Welt-Geschichte. Nein, es geht um die Ermöglichung einer Welt-Geschichte überhaupt: nicht nur um den zeitlichen Anfang, sondern um den Anfang der Zeit! Das heißt, kein relativer, sondern der *absolut erste Anfang*, der kein Anfang innerhalb der Welt-Zeit oder Zeit-Welt sein kann, ja, ohne den die Welt-Zeit oder Zeit-Welt gar nicht erklärt werden kann.

Ein Zeit und Raum übersteigender Anfang der Welt läßt sich auch mit dem Wort »*Ursprung*« (lat. »origo«, engl. »origin«) ausdrücken. Dieses Wort Ur-sprung bedeutet im Deutschen zunächst die aus dem Boden »er-springende« (später »ent-springende«) Quelle, dann aber, erweitert, jede Art von Ausgangspunkt, auch geistig verstanden. Freilich darf »Ursprung« nicht von vornherein mit »Urheber«, mit Gott im christlichen Sinn, identifiziert werden. Theologen unterlaufen hier leicht Kurzschlüsse. Neuzeitliches philosophisches Denken kann ohnehin nicht mehr wie das mittelalterliche oder reformatorische einfach mit Gott anfangen, sondern muß »von unten« beginnen: Der Anfang der *Erkenntnis* liegt für das moderne Denken in der Erfahrung des Menschen.

»Kopernikanische Wende« in der Philosophie: Descartes

Die Kopernikanische Wende in der Astronomie wurde schon früh fortgeführt durch eine »Kopernikanische Wende« in der Philosophie. Grundgelegt wurde sie durch *Galileis* Zeitgenossen *René Descartes* (1596–1650), genialer Erfinder der analytischen Geometrie und Initiator der modernen Philosophie. In einem neuen Zeitalter des Rechnens und Experimentierens, der Methode und der exakten Wissenschaften proklamiert er das Ideal der mathematischen Gewißheit. Nicht mehr mittelalterlich von der Gottesgewißheit zur Selbstgewißheit, sondern neuzeitlich von der Selbstgewißheit zur Gottesgewißheit. Theozentrik abgelöst durch Anthropozentrik: *methodischer Ausgang vom Menschen, vom Subjekt, seiner Vernunft und Freiheit.* Auf diese Weise läßt sich eine Autonomie der Wissenschaften philosophisch begründen. Ja, dies ist wirklich ein Paradigmenwechsel, der vollendet wird durch die Fundamentalkritik *Immanuel Kants*, dessen Kritik der »reinen« oder theoretischen Vernunft in einer radikalen Kritik der Gottesbeweise gipfelt.

Gottesbeweise – zum Scheitern verurteilt: Kant

Hinter der Kritik *Immanuel Kants* (1724–1804) an den Beweisen für die Existenz Gottes steckt nicht, wie oft vermutet, Resignation über die Rolle der Vernunft. Sie gründet vielmehr in der letztlich ethisch-religiös fundierten Überzeugung, daß der Vernunft Grenzen gesetzt werden müssen und daß die Grenzen der Vernunft nicht identisch sind mit den Grenzen der Wirklichkeit. Das heißt: Was die Vernunft nicht erkennt, kann dennoch wirklich sein! Auch Gott? *Kant* schreibt im Vorwort zur zweiten Auflage der »Kritik der reinen Vernunft«, die er 1781 als bereits 57jähriger veröffentlicht: »Ich mußte also das *Wissen* aufheben, um zum *Glauben* Platz zu bekommen.« Denn Glaube ist auch für den »kritischen« *Kant* wie für den von ihm hochgeschätzten *Rousseau* eine Wahrheit des Herzens, besser: des Gewissens, jenseits aller philosophischen Reflexionen und Demonstrationen: »Der Glaube an einen Gott und eine andere Welt ist mit meiner moralischen Gesinnung so verwebt, daß, sowenig ich Gefahr laufe, die letztere einzubüßen, ebenso wenig besorge ich, daß mir der erste jemals entrissen werden könne«, so bezeugt *Kant* selbst am Ende seiner »Kritik der reinen Vernunft«.

Wissenschaftliche *Gottesbeweise* aber sind nach *Kant nicht möglich*. Gott existiert nicht in Raum und Zeit, er ist daher nicht Gegenstand der Anschauung. Deshalb lassen sich keine Erkenntnisse von naturwissenschaftlicher Beweiskraft gewinnen und keine Urteile fällen, da diese auf Anschauung angewiesen sind. Die Gottesbeweise, auch die, welche *Kant* selber in seiner vorkritischen Phase vertreten hatte, sind faktisch gescheitert, nein, sie sind theoretisch gar nicht möglich. Auch die Frage nach einem Anfang der Welt in der Zeit läßt sich nach *Kant* nicht entscheiden. Warum nicht? »Alle unsere Schlüsse, die uns über das Feld möglicher Erfahrung hinausführen wollen«, sind »trüglich und grundlos«.

Kant ist überzeugt: Die Vernunft spannt vergeblich ihre Flügel, um durch die Macht des Denkens über die Erscheinungswelt hinaus zu den »Dingen an sich« (denknotwendig, aber nicht durchschaubar!) zu gelangen oder gar zum wirklichen Gott vorzustoßen. Türme, die bis zum Himmel reichen, kann der Mensch nicht bauen, sondern nur Wohnhäuser, die für unsere Geschäfte auf der Ebene der Erfahrung gerade geräumig und hoch genug sind! Es gibt daher keinen Gottesbeweis, der auch nur schon bei den Glaubenden allgemeine Zustimmung gefunden hätte. Doch ist dies nur eine Seite der Problematik. Denn:

Auch Gegenbeweise scheitern

Wie die Beweise *für* Gott, so lehnt *Kant* auch die Beweise *gegen* Gott ab. Warum? Weil auch sie den Erfahrungshorizont überschreiten. Die Idee Gottes ist in sich kein Widerspruch, und diejenigen, die beweisen wollen, daß Gott nicht existiere, haben noch mehr unrecht: »Dieselben Gründe«, die das Unvermögen der Vernunft zur Behauptung der Existenz Gottes beweisen, reichen nach *Kant* aus, »um die Untauglichkeit einer jeden Gegenbehauptung zu beweisen«: »Denn, wo will jemand durch reine Spekulation der Vernunft die Einsicht hernehmen, daß es kein höchstes Wesen, als Urgrund von allem gebe ...« *Kant* ist überzeugt: Die Gottesidee ist nun einmal ein notwendiger theoretischer Grenzbegriff, der, wie ein ferner Stern, im Erkenntnisprozeß zwar nicht erreicht, aber immerhin als ideales Ziel angesteuert werden kann.

Im Bild: Wer zugibt, daß er nicht hinter den Vorhang gucken kann, darf auch nicht behaupten, es sei nichts dahinter. Auch der Atheismus ist hier in seine Schranken gewiesen. Alle Beweise oder Aufweise der bedeutenden Atheisten reichen zwar aus, um die Existenz Gottes fragwürdig zu machen, aber nicht, um Gottes Nicht-Existenz fraglos zu machen. Es ist bedauerlich, wie viele falsche Schlachten zwischen Gottesglaube und Wissenschaft, zwischen Theologie und Atheismus gerade im 19. und 20. Jh. geschlagen wurden. Und noch bedauerlicher ist es, daß viele Naturwissenschaftler sogar im 21. Jh. befangen sind in den schon längst durchschauten, aber von ihnen oft wenig reflektierten Argumenten der atheistischen Religionskritik des 19. und 20. Jh. Auch heute hat der Atheismus einige Propheten unter den Naturwissenschaftlern.

»Der Anfang aller Dinge« (2005), S. 59–64.

Wie Gott denken?

Die Rede von Gott und seinem Wesen führt bei vielen Theologen oft zu verstiegenen Spekulationen. Schon in seinem Buch »Existiert Gott?« (1978) hat Hans Küng klar und plausibel Rechenschaft darüber gegeben, die in diesem späteren Text knapp gebündelt ist.

Viele Umfragen über den *Gottesglauben von Naturwissenschaftlern* sagen wenig aus, weil sie undifferenziert gestellt sind. So zum Beispiel die auch später öfters aufgegriffenen Umfragen des Psychologen *James H. Leuba* von 1914 und 1933, die nach einem Gottesglauben fragen, der mit Gott durch Gebete kommunizieren kann, andererseits nach einer Unsterblichkeit der Seele. Auf solche Fragen läßt sich schwerlich einfach mit Ja oder Nein antworten, so wenig wie etwa auf die Frage: »Sind Sie für oder gegen Frankreich?« Auch kann man nicht übersehen, daß an manchen Universitäten die »politische Korrektheit« empfiehlt, in religiösen Grundfragen nicht öffentlich Stellung zu beziehen. Was besagt es also schon, wenn ein Evolutionsbiologe an der Harvard-Universität bei seinen Kollegen eine Umfrage über Gläubigkeit macht und feststellt, es seien alles Atheisten. Hier wäre überall genauer nachzufragen, wie sich Wissenschaftler den Gott denken, den sie ablehnen – oder, vielleicht in anderer Gestalt, annehmen. Manche lehnen faktisch nicht Gott, sondern eine Karikatur von Gott ab, in der kein einigermaßen gebildeter Gottgläubiger seinen Gott erkennen würde.

Eine Alternative zum Wort Gott?

Auch viele Naturwissenschaftler stoßen sich verständlicherweise am Wort »Gott«. Gewiß kann man statt von »Gott« auch von »Gottheit« oder vom »Göttlichen« reden. Der Name »Gott« wird oft anthropomorph mißverstanden und für politische, kommerzielle, militärische, kirchliche Zwecke mißbraucht. Doch sollen wir wegen allen Mißbrauchs und Glaubwürdigkeitsmangels so mancher offizieller Glaubensvertreter und Glaubensinstitutionen das Wort »Gott« schlechterdings fallen lassen?

Man wird oft gefragt: »Wie bringen Sie das fertig, so Mal um Mal ›Gott‹ zu sagen? Wie können Sie erwarten, daß Ihre Leser das Wort in der Bedeutung aufnehmen, in der Sie es aufgenommen wissen wollen? ... Welches Wort der Menschensprache ist so mißbraucht, so befleckt, so geschändet worden wie dieses?« Soll man nicht besser von Gott schweigen?

Genau auf diese Frage antwortet der jüdische Religionsphilosoph *Martin Buber*: »Ja, es ist das beladenste aller Menschenworte. Keines ist so besudelt, so zerfetzt worden. Gerade deshalb darf ich darauf nicht verzichten. Die Geschlechter der Menschen haben die Last ihres geängstigten Lebens auf dieses Wort gewälzt und es zu Boden gedrückt; es liegt im Staub und trägt ihrer aller Last. Die Geschlechter der Menschen mit ihren Religionsparteiungen haben das Wort zerrissen; sie haben dafür getötet und sind dafür gestorben; es trägt ihrer aller Fingerspur und ihrer aller Blut. Wo fände ich ein Wort, das ihm gliche, um das Höchste zu bezeichnen! Nähme ich den reinsten, funkelndsten Begriff aus der innersten Schatzkammer der Philosophen, ich könnte darin doch nur ein unverbindliches Gedankenbild einfangen, nicht aber die Gegenwart dessen, den ich meine, dessen, den die Geschlechter der Menschen mit ihrem ungeheuren Leben und Sterben verehrt und erniedrigt haben ...«

Deshalb *Martin Bubers* Schlußfolgerung: »Wir müssen die achten, die es verpönen, weil sie sich gegen das Unrecht und den Unfug auflehnen, die sich so gern auf die Ermächtigung durch ›Gott‹ berufen; aber wir dürfen es nicht preisgeben. Wie gut läßt es sich verstehen, daß manche vorschlagen, eine Zeit über von den ›letzten Dingen‹ zu schweigen, damit die mißbrauchten Worte erlöst werden! Aber so sind sie nicht zu erlösen. Wir können das Wort ›Gott‹ nicht reinwaschen, und wir können es nicht ganzmachen; aber wir können es, befleckt und zerfetzt wie es ist, vom Boden erheben und aufrichten über einer Stunde großer Sorge.«

Dies ist auch meine Überzeugung: Anstatt nicht mehr oder einfach wie bisher von Gott zu reden, käme heute gerade für Philosophen und Theologen alles darauf an zu lernen, behutsam neu von Gott zu reden! Dies auch angesichts der Tatsache, daß man gerade von Naturwissenschaftlern hören kann: »Ich bin kein Materialist. Es muß noch etwas anderes geben als Materie: Geist, Transzendenz, das Heilige, Göttliche. Aber mit dem personifizierten Gott, der da droben oder dort draußen ist, west, kann ich als Naturwissenschaftler wenig anfangen.« Niemand sollte sich daher von inquisitorischen »Gottesvertretern« abhalten lassen, neue Redeweisen von Gott zu erproben, damit der Kinderglauben erwachsen wird. Deshalb zuerst die Frage:

Gott – ein überirdisches Wesen?

Die Naturwissenschaften fordern dem Theologen manch harte Gedankenarbeit ab. Ich frage mich, ob umgekehrt nicht auch die Theologie dem Naturwissenschaftler, wenn es um ihr Zentrum geht, ein wenig Denkarbeit abfordern darf?

Es gibt Physiker, die brauchen »Gott« als *Metapher für Weltliches*. »If you are religious, this is like looking at God«, so der amerikanische Astrophysiker *George Smoot*, als er die Fluktuationen in der kosmischen Hintergrundstrahlung (Echo des »Urknalls«) ankündigte. Dies klingt fromm, ist aber oberflächlich. Hier ist Gott eine Metapher für Weltliches, für Natur. So auch beim Nobelpreisträger *Leon Lederman* mit seinem Buchtitel »The God Particle«.

Vielmehr ist daran festzuhalten: *Gott ist nicht identisch mit Kosmos*! Und *Einstein* hätte nicht derart unüberwindbare Schwierigkeiten gehabt, die Quantentheorie zu akzeptieren, wenn er nicht Gott mit Natur oder Naturgesetzen wie sein »Hausphilosoph« *Spinoza* identifiziert hätte. Gott also ist *kein innerirdisches Wesen*, kein »Ding« dieser Welt, er gehört nicht zur »Faktenwirklichkeit«, und er kann nicht empirisch festgestellt werden. Gott ist kein »Weltwesen«, das heißt freilich: Er ist auch nicht im menschlich-allzumenschlichen Sinn »Vater«oder »Mutter«.

Ist Gott also ein *überirdisches Wesen*? Nein, er ist auch kein überirdisches Wesen über den Wolken, im physikalischen Himmel! Die naiv-anthropomorphe Vorstellung ist endgültig überholt: Gott ist kein im wörtlichen oder räumlichen Sinn »über« der Welt, in einer »Überwelt«, wohnendes »höchstes Wesen«.

Also ist Gott ein *außerirdisches Wesen*? Auch dies nicht. Gott west nicht jenseits der Sterne, im metaphysischen Himmel! Auch die aufgeklärt-deistische Vorstellung ist überholt: Gott ist kein im geistigen oder metaphysischen Sinn »außerhalb« der Welt in einem außerweltlichen Jenseits, in einer »Hinterwelt«, existierendes, verobjektiviertes, verdinglichtes Gegenüber.

Was aber ist dann auf der Höhe des gegenwärtigen wissenschaftlichen Bewußtseins von Gott zu sagen – angesichts unserer neuen Vision vom unabsehbar weiten, tiefen und letztlich nicht voll begreifbaren Kosmos und der Jahrmilliarden Evolution von Welt und Mensch?

Zeit-Raum, umgriffen von Ewigkeit und Unermeßlichkeit

Grundlegend ist: Gott ist *in diesem Universum*, und dieses *Universum ist in Gott!* Zugleich ist Gott größer als die Welt. Man könnte die Welt nach *Augustin* vergleichen mit einem Schwamm, schwimmend gehalten im ewigen, unendlichen Meer der Gottheit. Und selbst wenn es mehrere Welten gäbe: Gott ist nach christlicher Tradition »semper maior«, der je Größere, und auch Muslime drücken dies aus in der Formel »Allahu akbar« – Gott ist größer.

Gott ist nicht isoliert in diesem All. Seine *Unermeßlichkeit* umgreift den Raum, sie ist nicht lokalisierbar. Er ist überall gegenwärtig, omnipräsent:
– Gott ist *weltimmanent*: Von innen durchdringt er den Kosmos und wirkt auf ihn. Zugleich partizipiert er an seinem Geschick, hat Anteil an seinen Prozessen und Leiden.
– Und zugleich ist Gott *welttranszendent*: Durchdringend übersteigt er zugleich den Kosmos. In seiner Unendlichkeit umschließt er alle endlichen Wesenheiten, Strukturen und Prozesse. Er ist die allumfassende transempirische Beziehungswirklichkeit.

Es braucht die Transzendenz nicht auszuschließen, wenn *Goethe* dichtet:

> *»Was wär ein Gott, der nur von außen stieße,*
> *Im Kreis das All am Finger laufen ließe!*
> *Ihm ziemts, die Welt im Innern zu bewegen,*
> *Natur in Sich, Sich in Natur zu hegen,*
> *So daß, was in Ihm lebt und webt und ist,*
> *Nie Seine Kraft, nie Seinen Geist vermißt.«*

Dieser unendliche Gott ist nicht statisch. Seine *Ewigkeit* umgreift die Zeit: Diese Ewigkeit ist nicht zeitlos, vielmehr ist sie gleichzeitig zu allen Teilen der Zeit. Gott ist keine unveränderliche Idee des Guten (Platon) ohne Bezug zu Mensch und Welt in ihrer Geschichtlichkeit. Auch kein »unbewegter Beweger« (Aristoteles) und kein unlebendiges Ur- Eines (Plotin). Er greift auch nicht aus einem übergeschichtlichen Bereich mirakulös in die Geschichte ein. Er ist kein Zauberer, der Tricks anwendet. Nein, Gott ist die Dynamik selbst, er schafft die Welt in sich selbst, er hält und bewegt sie unsichtbar von innen.

So ist Gott denk-bar im Kontext eines neuzeitlichen einheitlich-dynamischen Wirklichkeitsverständnisses: Gott ist nicht als Teil der Wirklichkeit ein (höchstes) Endliches neben Endlichem. Vielmehr ist er die nicht greifbare »Dimension Unendlich« in allen Dingen. Doch nicht nur die unsichtbare mathematische Dimension, sondern die *Realdimension Unendlich*. Das Unendliche im Endlichen, mit dem man aber wie in der Mathematik im Prinzip rechnen sollte, auch wenn es in den Alltagsgleichungen nicht einkalkuliert werden muß.

Man kann das Verhältnis Gott–Welt, Gott–Mensch nur dialektisch formulieren: Gott ist die Transzendenz, doch in der Immanenz. Es geht um eine Ewigkeit, aber in der Zeitlichkeit, um die Unermeßlichkeit, aber im Raum. Also das Absolute im Relativen, das Urgeheimnis in der Wirklichkeit von Welt und Weltgeschichte – so wenig einfach konstatierbar wie die alles tragende baustatische Formel in der Brücke, die den Abgrund überspannt. Doch hier wird natürlich sofort nachgefragt: Kann dieser unendliche Gott noch Person genannt werden?

Ist Gott Person?

Dies ist eine Frage, die sich nicht in einem Satz beantworten läßt. Ich beantworte sie in drei Schritten:

Erstens: Gott ist *mehr als Person*. Die Einwände *Albert Einsteins* gegen ein personales Gottesverständnis sind ernstzunehmen. Wenn er von kosmischer Vernunft oder wenn östliche Denker von dem »Einen« (*tad ekam*), von »Nirwana«, »Leere« (*shunyata*), »Absolutem Nichts«, »Leuchtender Finsternis« sprechen, dann wird man dies verstehen müssen als oft paradoxer Ausdruck der Ehrfurcht vor dem Geheimnis des Absoluten, das sich weder in Begriffen noch in Vorstellungen einfangen läßt – dies gegenüber allzu menschlichen »theistischen« Vorstellungen von Gott, weswegen denn auch der Name »Gott« von Buddhisten abgelehnt wird.

Es ist wahr: Gott ist gewiß nicht Person, wie der Mensch Person ist: Der Allesumfassende und Allesdurchdringende ist nie ein Objekt, von dem sich der Mensch distanzieren kann, um über ihn auszusagen. Der Urgrund, Urhalt und das Urziel aller Wirklichkeit, das für den Glaubenden jede einzelne Existenz bestimmt, der mir näher ist als meine Halsschlagader, wie der Koran (Sure 50,16) bildhaft sagt, ist nicht eine begrenzte Einzelperson unter anderen Personen. Gott ist kein Über-Mensch und Über-Ich. Auch der Personbegriff ist also nur eine Chiffre für Gott: Gott ist nicht die höchste Person unter anderen Personen. Gott sprengt den Personbegriff: Gott ist mehr als Person!

Aber wahr ist auch ein Zweites: Gott ist *nicht weniger als Person*. Gerade weil Gott keine »Sache« ist, gerade weil er, wie in östlicher Weisheit betont, nicht begreifbar, durchschaubar, verfügbar, manipulierbar ist, ist er auch nicht unpersönlich, nicht unterpersonal. Gott, der das Werden von Personhaftem ermöglicht, sprengt auch den Begriff des Unpersönlichen: Gott ist auch nicht weniger als Person!

Spinozas Identifikation Gottes mit der Natur und den Naturgesetzen löst keine Probleme. Vielmehr wird der Glaube an die Notwendigkeit aller Naturvorgänge *Einstein* dazu verführen, die Unbestimmtheitsrelation der Quantenphysik von vornherein dogmatisch abzulehnen. Doch eine gefühllose Geometrie oder Harmonie des Universums in naturgesetzlicher Notwendigkeit, wie sie der Physiker aufgrund seiner bestimmten und beschränkten Methode anzunehmen versucht ist, kann das Ganze der Wirklichkeit nicht erklären. Gott, der Eine, hat nach muslimischer Tradition »hundert schöne Namen«, von denen aber der letzte ihm allein bekannt ist.

Dies ist nicht nur Auffassung von Bibel und Koran: Eine *Höchste-Letzte Wirklichkeit*, eine »Ultimate Reality«, akzeptieren auch die meisten Buddhisten. Und diese ist *mehr als der Kosmos*: mehr als eine universale Vernunft oder ein großes anonymes Bewußtsein. Mehr als nur die höchste Idee (Platon) oder ein auf sich selbst bezogenes, sich selbst denkendes Denken (Aristoteles). Mehr als nur die pure Schönheit des Kosmos oder auch die blinde Gerechtigkeit der Geschichte. Die Höchste-Letzte Wirklichkeit ist etwas, das sich zu uns nicht gleichgültig verhält und uns nicht gleichgültig läßt, sondern uns in befreiender und beanspruchender Weise »*unbedingt angeht*« (Paul Tillich): uns allgegenwärtig und zugleich entzogen. In der Hebräischen Bibel erscheint Gott als der verborgene Gott, der aber dennoch dem Volk so nahe ist, daß er einen Bund mit ihm eingeht, sich auf den einzelnen Menschen einläßt.

Doch wie soll das Personale und Apersonale kohärent verbunden werden können? Gewiß indem man beide Begriffe übersteigt, transzendiert. Doch kann nun am Ende vielleicht der Theologe leisten, was der Physiker offenkundig nicht vermochte: »den Geist Gottes erkennen?« Zwar nicht die »Weltformel« finden, dafür aber eine »Gottesformel«, die das Geheimnis Gottes und der Welt auflöst?

Doch Vorsicht, ein Drittes: Gewiß kann der Theologe ein Wort finden, welches die Begriffe personal – apersonal übersteigt, und er wird dann von »*transpersonal, überpersönlich*« reden. Aber sollte er mit solcher Formel Gottes Geist erfaßt, mit diesem Begriff Gott begriffen, mit dieser Definition Gott definiert haben? Nein, denn hätte er ihn begriffen, hätte er ihn definiert, so wäre es nicht Gott, der nun einmal der Unsichtbare, Unbegreifliche, Undefinierbare ist und bleibt: »*Coincidentia oppositorum*« – das Ineinanderfallen der Gegensätze. So hat schon der Renaissance- Denker *Nicolaus Cusanus*(1401–1464) formuliert: als Maximum auch das Minimum und so Minimum und Maximum überschreitend. Gott ist »der ganz Andere« und doch »interior intimo meo«, mir innerlicher als mein Innerstes (Augustin).

Nun, je nach der konkreten Situation eines einzelnen oder einer Gemeinschaft wird der Mensch mehr personale oder apersonale Begriffe oder Metaphern brauchen; dies hängt ab vom Kontext. *Apersonale Bilder* (»Meer«, »Horizont«, »Sonne«) können unter Umständen von Gott ebenso viel aussagen wie personale, anthropomorphe (»Vater«, »Mutter«). Weit bekannt ist *Friedrich Nietzsches* Parabel vom »tollen Menschen«, der am hellen Vormittag eine Laterne anzündet, um (erfolglos) Gott zu suchen, und deshalb den Tod Gottes proklamiert. In drei beeindruckenden, mächtigen Bildern beschreibt er, was sich in Begriffen nur schwer wiedergeben läßt: »Wie vermochten wir das *Meer* auszutrinken? Wer gab uns den Schwamm, um den ganzen *Horizont* wegzuwischen? Was taten wir, als wir die Erde von der *Sonne* lösketteten? Wohin bewegt sie sich nun? Wohin bewegen wir uns? Fort von allen Sonnen? Stürzen wir nicht fortwährend?«

»Der Anfang aller Dinge« (2005), S. 120–127.

Wie Gottes Wirken denken?

Bei der Antwort auf die Frage nach Gott dürfen religiöse Bekenntnisse und naturwissenschaftliche Erkenntnisse nicht vermischt werden. Hans Küng wahrt diese Grenze und gibt vernünftig Rechenschaft über seinen von tiefer Spiritualität getragenen Glauben.

Gerade in einem vernünftigen Vertrauen auf Gott sollte der Mensch vermeiden, naturwissenschaftliche Erkenntnisse und religiöse Bekenntnisse zu vermischen: Man darf nicht aus (durchaus lobenswerten) ethisch-religiösen Impulsen dem Evolutionsprozeß mit Hilfe eines anthropischen Prinzips die Richtung auf einen bestimmten Endzustand Omega und damit eine Sinngebung zuschreiben, die nun einmal nicht die Wissenschaft, sondern nur der religiöse Glaube geben kann. Ich habe für ein Ja zu einem »Alpha« als »Grund« von allen Dingen plädiert und werde auch für ein »Omega« als »Ziel« plädieren. Aber es muß klar bleiben, daß es sich dabei um ein Ja »jenseits von Wissenschaft«, um ein Ja des vernünftigen Vertrauens, handelt.

Auch wer ein anthropisches Prinzip annimmt, braucht auf keinen Fall ein »übernatürliches« Eingreifen Gottes in den Weltprozeß zu vertreten. Im Gegenteil:
– Nach Auffassung der Biologen erscheint ein unmittelbares übernatürliches Eingreifen Gottes bei der Entstehung und Weiterentwicklung des Lebens mehr denn je als unnötig.
– Aber zugleich sind führende Biologen der Auffassung: Der Evolutionsprozeß als solcher schließt, naturwissenschaftlich gesehen, einen Urheber (ein Alpha) und ein letztes Sinn-Ziel (ein Omega) weder ein noch aus.

– Auch für einen Naturwissenschaftler als Menschen stellt sich die existentielle Frage nach Ursprung und Sinn-Ziel des ganzen Prozesses, der er nicht ausweichen sollte, auch wenn er sie als Naturwissenschaftler nicht beantworten kann. Dies schließt allerdings ein aufgeklärtes Gottesverständnis ein:

Ein vergeistigtes Gottesverständnis

Eine allzu äußerliche, anthropomorphe Vorstellung wäre es zu meinen, Gott als Herr und König »kontrolliere« oder »steuere« die Ereignisse, auch die scheinbar zufälligen, sogar die subatomar unbestimmten Abläufe. Wie stünde es denn da um all die Verschwendungen und Sackgassen der Evolution, wie um die ausgestorbenen Arten und die elend umgekommenen Tiere und Menschen? Und wie um die unendlichen Leiden und all das Böse in dieser Welt und Weltgeschichte? Darauf hat eine solche Konzeption von einem Herr-Gott keine Antwort.

Zu Recht sieht man das biblische Verständnis Gottes als *Geist* als besonders hilfreich an für eine evolutionäre Weltsicht. Der biblische Befund ist sehr aufschlußreich: Greifbar und doch nicht greifbar, unsichtbar und doch mächtig, lebenswichtig wie die Luft, die man atmet, energiegeladen wie der Wind, der Sturm – das ist der Geist. Alle Sprachen kennen ein Wort dafür, und ihre je verschiedene geschlechtliche Zuordnung zeigt, daß der Geist nicht so einfach definierbar ist: »Spiritus« im Lateinischen ist männlich (wie auch »der« Geist im Deutschen), »Ruach« im Hebräischen weiblich, und das Griechische kennt das Neutrum »Pneuma«. Geist ist also jedenfalls etwas ganz anderes als eine menschliche Person. Die »Ruach«: Dies ist nach dem Anfang des Schöpfungsberichts im Buch Genesis jener »Lufthauch«, »Braus« oder »Sturm« Gottes, der sich über den Wassern bewegt. Und das »Pneuma«: Dies steht auch dem Neuen Testament zufolge im Gegensatz zum »Fleisch«, das heißt, zur geschaffenen vergänglichen Wirklichkeit, und ist die von Gott ausgehende lebendige Kraft und Macht.

Geist ist also nicht wie in der griechischen Philosophie die göttliche Vernunft, sondern ist jene unsichtbare Gotteskraft und Gottesmacht, welche schöpferisch oder auch zerstörerisch wirkt, zum Leben oder zum Gericht, die in der Schöpfung genauso wirkt wie in der Geschichte, in Israel wie später auch in den christlichen Gemeinden. »Heilig« ist der Geist, insofern er vom unheiligen Geist, dem Menschen und seiner Welt, unterschieden wird und als Geist des einzig Heiligen, Gottes selbst, angesehen werden muß. Der Heilige Geist ist also Gottes Geist. Auch im Neuen Testament ist der Heilige Geist nicht – wie oft in der Geschichte der Religionen – ein magisches, substanzhaftes, mysteriös übernatürliches Fluidum dynamischer Natur (kein geistiges »Etwas«) und auch kein Zauberwesen animistischer Art (kein Geisterwesen oder Gespenst). Auch im Neuen Testament ist der Heilige Geist niemand anderer als Gott *selbst*! Gott selbst, sofern er der Welt und dem Menschen nahe ist, ja, innerlich wird als die ergreifende, aber nicht greifbare Macht, als die lebenschaffende, aber auch richtende Kraft, als die schenkende, aber nicht verfügbare Gnade.

Der Unendliche wirkt im Endlichen

Für ein neuzeitlich-evolutionäres Wirklichkeitsverständnis, bei dem Gott als Geist in der Welt und die Welt in Gott ist, die Transzendenz in Immanenz, ist grundlegend: Gottes Geist wirkt in den gesetzmäßigen Strukturen der Welt, ist aber mit ihnen nicht identisch. Denn Gott ist reiner Geist und wirkt in der Weltgeschichte fortdauernd nicht in der Weise des Endlichen und Relativen, sondern als der *Unendliche im Endlichen* und als das Absolute im Relativen. Schon im Abschnitt »Wie Gott denken?« habe ich auf zwei Gesichtspunkte hingewiesen:

Gottes Geist wirkt nicht von oben oder außen als unbewegter Beweger in die Welt hinein. Vielmehr wirkt er als die dynamische wirklichste Wirklichkeit *von innen* im ambivalenten Entwicklungsprozeß der Welt, den er ermöglicht, durchwaltet und vollendet. Er wirkt nicht erhaben über dem Weltprozeß, sondern im leidvollen Weltprozeß: *in, mit* und *unter* den Menschen und Dingen. Er selbst ist Ursprung, Mitte und Ziel des Weltprozesses!

Gottes Geist wirkt auch nicht nur an einzelnen besonders wichtigen Punkten oder Lücken des Weltprozesses. Vielmehr wirkt er *ständig* als schöpferischer und vollendender Urhalt im System von Gesetz und Zufall und so als weltimmanentweltüberlegener Lenker der Welt – allgegenwärtig auch im Zufall und Unfall – unter voller Respektierung der Naturgesetze, deren Ursprung er selber ist. Er selbst ist der auch alles Negative umfassende, alles durchwaltende *Sinn-Grund* des Weltprozesses, was freilich nur in vertrauendem Glauben angenommen und verstanden werden kann. Um alle Mißverständnisse zu vermeiden, hier noch eine weitere Präzisierung:

Keine Konkurrenz zwischen Gott und Welt

Es dürfte jetzt klar geworden sein: Welt *oder* Gott – das ist keine Alternative: weder die Welt ohne Gott (Atheismus) noch Gott identisch mit der Welt (Pantheismus)! Sondern Gott *in* der Welt, und die Welt *in* Gott. Gott und Welt, Gott und Mensch also *nicht als zwei konkurrierende endliche Kausalitäten nebeneinander,* wo die eine gewinnt, was die andere verliert, sondern *ineinander*: Wenn Gott wirklich der alles umfassende unendliche geistige Urgrund, Urhalt und Ursinn von Welt und Mensch ist, wird deutlich, daß Gott nichts verliert, wenn der Mensch in seiner Endlichkeit gewinnt, sondern daß Gott gewinnt, wenn der Mensch gewinnt.

Keith Ward (Oxford), der, wie wir hörten, kenntnisreich und detailliert sich mit einigen englischsprachigen »neuen Materialisten« auseinandergesetzt hat, hält es für ganz unwahrscheinlich, daß allein die natürliche Auslese vernünftige Wesen hervorgebracht habe; zur Erklärung des ganzen Prozesses sei es einfacher, die Hypothese eines in jedem Moment aktiv oder passiv bestimmenden unsichtbaren Einflusses Gottes anzunehmen.

Der um den naturwissenschaftlich-theologischen Dialog ebenfalls hochverdiente Biochemiker und Theologe *Arthur Peacocke* (Oxford) hat sich viel Mühe gemacht, das Einwirken Gottes auf das Universum und so Gottes spezielle Vorsehung mit physikalischen Kategorien verständlich zu machen. Auch andere haben versucht, Gottes Wirken mit der Quantenwelt zu verbinden oder in der Chaostheorie zu verorten. Doch werden gegen solche Versuche manche physikalischen und theologischen Einwände erhoben.

Der um den Dialog nicht weniger verdiente Physiker und Theologe *John Polkinghorne* (Cambridge) dürfte recht haben: »Es ist nicht möglich, das kausale Netzwerk so aufzuknüpfen, daß man sagen kann, Gott tat dies, ein Mensch jenes und die Natur ein drittes. Der Glaube mag hier zwar unterscheiden können, aber keine Nachforschung kann Gottes Handeln demonstrieren.« Der alles umfassende Schöpfungsplan des Universums muß also richtig verstanden werden: nicht als ein detaillierter, bereits existierender Entwurf in der Vorstellung Gottes: »Das tatsächliche Gleichgewicht zwischen Zufall und Notwendigkeit, Kontingenz und Möglichkeit, das wir wahrnehmen, scheint mir mit dem Willen eines geduldigen und subtilen Schöpfers übereinzustimmen, der zufrieden damit ist, seine Ziele zu verfolgen, indem er den Prozess initiiert und dabei ein Maß an Verletzlichkeit und Unsicherheit akzeptiert, das das Geschenk der Freiheit durch Liebe immer kennzeichnet.«

Theologie darf sich also nicht zuviel zumuten und ihre Neugierde zu weit treiben. Mir kommt da immer wieder der berühmte »Gnadenstreit«, die wichtigste Auseinandersetzung um Gnade und Freiheit im 16./17. Jh., in den Sinn. Damals wollte man das Rätsel lösen, wie sich Voraussicht und Allmacht Gottes und die Freiheit des Menschen verbinden lassen. Nach endlosen Streitereien zwischen Dominikanern und Jesuiten und mehr als 120 Sitzungen in Rom verbot schließlich Papst *Paul V.* 1611 beiden Parteien, die Gegenpartei zu verketzern. Bis heute wartet man auf die damals in Aussicht gestellte päpstliche Erklärung, die »opportune«, zu geeigneter Zeit, veröffentlicht werden soll. Sie wird heute weniger denn je benötigt. Die meisten Theologen haben erkannt, daß es hier nicht um eine zu lösende Rätselfrage, sondern um das unergründliche Geheimnis des Wirkens Gottes selber geht. Und dies dürfte auch gelten für die Frage, wie ein allwissender Gott nicht nur die determinierten Vorgänge, sondern auch die zahllosen Zufallsprozesse, welche die Evolution vorantreibt, voraussehen kann.

Theologisch relevant ist für mich das *Daß* (*id quod*) des Wirkens von Gott und Kosmos, Gott und Mensch, nicht aber das *Wie* (*modus quo*) des Zusammenwirkens, das uns letztlich verborgen ist und das wir auch gar nicht zu entschlüsseln brauchen. Da ist mir ein anderer Aspekt wichtiger, wie er von der biblischen Botschaft nahegelegt wird: Die meisten Wunder ereignen sich ja für den glaubenden Menschen nicht im Kosmos, sondern im *Herzen des Menschen*, wo Gottes Geist wirkt, der nach dem Apostel *Paulus* kein unheiliger Menschengeist, Zeitgeist, Kirchengeist, Amtsgeist ist, aber auch kein Schwarmgeist, sondern der Heilige Geist, der Geist der Freiheit und Liebe, der weht, wo und wann er will. *Gottes Geschenk*, um das der Mensch auch in schweren Stunden – und wer hat sie nicht? – bitten darf, um immer wieder neu zu einem Leben und Wirken in Frieden, Gerechtigkeit, Freude, Liebe, Hoffnung und Dankbarkeit befreit zu werden. Und es gibt für mich keinen schöner vertonten Hymnus auf Gottes Geist als das »Veni Sancte Spiritus«, »Komm, Heiliger Geist«, den *Stephan Langton*, Erzbischof von Canterbury, schon um 1200 dichtete und der die Wirkung des Geistes Gottes als Licht beschreibt (ich zitiere nur einige Strophen):

O lux beatissima,	Strahlend Licht, dein seliger Glanz
reple cordis intima	Fülle Geist und Sinne ganz,
tuorum fidelium.	mache leicht, was sonst zu schwer!
Sine tuo nomine	Ohne daß du in uns webst
nihil est in homine,	ohne daß du uns belebst,
nihil est inoxium.	sind die Herzen tot und leer.
Lava quod est sordidum,	Wasche, was im Schmutz vergeht!
riga quod est aridum,	Gieße, was zu trocken steht!
sana quod est saucium.	Heile all das Leid der Welt!
Flecte quod est rigidum,	Biege, was zu fest und hart!
fove quod est frigidum,	Taue, was zu Eis erstarrt!
rege quod est devium.	Halte fest, was stürzt und fällt!
Da tuis fidelibus,	Denen, die dir hier vertraun,
in te confidentibus,	die auf keinen Sand mehr baun,
sacrum septenarium.	schenke alle Gaben dein!

»Der Anfang aller Dinge« (2005), S. 174–179.

2. Jesus – Lebensmodell und Maßstab

Die oberste Norm – zur ethischen Botschaft Jesu

In seinem Buch »Jesus« beschreibt Hans Küng auf gut vierzig Seiten die ethischen Forderungen Jesu. Die hier abgedruckte Passage beschreibt allgemein jene ethische Grundhaltung, wie sie vor allem in der Bergpredigt zum Ausdruck kommt.

Statt Gesetzlichkeit Gottes Wille

Was also wollte Jesus? Es ist bereits deutlich geworden: Gottes Sache vertreten. Das meint er mit seiner Botschaft vom Kommen des Reiches Gottes. Daß aber Gottes Name geheiligt werde und sein Reich komme, erscheint in der Mattäusfassung des Vaterunsers erweitert durch den Satz: Dein Wille geschehe! Was Gott im Himmel will, das soll auf Erden getan werden. Dies also bedeutet die Botschaft vom Kommen des Reiches Gottes, wenn sie als Forderung für den Menschen hier und jetzt verstanden wird: Es geschehe, *was Gott will*. Dies gilt für Jesus selbst bis in seine eigene Passion hinein: Sein Wille geschehe. Gottes Wille ist der Maßstab. Dies soll auch für seine Nachfolge gelten: Wer den Willen Gottes tut, ist ihm Bruder, Schwester, Mutter. Nicht Herr, Herr sagen, sondern den Willen des Vaters tun – das führt ins Himmelreich. Es ist somit unverkennbar und wird durch das ganze Neue Testament hindurch bestätigt: Oberste Norm ist, was Gott will, *ist der Wille Gottes.*

Das Tun des Willens Gottes ist für viele Fromme eine fromme Formel geworden. Sie haben ihn mit dem Gesetz identifiziert. Daß es hier um eine sehr radikale Parole geht, erkennt man erst, wenn man sieht: Der Wille Gottes ist nicht einfach identisch mit dem geschriebenen Gesetz und erst recht nicht identisch mit der das Gesetz auslegenden Tradition. Sosehr das Gesetz den Willen Gottes künden kann, sosehr kann es auch Mittel sein, um sich hinter ihm gegen Gottes Willen zu verschanzen. So leicht führt das Gesetz zur Haltung der *Gesetzlichkeit*. Eine Haltung, die trotz rabbinischer Aussagen über das Gesetz als Ausdruck der Gnade und des Gotteswillens weit verbreitet war!

Ein Gesetz gibt Sicherheit: weil man weiß, woran man sich zu halten hat. An genau dieses nämlich: an nicht weniger (das kann manchmal lästig sein), aber auch nicht an mehr (das ist manchmal recht bequem). Nur was geboten ist, muß ich tun. Und was nicht verboten ist, das ist erlaubt. Und wie viel kann man in einzelnen Fällen tun und lassen, bevor man mit dem Gesetz in Konflikt kommt! Kein Gesetz kann alle Möglichkeiten berücksichtigen, alle Fälle einkalkulieren, alle Lücken schließen. Zwar versucht man immer wieder, frühere Gesetzesbestimmungen (für die Moral oder die Lehre), die damals einen Sinn hatten, ihn aber unterdessen verloren haben, künstlich auf die neuen Lebensbedingungen zurechtzubiegen beziehungsweise aus ihnen künstlich etwas Entsprechendes für die veränderte Situation abzuleiten. Dies scheint der einzige Weg zu sein, wenn man den Buchstaben des Gesetzes mit dem Willen Gottes identifiziert: durch Gesetzesinterpretation und Gesetzesexplikation zur Gesetzeskumulation.

Im mosaischen Gesetz zählte man 613 Vorschriften (im revidierten römischen Codex Iuris Canonici zählt man 1752 Canones). Aber je feiner das Netz geknüpft ist, um so zahlreicher sind auch die Löcher. Und je mehr Gebote und Verbote man aufstellt, um so mehr verdeckt man das, worauf es entscheidend ankommt. Und vor allem ist möglich, daß man das Gesetz im Ganzen oder auch einzelne Gesetze nur hält, weil es nun einmal vorgeschrieben ist und man eventuell die negativen Folgen zu fürchten hat. Wäre es nicht vorgeschrieben, würde man es nicht tun. Und umgekehrt ist möglich, daß man vieles nicht tut, was eigentlich getan werden sollte, weil es nun einmal nicht vorgeschrieben ist und einen niemand darauf festlegen kann. Wie beim Priester und Leviten in der Parabel: Er sah ihn und ging vorüber. Damit erscheint die Autorität wie der Gehorsam formalisiert: Man tut es, weil das Gesetz es befiehlt. Und insofern ist auch grundsätzlich jedes Gebot oder Verbot gleich wichtig. Eine Differenzierung, was wichtig ist und was nicht, ist nicht nötig.

Die *Vorteile der Gesetzlichkeit* damals wie heute sind unübersehbar. Es läßt sich leicht begreifen, warum so viele Menschen sich gegenüber anderen *Menschen* lieber an ein Gesetz halten, als sich persönlich zu entscheiden: Wie vieles müßte ich sonst tun, was nicht vorgeschrieben ist? Und wie vieles lassen, was gar nicht verboten ist? Dann doch lieber klare Grenzen. Im Einzelfall läßt sich dann noch immer diskutieren: ob wirklich eine Gesetzesübertretung vorlag, ob es wirklich schon Ehebruch war, ob direkt ein Meineid, ob geradezu Mord ...! Und wenn auch Ehebruch gesetzlich verboten ist, so doch nicht alles, was dazu führt. Und wenn schon Meineid, so doch nicht alle harmloseren Formen der Unwahrhaftigkeit. Und wenn schon Mord, so doch nicht alle böswilligen Gedanken, die bekanntlich zollfrei sind. Was ich bei mir selber, was ich in meinem Herzen denke, begehre, möchte, ist meine Sache.

Und ebenfalls läßt sich leicht begreifen, warum so viele Menschen sich auch im Blick auf *Gott* selbst lieber an ein Gesetz halten: Weiß ich auf diese Weise doch genau, wann ich meine Pflicht getan habe. Bei entsprechender Leistung darf ich auch mit entsprechender Belohnung rechnen. Und falls ich mehr als meine Pflicht getan habe, mit einer Spezialvergütung. Auf diese Weise lassen sich meine Verdienste und Verschuldungen gerecht verrechnen, moralische Minuspunkte durch überschüssige Sonderleistungen einholen und letztlich vielleicht die Strafen durch den Lohn aufheben. Das ist eine klare Rechnung, und man weiß, woran man ist mit seinem Gott.

Aber gerade dieser gesetzlichen Haltung gibt Jesus den *Todesstoß*.

Nicht auf das Gesetz selbst, wohl aber auf die Gesetzlichkeit, von der das Gesetz freizuhalten ist, zielt er. Auf den *Kompromiß*, der diese Gesetzesfrömmigkeit kennzeichnet. Die den Menschen abschirmende Mauer, deren eine Seite Gottes Gesetz ist und deren andere des Menschen gesetzliche Leistungen, durchbricht er. Er läßt den Menschen nicht sich hinter dem Gesetz in Gesetzlichkeit verschanzen und schlägt ihm seine Verdienste aus den Händen. Den Buchstaben des Gesetzes mißt er am Willen Gottes selbst und stellt den Menschen damit in befreiender und beglückender Weise unmittelbar vor Gott. Nicht in einem kodifizierten Rechtsverhältnis steht der Mensch zu Gott, bei dem er sein eigenes Selbst heraushalten kann. Nicht einfach dem Gesetz, sondern Gott selber soll er sich stellen: dem nämlich, was Gott ganz persönlich von ihm will.

Deshalb verzichtet Jesus darauf, gelehrt über Gott zu reden, allgemeine, allumfassende moralische Prinzipien zu proklamieren, dem Menschen ein neues System beizubringen. Er gibt nicht Anweisungen für alle Gebiete des Lebens. Jesus ist *kein Gesetzgeber* und will auch keiner sein. Er verpflichtet weder neu auf die alte Gesetzesordnung, noch gibt er ein neues Gesetz, das alle Lebensbereiche umfaßt. Er verfaßt weder eine Moraltheologie noch einen Verhaltenskodex. Er erläßt weder sittliche noch rituelle Anordnungen, wie der Mensch beten, fasten, die heiligen Zeiten und Orte beachten soll. Selbst das Vaterunser, vom ältesten Evangelisten überhaupt nicht überliefert, ist nicht in einem einzigen verbindlichen Wortlaut, sondern bei Lukas (wohl ursprünglich) und

Mattäus in verschiedenen Fassungen wiedergegeben; nicht auf wörtliches Nachbeten kommt es Jesus an. Und gerade das Liebesgebot soll nicht ein neues Gesetz sein.

Vielmehr: Ganz konkret zugreifend, fern aller Kasuistik und Gesetzlichkeit, unkonventionell und treffsicher ruft Jesus den Einzelnen zum *Gehorsam gegen Gott* auf, der das ganze Leben umfassen soll. Einfache, durchsichtige, befreiende Appelle, die auf Autoritäts- und Traditionsargumente verzichten, aber Beispiele, Zeichen, Symptome für das veränderte Leben angeben. Große helfende, oft überspitzt formulierte Weisungen ohne alles Wenn und Aber: Bringt dich dein Auge zu Fall, so reiße es aus! Deine Rede sei ja, ja und nein, nein! Versöhne dich zuerst mit deinem Bruder! Die Anwendung auf sein Leben hat jeder selbst zu vollziehen.

Der Sinn der Bergpredigt

Auf das radikale Ernstnehmen des Willens Gottes zielt die *Bergpredigt*, in der Mattäus und Lukas die ethischen Forderungen Jesu – kurze Sprüche und Spruchgruppen hauptsächlich aus der Logienquelle Q – gesammelt haben. Sie hat Christen und Nichtchristen – die Jakobiner der Revolution und den Sozialisten Kautsky ebenso wie Tolstoi und Albert Schweitzer – immer wieder neu herausgefordert.

Dies ist der Generalnenner der Bergpredigt: *Gottes Wille geschehe*! Eine herausfordernde Botschaft:

Mit der Relativierung des Willens Gottes ist es vorbei. Keine fromme Schwärmerei, keine reine Innerlichkeit, sondern der Gehorsam der Gesinnung und der Tat. Der Mensch selbst steht in Verantwortung vor dem nahen, kommenden Gott. Nur durch das entschlossene, rückhaltlose Tun des Willens Gottes wird der Mensch der Verheißungen des Reiches Gottes teilhaftig. Gottes befreiende Forderung aber ist radikal. Sie verweigert den kasuistischen Kompromiß. Sie überschreitet und durchbricht die weltlichen Begrenzungen und rechtlichen Ordnungen. Die herausfordernden Beispiele der Bergpredigt wollen gerade nicht eine gesetzliche Grenze angeben: nur die linke Wange, zwei Meilen, den Mantel – dann hört die Gemütlichkeit auf. Gottes Forderung appelliert an die Großzügigkeit des Menschen, tendiert auf ein Mehr. Ja, sie geht auf das Unbedingte, das Grenzenlose, das Ganze. Kann Gott mit einem begrenzten, bedingten, formalen Gehorsam – nur weil etwas geboten oder verboten ist – zufrieden sein? Da würde ein Letztes ausgespart, was alle noch so minutiösen Rechts- und Gesetzesbestimmungen nicht fassen können und was doch über die Haltung des Menschen entscheidet. Gott will mehr: Er beansprucht nicht nur den halben, sondern den ganzen Willen. Er fordert nicht nur das kontrollierbare Äußere, sondern auch das unkontrollierbare Innere – des Menschen Herz. Er will nicht nur gute Früchte, sondern den guten Baum. Nicht nur das Handeln, sondern das Sein. Nicht etwas, sondern mich selbst, und mich selbst ganz und gar.

Das meinen die verwunderlichen Antithesen der Bergpredigt, wo dem Recht der Wille Gottes gegenübergestellt wird: Nicht erst Ehebruch, Meineid, Mord, sondern auch das, was das Gesetz gar nicht zu erfassen vermag, schon die ehebrecherische Gesinnung, das unwahrhaftige Denken und Reden, die feindselige Haltung sind gegen Gottes Willen. Jegliches »Nur« in der Interpretation der Bergpredigt bedeutet eine Verkürzung und Abschwächung des unbedingten Gotteswillens: »nur« eine bessere Gesetzeserfüllung, »nur« eine neue Gesinnung, »nur« ein Sündenspiegel im Licht des einen gerechten Jesus, »nur« für die zur Vollkommenheit Berufenen, »nur« für damals, »nur« für eine kurze Zeit ...

Wie schwierig es freilich für die spätere Kirche war, Jesu radikale Forderungen durchzuhalten, zeigen ihre *Entschärfungen* schon in der (palästinisch-syrischen?) Gemeinde des Mattäus: Nach Jesus soll jeglicher Zorn unterbleiben, nach Mattäus zumindest bestimmte Schimpfworte wie »Hohlkopf«, »Gottloser«. Nach Jesus soll man das Schwören überhaupt unterlassen und mit dem einfachen Ja oder Nein durchs Leben kommen, nach Mattäus zumindest bestimmte Schwurformeln vermeiden. Nach Jesus soll man dem Nächsten die Verfehlung vorhalten und, wenn er davon absteht, ihm vergeben; nach Mattäus muss ein geregelter Instanzenweg eingehalten werden. Nach Jesus soll dem Mann – zum Schutz der rechtlich empfindlich benachteiligten Frau – die Scheidung bedingungslos verboten sein; nach Mattäus darf zumindest im Fall krassen Ehebruchs der Frau eine Ausnahme gemacht werden.

Alles nur Aufweichungstendenzen? Es muss dann zumindest auch das ehrliche Bemühen um die bleibende Gültigkeit der unbedingten Forderungen Jesu in einem Alltag gesehen werden, der nicht mehr von der Naherwartung des kommenden Reiches bestimmt ist. Man denke zum Beispiel an die *Ehescheidung*, die Jesus ganz unjüdisch gegen das patriarchalische mosaische Gesetz rigoros verboten hatte mit der apodiktischen Begründung, daß Gott die Ehen zusammenfüge und nicht wolle, daß Menschen lösen, was er vereinte. Die zwischen den Schulen der Gelehrten Schammai und Hillel heftig umstrittene Frage, ob nur eine geschlechtliche Verfehlung (Schammai) oder praktisch jegliche Sache wie selbst ein angebranntes Essen (Hillel, nach Philon und Josephus die gängige Praxis) Grund zur Entlassung der Frau sein könne, war für Jesus völlig unwichtig. Ihm ging es um das Entscheidende. Freilich: Die angesichts des sich hinauszögernden Endes drängend gewordene Frage, was zu geschehen habe, wenn trotz Gottes unbedingter Forderung Ehen zerbrechen und das Leben weitergehen soll, war von Jesus nicht beantwortet worden und mußte nun beantwortet werden. Der unbedingte Appell Jesu zur Bewahrung der Einheit der Ehe wurde nun als eine Rechtsregel verstanden, die gesetzlich immer genauer fixiert werden mußte: Dem Verbot der Entlassung und Wiederheirat der Frau wurde im Hinblick auf die hellenistische Rechtslage das Verbot der Scheidung seitens der Frau samt Ausnahmeregel für Mischehen sowie das Verbot der Wiederheirat für beide Teile hinzugefügt; doch mußte man so auch den Ehebruch als Ausnahmegrund für eine Ehescheidung zugestehen. Ob eine andere Antwort als die wiederum kasuistische Lösung durch gesetzliche Festlegung der einzelnen Fälle möglich gewesen wäre?

Jesus selber jedenfalls, kein Jurist, ließ es mit seinen unbedingten Appellen bewenden, die in der jeweiligen Situation zu realisieren waren. Das zeigt sich am Beispiel des *Eigentums*, wo Jesus, wie noch zu sehen sein wird, weder allen den Verzicht noch auch das Gemeineigentum verordnet hat: Der eine wird den Armen alles opfern, ein anderer die Hälfte geben, wieder ein anderer durch ein Darlehen helfen. Die eine gibt für Gottes Sache das Letzte, andere üben sich in Dienst und Fürsorge, eine dritte treibt scheinbar sinnlose Verschwendung. Gesetzlich geregelt wird hier nichts. Und so braucht es auch keine Ausnahmen, Entschuldigungen, Privilegien und Dispensen vom Gesetz!

Die Bergpredigt zielt freilich keineswegs auf eine oberflächliche Situationsethik, als ob einfach das Gesetz der Situation dominieren dürfte. Nicht die Situation soll alles bestimmen. Vielmehr, in der betreffenden Situation, die unbedingte Forderung Gottes selbst, die den Menschen ganz in Beschlag nehmen will. Im Hinblick auf das Letzte und Endgültige, das Gottesreich, wird eine grundlegende Veränderung des Menschen erwartet.

»Jesus« (2012), S. 126–137.

Jesus – der Konflikt

Jesu Glaube, Botschaft und Geschick sind untrennbar miteinander verbunden. Gleichermaßen sachlich wie einfühlsam wird dies von Hans Küng in vorliegendem Text beschrieben, und er schafft damit einen authentischen Zugang zum Geheimnis des Nazareners.

Der Streit um Gott

Der aus Israels Geschichte wohlbekannte eine und einzige Gott, sprechend in den Erfahrungen der Menschen und angesprochen in ihrem Antworten und Fragen, Beten und Fluchen: daß dieser Gott ein naher und lebendiger Gott mit menschlichem Antlitz ist, darüber war (und ist heute zwischen Christen und Juden) kein Streit notwendig. Es läßt sich sogar sagen, daß Jesus nur das *Gottesverständnis Israels* mit besonderer Reinheit und Konsequenz erfaßt hat. Nur?

Revolution im Gottesverständnis

Jesu Originalität darf in der Tat nicht übertrieben werden; das ist wichtig für das Gespräch mit den Juden heute. Oft tat und tut man so, als ob Jesus als erster Gott den *Vater* sowie die Menschen seine Kinder genannt habe. Als ob Gott nicht in verschiedensten Religionen Vater genannt würde, auch bei den Griechen: Genealogisch schon in Homers Epen, wo Zeus, der Sohn des Chronos, als der Vater der Götterfamilie erscheint. Kosmologisch geläutert dann in der stoischen Philosophie, wo die Gottheit als der Vater des vernunftdurchwalteten Kosmos und der mit ihm verwandten und von ihm umsorgten vernunftbegabten Menschenkinder gilt.

Doch gerade angesichts des religionsgeschichtlichen Befundes wird auch schon die *Problematik der Anwendung des Vaternamens* auf Gott sichtbar, worauf im Zeitalter der Frauenemanzipation zu Recht neu aufmerksam gemacht wird. Ist es denn so selbstverständlich, daß die geschlechtliche Differenzierung auf Gott übertragen wird? Ist Gott ein Mann, maskulin, viril? Wird nicht gerade hier Gott nach dem Bild des Menschen, ja genauer des Mannes geschaffen? Im allgemeinen treten die Götter in der Religionsgeschichte geschlechtlich differenziert auf, wiewohl es vielleicht schon am Anfang zweigeschlechtliche oder geschlechtsneutrale Wesen gegeben hat und sich auch später immer wieder doppelgeschlechtliche Züge zeigen. Es muß aber zu denken geben, daß in den mutterrechtlichen Kulturen die »große Mutter«, aus deren Schoß alle Dinge und Wesen hervorgegangen sind und in den sie zurückkehren, an der Stelle des Vatergottes steht. Sollte das Matriarchat älter sein als das Patriarchat – die Frage ist unter den Historikern nach wie vor umstritten –, so wäre der Kult der Muttergottheit, von welchem etwa in Kleinasien der spätere Marienkult gewichtige Impulse übernommen hat, dem des Vatergottes auch zeitlich vorangegangen.

Aber wie immer diese historische Frage entschieden wird: Die Vaterbezeichnung für Gott ist nicht nur von der Einzigkeit Jahwes bestimmt. Sie erscheint auch gesellschaftlich bedingt, geprägt von einer männerorientierten Gesellschaft. *Gott* ist jedenfalls *nicht gleich Mann*.

Schon in der Hebräischen Bibel, bei den Propheten, zeigt Gott auch weibliche, *mütterliche Züge*. Aus heutiger Perspektive aber muß dies noch deutlicher gesehen werden. Die Vaterbezeichnung wird nur dann nicht mißverstanden, wenn sie nicht im Gegensatz zu »Mutter«, sondern symbolisch (analog) verstanden wird: »Vater« als patriarchales Symbol

– mit auch matriarchalen Zügen – für eine trans-humane, trans-sexuelle letzte Wirklichkeit. Der eine Gott darf heute weniger denn je nur durch den Raster des Männlich-Väterlichen gesehen werden, wie dies eine allzu männliche Theologie tat. Es muß an ihm auch das weiblich-mütterliche Moment erkannt werden. Eine so verstandene Vater-Anrede kann dann nicht mehr zur religiösen Begründung eines gesellschaftlichen Paternalismus auf Kosten der Frau und insbesondere zur permanenten Unterdrückung des Weiblichen in der Kirche und deren Ämtern benützt werden.

Anders als in anderen Religionen erscheint Gott in der *Hebräischen Bibel* jedoch nicht als der physische Vater von Göttern, Halbgöttern oder Heroen. Allerdings auch nie einfach als der Vater aller Menschen. Jahwe ist der Vater des Volkes Israel, welches Gottes erstgeborener Sohn genannt wird. Er ist dann insbesondere der Vater des Königs, der in ausgezeichnetem Sinn als Gottes Sohn gilt: »Du bist mein Sohn, heute habe ich dich gezeugt« – ein »Beschluß Jahwes« bei der Thronbesteigung, der nicht eine mirakulöse irdische Zeugung, sondern die Einsetzung des Königs in die Sohnesrechte meint. Im späteren Judentum wird Gott dann auch als Vater des einzelnen Frommen und des erwählten Volkes der Endzeit verheißen: »Sie werden nach meinen Geboten tun, und ich werde ihr Vater sein, und sie werden meine Kinder sein.« Hier überall zeigt sich das Vatersymbol jenseits aller sexuellen Bezüge und eines religiösen Paternalismus in seinen unverzichtbaren positiven Aspekten: als Ausdruck der Macht und zugleich der Nähe, des Schutzes und der Fürsorge.

Doch hierbei künden sich bei *Jesus* bedeutsame Unterschiede an. Manche überlieferten Worte Jesu könnten für sich allein genommen auch aus der Weisheitsliteratur stammen, wo sich Parallelen finden. Daß sie von Jesus selber stammen, ist wie so oft schwer aufweisbar. Aber sie erhalten ihre besondere Färbung vom gesamten Kontext, mögen sie nun immer direkt von ihm selbst stammen oder nicht. Es fällt zunächst auf, daß Jesus die Vaterschaft Gottes nie auf das Volk als solches bezieht. Wie für den Täufer Johannes, so stellt auch für ihn die Zugehörigkeit zum auserwählten Volk keine Heilsgarantie dar. Noch auffälliger ist, daß Jesus ganz anders als selbst Johannes die Vaterschaft auch auf die Bösen und Ungerechten bezieht und daß er von dieser vollkommenen Vaterschaft Gottes her die für ihn so spezifische Feindesliebe begründet. Was geht hier vor?

Vater der Verlorenen

Hier überall wird mit dem Hinweis auf den »Vater« gewiß zunächst auf Gottes tätige Vorsehung und Fürsorge in allen Dingen hingewiesen: die sich um jeden Sperling und um jedes Haar kümmert; die um unsere Bedürfnisse weiß, bevor wir ihn bitten; was unsere Sorgen als überflüssig erscheinen läßt. Der Vater, der um alles in dieser so gar nicht heilen Welt weiß und ohne den nichts geschieht: die *faktische Antwort auf die Theodizeefrage* nach den Lebensrätseln, dem Leid, der Ungerechtigkeit, dem Tod in der Welt! Ein Gott, dem man unbedingt vertrauen und auf den man sich auch in Leid, Ungerechtigkeit, Schuld und Tod ganz verlassen kann. Ein Gott nicht mehr in unheimlicher, transzendenter Ferne, sondern nahe in unbegreiflicher Güte. Ein Gott, der nicht auf ein Jenseits vertröstet und die gegenwärtige Dunkelheit, Vergeblichkeit und Sinnlosigkeit verharmlost, sondern der selbst in Dunkelheit, Vergeblichkeit und Sinnlosigkeit zum Wagnis der Hoffnung einlädt.

Aber es geht noch um mehr. Hier kommt das zum Durchbruch, was so unvergleichlich nachdrücklich vor Augen gemalt wird in jener Parabel, die eigentlich nicht den Sohn oder die Söhne, sondern den Vater zur Hauptfigur hat: jener Vater, der den Sohn in Freiheit ziehen läßt, der ihm weder nachjagt noch nachläuft, der aber den aus dem Elend Zurückkehrenden sieht, bevor dieser ihn sieht, ihm entgegenläuft, sein Schuldbekenntnis unterbricht, ihn ohne alle Abrechnung, Probezeit, Vorbedingungen aufnimmt und ein großes Fest feiern läßt – zum Ärgernis des korrekt Daheimgebliebenen.

Was also wird hier mit »Vater« zum Ausdruck gebracht? Offensichtlich nicht nur, daß es ein Mißverständnis Gottes ist, wenn der Mensch meint, ihm gegenüber seine Freiheit wahren zu müssen. Nicht nur, daß Gottes Walten und des Menschen Aktivität, Theonomie und Autonomie sich nicht ausschließen. Nicht nur, daß das von Theologen vieltraktierte Problem des »Zusammenwirkens« (»concursus«) von göttlicher Vorherbestimmung und menschlicher Freiheit, von göttlichem und menschlichem Willen kein echtes Problem ist ... Sondern genau das, was dieser »Freund von Zöllnern und Sündern«, der das Verlorene und Verkommene meint suchen und retten zu müssen, auch in anderen Parabeln zum Ausdruck brachte: wenn er sprach von Gott – wie wir schon sahen – als der Frau (!) oder dem Hirten, die sich über das wiedergefundene Verlorene freuen, als dem großmütigen König, dem großzügigen Geldverleiher, dem gnädigen Richter, und wenn er sich daraufhin auch selber mit moralischen Versagern, Unfrommen und Unmoralischen einließ, sie bevorzugt behandelte und ihnen sogar auf der Stelle Vergebung ihrer Schuld zusprach. Was bedeutet dies alles, wenn nicht: Jesus stellt Gott ganz ausdrücklich als Vater des »verlorenen Sohnes«, als den *Vater der Verlorenen* hin?

Dies also ist für Jesus der eine wahre Gott, neben dem es keine anderen auch noch so frommen Götter geben darf: der Gott des Bundes – besser verstanden! Ein Gott, der offensichtlich mehr ist als der oberste Garant eines fraglos zu akzeptierenden, wenn auch vielleicht geschickt zu manipulierenden Gesetzes. Ein Gott, der mehr ist auch als jenes von oben alles diktierende und zentral lenkende, allmächtig-allwissende Wesen, das seine Planziele unerbittlich, und sei es mit »heiligen Kriegen« im Großen und Kleinen und ewiger Verdammung der Gegner, zu erreichen trachtet. Dieser Vater-Gott will kein Gott sein, wie ihn Marx, Nietzsche und Freud fürchteten, der dem Menschen von Kind auf Ängste und Schuldgefühle einjagt, ihn moralisierend ständig verfolgt, und der so tatsächlich nur die Projektion anerzogener Ängste, menschlicher Herrschaft, Machtgier, Rechthaberei und Rachsucht ist. Dieser Vater-Gott will kein theokratischer Gott sein, der auch nur indirekt den Repräsentanten totalitärer Systeme zur Rechtfertigung dienen könnte, die, ob fromm-kirchlich oder unfromm-atheistisch, seinen Platz einzunehmen und seine Hoheitsrechte auszuüben versuchen: als fromme oder unfromme Götter der orthodoxen Lehre und unbedingten Disziplin, des Gesetzes und der Ordnung, der menschenverachtenden Diktatur und Planung ...

Nein, dieser Vater-Gott will ein Gott sein, der den Menschen als ein *Gott der rettenden Liebe* begegnet. Nicht der allzumännliche Willkür- oder Gesetzesgott. Nicht der Gott, geschaffen nach dem Bilde der Könige und Tyrannen, der Hierarchen und Schulmeister. Sondern der – wie schade um das so verniedlichte große Wort – *liebe Gott*, der sich mit den Menschen, ihren Nöten und Hoffnungen solidarisiert. Der nicht fordert, sondern gibt, der nicht niederdrückt, sondern aufrichtet, nicht krank macht, sondern heilt. Der diejenigen schont, die sein heiliges Gesetz und damit ihn selbst antasten. Der, statt zu verurteilen, vergibt, der, statt zu bestrafen, befreit, der statt Recht vorbehaltlos Gnade walten läßt. Der Gott also, der sich nicht den Gerechten, sondern den Ungerechten zuwendet. Der die Sünder vorzieht: der den verlorenen Sohn lieber hat als den daheimgebliebenen, den Zöllner lieber als den Pharisäer, die Ketzer lieber als die Orthodoxen, die Dirnen und Ehebrecher lieber als ihre

Richter, die Gesetzesbrecher oder Gesetzlosen lieber als die Gesetzeswächter!

Kann man hier noch sagen, der Vatername sei nur Echo auf innerweltliche Vatererfahrungen? Eine Projektion, die dazu dient, irdische Vater- und Herrschaftsverhältnisse zu verklären? Nein, *dieser* Vater-Gott ist anders! Nicht ein Gott des Jenseits auf Kosten des Diesseits, auf Kosten des Menschen (Feuerbach). Nicht ein Gott der Herrschenden, der Vertröstung und des deformierten Bewußtseins (Marx). Nicht ein Gott, von Ressentiments erzeugt, das Oberhaupt einer erbärmlichen Eckensteher-Moral von Gut und Böse (Nietzsche). Nicht ein tyrannisches Über-Ich, das Wunschbild illusionärer frühkindlicher Bedürfnisse, ein Gott des Zwangsrituals aus einem Schuld- und Vaterkomplex (Freud).

An einen ganz anderen Gott und Vater appelliert Jesus zur Rechtfertigung seines skandalösen Redens und Benehmens: ein wunderlicher, ja gefährlicher, ein im Grunde unmöglicher Gott. Oder sollte man das wirklich annehmen können? Daß Gott selbst die Gesetzesübertretungen rechtfertigt? Daß Gott selbst sich rücksichtslos über die Gerechtigkeit des Gesetzes hinwegsetzt und eine »bessere Gerechtigkeit« proklamieren läßt? Daß er selbst also die bestehende gesetzliche Ordnung und damit das gesamte gesellschaftliche System, ja auch den Tempel und den ganzen Gottesdienst in Frage stellen läßt? Daß er selber den Menschen zum Maßstab seiner Gebote macht, selber die natürlichen Grenzen zwischen Genossen und Nichtgenossen, Fernsten und Nächsten, Freunden und Feinden, Guten und Bösen durch Vergeben, Dienen, Verzichten, durch die Liebe aufhebt und sich so auf die Seite der Schwachen, Kranken, Armen, Unterprivilegierten, Unterdrückten, ja der Unfrommen, Unmoralischen, Gottlosen stellt? Das wäre doch ein neuer Gott: ein Gott, der sich von seinem eigenen Gesetz gelöst hat, ein Gott nicht der Gesetzesfrommen, sondern der Gesetzesbrecher, ja – so zugespitzt muß es gesagt sein, um die Widersprüchlichkeit und Anstößigkeit deutlich zu machen – ein Gott nicht der Gottesfürchtigen, sondern ein *Gott der Gottlosen*!? Eine wahrhaft unerhörte *Revolution im Gottesverständnis*!?

Ein »Aufstand gegen Gott« gewiß nicht im Sinn des älteren oder neueren Atheismus, Amoralismus, Anomismus, wohl aber ein Aufstand gegen den Gott der Frommen: Sollte man es denn tatsächlich annehmen können, sollte man es wirklich glauben dürfen, daß Gott selbst, der wahre Gott, sich hinter einen solchen unerhörten Neuerer stellt, der sich, revolutionärer als alle Revolutionäre, über Gesetz und Tempel erhebt und sich sogar zum Richter über Sünde und Vergebung aufschwingt? Käme Gott nicht in Widerspruch zu sich selbst, wenn er einen solchen Sach-Walter hätte? Wenn ein solcher mit Recht Gottes Autorität und Willen gegen Gottes Gesetz und Tempel in Anspruch nehmen, mit Recht sich die Vollmacht zu solchem Reden und Handeln zuschreiben dürfte? Ein Gott der Gottlosen, und ein Gotteslästerer als sein Prophet!?

Die nicht selbstverständliche Anrede

Unermüdlich versucht es Jesus mit allen Mitteln deutlich zu machen: Gott ist wirklich so, er ist wirklich ein Vater der Verlorenen, wirklich ein Gott der moralischen Versager, der Gottlosen. Und sollte das nicht eine ungeheure Befreiung für alle sein, die mit Mühen und Schuld beladen sind? Aller Anlaß zur Freude und Hoffnung? Es ist kein neuer Gott, den er verkündigt; es ist nach wie vor der Gott des Bundes. Aber dieser alte Gott des Bundes in entschieden neuem Licht. Gott ist *kein anderer, aber* er ist *anders*! Nicht ein Gott des Gesetzes, sondern ein Gott der Gnade! Und rückwärtsblickend läßt sich vom Gott der Gnade her auch der Gott des

Gesetzes besser, tiefer, eben gnädiger verstehen: das Gesetz schon als ein Ausdruck der Gnade.

Freilich, selbstverständlich ist dies alles für den Menschen nicht. Da ist ein Umdenken mit allen Konsequenzen, da ist ein wirklich neues Bewußtsein, ein eigentliches inneres Umkehren gefordert, gründend in jenem unbeirrbaren Vertrauen, das man Glaube nennt. Jesu ganze Botschaft ist ein einziger Appell, sich nicht zu ärgern, sondern sich zu ändern: sich auf sein Wort zu verlassen und dem Gott der Gnade zu trauen. Sein Wort ist die einzige Garantie, die den Menschen gegeben wird dafür, daß Gott wirklich so ist. Wer diesem Wort nicht glaubt, wird seine Taten der Dämonie verdächtigen. Ohne sein Wort bleiben seine Taten zweideutig. Nur sein Wort macht sie eindeutig.

Aber wer immer sich auf Jesu Botschaft und Gemeinschaft einläßt, dem geht an Jesus der auf, den er mit »*mein Vater*« anredete. Mit »Vater« – Vater, wie er ihn (nicht im Gegensatz zu Mutter) verstand – war der Kern des ganzen Streits getroffen. Der sprachliche Befund gibt dafür eine merkwürdige Bestätigung. Bei dem großen Reichtum an Gottesanreden, über die das antike Judentum verfügt, ist es erstaunlich, daß Jesus gerade die Anrede »Mein Vater« ausgewählt hat. Vereinzelte Aussagesätze über Gott den Vater findet man in der Hebräischen Bibel. Nirgendwo jedoch ließ sich bis jetzt in der Literatur des antiken palästinischen Judentums die individuelle hebräische Gottesanrede »Mein Vater« nachweisen. Nur im hellenistischen Bereich gibt es, wohl unter griechischem Einfluß, einige spärliche Belege für die griechische Gottesanrede »patér«.

Aber noch außergewöhnlicher ist der Befund bezüglich der aramäischen Form von Vater = »Abba«: Jesus scheint nach den vorliegenden Zeugnissen Gott stets mit »Abba« angeredet zu haben. Nur so erklärt sich der nachhaltige Gebrauch dieser ungewöhnlichen aramäischen Gottesanrede selbst in griechisch sprechenden Gemeinden. Denn umgekehrt gibt es in der gesamten umfangreichen sowohl liturgischen wie privaten Gebetsliteratur des antiken Judentums bis hinauf ins Mittelalter keinen einzigen Beleg für die Gottesanrede »Abba«. Wie soll man das erklären? Bisher fand man nur die eine Erklärung: »Abba« – ganz ähnlich dem deutschen »Papa« – ist seinem Ursprung nach ein Lallwort des Kindes, zur Zeit Jesu freilich auch gebraucht zur Vater-Anrede erwachsener Söhne und Töchter und als Höflichkeitsausdruck gegenüber älteren Respektspersonen. Aber diesen so gar nicht männlichen Ausdruck der Kindersprache, der Zärtlichkeit, diesen Alltags- und Höflichkeitsausdruck zur Anrede Gottes zu gebrauchen, mußte den Zeitgenossen so unehrerbietig und so ärgerlich familiär vorkommen, wie wenn wir Gott mit »Papa« oder »Väterchen« ansprächen.

Für Jesus aber ist dieser Ausdruck so wenig respektlos, wie es die vertraute Anrede des Kindes an seinen Vater ist. Vertrautheit schließt ja Respekt nicht aus. Ehrfurcht bleibt die Grundlage seines Gottverständnisses. Aber nicht sein Zentrum: Genau wie ein Kind seinen irdischen Vater, so soll nach Jesus der Mensch seinen himmlischen Vater ansprechen – ehrerbietig und gehorsamsbereit, doch vor allem geborgen und vertrauensvoll. Mit diesem Vertrauen, welches Ehrfurcht einschließt, lehrt Jesus auch seine Jünger Gott anreden. »Unser Vater – in den Himmeln.« Gott mit »Vater« anzureden ist der gewagteste und einfachste Ausdruck jenes unbedingten Vertrauens, das dem lieben Gott Gutes, alles Gute zutraut, das auf ihn vertraut und sich ihm anvertraut.

Das *Vaterunser*: Ohne Buchstabenfrömmigkeit und allen Formularzwang in zwei Fassungen – einer kürzeren (Mattäus) und einer längeren (Lukas) – überliefert, ist es ein Bittgebet ganz aus der Gewöhnlichkeit des unsakralen Alltags heraus gesprochen. Ohne mystische Versenkung und Läuterung, allerdings auch ohne allen Anspruch auf Verdienst: nur unter der Bedingung der eigenen Bereitschaft zum Vergeben. Zu den einzelnen Bitten sind leicht Parallelen in jüdischen Gebeten, etwa im Achtzehn-Bitten-Gebet, zu finden. Im Ganzen aber ist das Vaterunser durchaus unverwechselbar in seiner Kürze, Präzision und Schlichtheit. Ein neues unsakrales Beten, nicht in der hebräischen Sakralsprache, sondern in der aramäischen Muttersprache, ohne die üblichen pompösen rituellen Anreden und Huldigungen Gottes. Ein sehr persönliches Beten, das doch die Beter durch die Anrede »Unser Vater« intensiv zusammenschließt. Ein sehr einfaches Bittgebet, aber ganz konzentriert auf das Wesentliche: auf die Sache Gottes (daß sein Name geheiligt werde, sein Reich komme und sein Wille geschehe), die unlöslich verbunden erscheint mit der Sache des Menschen (seine leibliche Sorge, seine Schuld, die Versuchung und Gewalt des Bösen).

Alles eine vorbildliche Realisierung dessen, was Jesus zuvor gegenüber dem wortreichen Beten gesagt hat: nicht durch Plappern vieler Worte Erhörung finden zu wollen, als ob der Vater nicht schon unsere Bedürfnisse wüßte. Dies ist eine Aufforderung, nicht etwa das Bittgebet zu unterlassen und sich auf Lob und Preis zu beschränken, wie die Stoiker aus Gottes Allwissenheit und Allmacht folgerten. Eine Aufforderung vielmehr, im Bewußtsein von Gottes Nähe in unbeirrbarem Vertrauen ganz menschlich unermüdlich zu drängen wie der unverschämte Freund in der Nacht, wie die unerschrockene Witwe vor dem Richter. Nirgendwo taucht die Frage der unerhörten Gebete auf; die Erhörung ist zugesichert. Die Erfahrung des Nichterhörtwerdens soll nicht zum Schweigen, sondern zu erneutem Bitten führen. Immer jedoch unter der Voraussetzung, daß sein und nicht unser Wille geschehe: hierin liegt das Geheimnis der Gebetserhörung.

Jesus hat das Gebet fern von den Augen der Öffentlichkeit empfohlen, sogar in der Abgeschiedenheit der profanen Vorratskammer. Jesus selber hat so gebetet: Sosehr die meisten

Stellen in den synoptischen Evangelien redaktionelle Eintragungen des Lukas in das Markusevangelium sind, so berichtet doch schon das Markusevangelium vom stundenlangen Beten Jesu außerhalb der liturgischen Gebetszeiten in der Einsamkeit. Jesus selber hat gedankt. Sosehr die johanneisch klingende Fortsetzung von gegenseitigem Erkennen des Vaters und des Sohnes in ihrer Authentizität umstritten ist, sowenig das unmittelbar vorausgehende Dankgebet, welches allen Mißerfolgen zum Trotz den Vater preist, daß er »solches« vor Weisen und Klugen verborgen und es Unmündigen, Ungebildeten, Geringen, Anspruchslosen geoffenbart hat.

Sein Vater und unser Vater

Doch hier machen wir nun eine neue überraschende Feststellung. Zahlreich sind die Stellen, wo Jesus »mein Vater (im Himmel)« und dann auch »dein Vater« oder »euer Vater« sagt. Aber in allen Evangelien gibt es keine einzige Stelle, wo sich Jesus mit seinen Jüngern zu einem »unser Vater« zusammenschließt. Ist diese grundsätzliche *Unterscheidung von »mein« und »euer« Vater* christologischer Stil der Gemeinde? Man kann zumindest ebensogut der Meinung sein, daß dieser sehr bestimmte Sprachgebrauch deshalb im ganzen Neuen Testament so beständig ist, weil er, wie es die Evangelien deutlich machen, schon für Jesus selbst charakteristisch war: als Ausdruck nämlich seiner Sendung.

Eine Überinterpretation der Gottesanrede »Abba« ist aufgrund des alltäglichen Klangs des Wortes zu vermeiden. Jesus selber hat sich wohl nie einfach als »der Sohn« bezeichnet. Ja, er hat eine direkte Identifikation mit Gott, eine Vergötterung, in aller Ausdrücklichkeit abgelehnt: »Was nennst du mich gut? Niemand ist gut als Gott allein.« Aber andererseits sagte er nie wie die alttestamentlichen Propheten: »So spricht der Herr« oder »Spruch Jahwes«. Er spricht vielmehr – was ohne

Parallele in der jüdischen Umwelt ist und zu Recht auf den vorösterlichen Jesus zurückgeführt wird – mit einem emphatischen »Ich« oder gar »Ich aber sage euch«. Kann man sich aufgrund der Quellen der Einsicht verschließen, daß dieser Künder des Vatergottes aus einer ungewöhnlichen Verbundenheit mit ihm heraus gelebt und gewirkt hat? Daß eine besondere Gotteserfahrung seine Botschaft vom Reich und Willen Gottes getragen hat? Daß sein ungeheurer Anspruch, seine souveräne Sicherheit und selbstverständliche Direktheit ohne eine sehr eigenartige *Unmittelbarkeit zu Gott*, seinem Vater und unserem Vater, nicht denkbar ist?

Offensichtlich ist Jesus öffentlicher *Sach-Walter Gottes* nicht nur in einem äußerlich-juristischen Sinn: nicht nur ein Beauftragter, Bevollmächtigter, Anwalt Gottes. Sondern Sach-Walter in einem zutiefst innerlich-existentiellen Sinn: ein persönlicher Botschafter, Treuhänder, Vertrauter, Freund Gottes. In ihm wurde der Mensch ohne allen Zwang, aber unausweichlich und unmittelbar mit jener letzten Wirklichkeit konfrontiert, die ihn zur Entscheidung über das letzte Wonach und Wohin herausfordert. Von dieser letzten Wirklichkeit scheint er angetrieben zu sein in all seinem Leben und Handeln: gegenüber dem religiös-politischen System und seiner Oberschicht, gegenüber Gesetz, Kult und Hierarchie, gegenüber Institution und Tradition, Familienbanden und Parteibindungen. Aber auch gegenüber den Opfern dieses Systems, den leidenden, beiseite geschobenen, getretenen, schuldig gewordenen und gescheiterten Menschen aller Art, für die er erbarmend Partei ergreift. Von dieser letzten Wirklichkeit scheint sein Leben durchleuchtet zu sein: wenn er Gott als den Vater verkündet, wenn er die religiösen Ängste und Vorurteile seiner Zeit nicht teilt, wenn er sich mit dem religiös unwissenden Volk solidarisiert. Auch wenn er die Kranken nicht als Sünder behandelt und Gott den Vater nicht als Feind des Lebens verdächtigt sehen will, wenn er die Besessenen von den psychischen Zwängen befreit und den Teufelskreis von seelischer Störung, Dämonenglauben und gesellschaftlicher Ächtung durchbricht. Aus dieser Wirklichkeit scheint er ganz und gar zu leben: wenn er die Herrschaft dieses Gottes verkündet und die menschlichen Herrschaftsverhältnisse nicht einfach hinnimmt, wenn er die Frauen in der Ehe nicht der Willkür der Männer ausgeliefert haben will, wenn er die Kinder gegen die Erwachsenen, die Armen gegen die Reichen, überhaupt die Kleinen gegen die Großen in Schutz nimmt. Auch wenn er sich sogar für die religiös Andersgläubigen, die politisch Kompromittierten, die moralischen Versager, die sexuell Ausgenützten, die an den Rand der Gesellschaft Gedrängten einsetzt und ihnen Vergebung zusagt. Wenn er sich so für alle Gruppen offenhält und nicht einfach gelten läßt, was die Vertreter der offiziellen Religion und ihre Experten für unfehlbar wahr oder falsch, gut oder böse erklären.

In dieser letzten Wirklichkeit also, die er Gott, seinen Vater und unseren Vater nennt, wurzelt seine Grundhaltung, die sich mit einem Wort umschreiben läßt: seine *Freiheit*, die ansteckend wirkt und für den Einzelmenschen wie die Gesellschaft in ihrer Eindimensionalität eine wirklich *andere Dimension* eröffnet: eine reale Alternative mit anderen Werten, Normen und Idealen. Ein echter qualitativer Überstieg zu einem neuen Bewußtsein, einem neuen Lebensziel und Lebensweg und damit auch zu einer neuen Gesellschaft in Freiheit und Gerechtigkeit. Ein wahres Transzendieren, das eben nicht ein Transzendieren ohne Transzendenz sein kann, sondern ein *Transzendieren aus der Transzendenz in die Transzendenz.*

Wir rühren bei Jesu Bezug zum Vater an Jesu letztes Geheimnis. Die Quellen geben uns keinen Einblick in Jesu Inneres. Psychologie und Bewußtseinsphilosophie helfen uns nicht weiter. Dies aber wird man sagen dürfen: Sowenig Jesus selber den prononcierten Sohnestitel in Anspruch genommen hat und sowenig eine nachösterliche Gottessohn-Christologie in die vorösterlichen Texte eingetragen werden darf, sowenig kann doch übersehen werden, wie sehr die *nachösterliche Bezeichnung Jesu als »Sohn Gottes« im vorösterlichen Jesus ihren realen Anhalt* hat. Jesus deutete in seinem ganzen Verkündigen und Verhalten *Gott*. Aber mußte dann von diesem anders verkündigten Gott her nicht auch *Jesus* in einem anderen Licht erscheinen? Wer immer sich auf Jesus in unbeirrbarem Vertrauen einließ, dem veränderte sich in ungeahnter, befreiender Weise das, was er bisher als »Gott« gesehen hat. Aber wenn sich einer durch Jesus auf diesen Gott und Vater einließ, mußte sich dem nicht auch umgekehrt der verändern, als den er bisher Jesus gesehen hat?

Es war ein Faktum: Die eigentümlich neue Verkündigung und Anrede Gottes als des Vaters warfen ihr Licht zurück auf den, der ihn so eigentümlich neu verkündigte und anredete. Und wie man schon damals von Jesus nicht sprechen konnte, ohne von diesem Gott und Vater zu sprechen, so war es in der Folge schwierig, von diesem Gott und Vater zu sprechen, ohne von Jesus zu sprechen. Nicht bestimmten Namen und Titeln gegenüber, wohl aber diesem Jesus gegenüber fiel die Entscheidung des Glaubens, wenn es um den einen wahren Gott ging. Wie man mit Jesus umging, entschied darüber, wie man zu Gott steht, wofür man Gott hält, welchen Gott man hat. Im Namen und in der Kraft des einen Gottes Israels hat Jesus gesprochen und gehandelt. Und schließlich für ihn hat er sich umbringen lassen.

Das Ende

In fast allen wichtigen Fragen – Ehe, Familie, Nation, das Verhältnis zur Autorität, Umgang mit anderen Menschen und Gruppen – denkt Jesus anders, als man das gewohnt ist.

Der Konflikt um das System, um Gesetz und Ordnung, Kult und Bräuche, Ideologie und Praxis, um die herrschenden Normen, die zu respektierenden Grenzen und zu meidenden Leute, der Streit um den offiziellen Gott des Gesetzes, des Tempels, der Nation und Jesu Anspruch drängt dem Ende entgegen. Es sollte sichtbar werden, wer recht hat. Ein Konflikt auf Leben und Tod war es geworden. Der in seiner Großzügigkeit, Zwangslosigkeit, Freiheit so herausfordernde junge Kämpfer wird zum schweigenden Dulder.

Ein letztes Mahl

Jesus, der aufgrund seines Redens und Handelns sein Leben vielfach verwirkt hatte, mußte mit einem gewaltsamen Ende rechnen. Nicht daß er den Tod direkt provoziert oder gewollt hätte. Er hatte keine Todessehnsucht, aber *lebte angesichts des Todes*. Und er hat den Tod frei – in jener großen Freiheit, die Treue zu sich selbst und Treue zum Auftrag, zu Selbstverantwortung und Gehorsam vereint – auf sich genommen, weil er darin den Willen Gottes erkannte: Es war nicht nur ein Erleiden des Todes, sondern eine Hergabe und Hingabe des Lebens. Dies muß man sich vor Augen halten angesichts jener Szene am Vorabend seiner Hinrichtung, auf die der spezifisch christliche Gottesdienst in den ganzen zwei Jahrtausenden zurückgeführt wird: das letzte Mahl.

Daß Jesus wie zumindest einige seiner Jünger *getauft* war, aber daß er selber, und nach den synoptischen Evangelien auch seine Jünger, vor Ostern nicht getauft hat und daß auch der Taufbefehl des österlichen Herrn historisch nichts Verifizierbares liefert: das wird heute in der kritischen Exegese allgemein angenommen. Allgemein angenommen wird heute freilich zugleich: daß es keine tauflose Anfangszeit der Kirche gegeben und daß man schon in der Urgemeinde bald nach Ostern zu taufen begonnen hat. Ein widersprüchlicher

Befund? Er findet seine Erklärung darin, daß die Gemeinde auch ohne bestimmte Weisung oder gar »Einsetzung« eines Taufritus des Glaubens sein konnte, den Willen Jesu zu erfüllen, wenn sie tauft. In Erinnerung nämlich an das von Jesus bejahte Taufen des Johannes. In Erinnerung an Jesu und der Jünger Taufe selbst. Als Antwort also zwar nicht auf bestimmte Auftragsworte Jesu, wohl aber auf seine Botschaft als ganze, die zu Umkehr und Glauben aufruft und Sündenvergebung und Heil verheißt. So tauft denn die Gemeinde im Sinn und Geist Jesu: in Erfüllung seines Willens, in Antwort auf seine Botschaft und deshalb auf seinen Namen.

War es vielleicht beim *Abendmahl* ähnlich: daß Jesus selber kein solches Mahl gefeiert hat, wohl aber die nachösterliche Gemeinde ein solches feierte »zu seinem Gedächtnis«, im Sinn und Geist und so im Auftrag Jesu? Die Mahlfeier der Kirche ließe sich auf diese Weise ebenso gut rechtfertigen wie ihre Taufe. Doch ist der Befund hier komplexer. Taufe und Abendmahl lassen sich historisch gesehen nicht einfach auf dieselbe Stufe stellen. Freilich, daß Jesus ein Abendmahl »eingesetzt« hat, läßt sich füglich bezweifeln; der bei Paulus sich findende zweimalige Wiederholungsbefehl fehlt denn auch bei Markus. Aber daß Jesus ein Abschiedsessen, ein letztes Abendmahl mit seinen Jüngern *gefeiert* hat, läßt sich aufgrund der Quellen so leicht nicht bezweifeln.

Ein letztes Mahl, ein Abschiedsessen Jesu kann sachgemäß nur auf dem Hintergrund einer langen *Reihe von Mahlzeiten* gesehen werden, die von seinen Jüngern auch nach Ostern fortgesetzt wurden. Von daher ist bereits zu verstehen, daß Jesus mit diesem Mahl nicht eine neue Liturgie stiften wollte. Noch einmal sollte sich die Gemeinschaft des Mahles mit denen verwirklichen, die so lange mit ihm gelebt und gewandert, gegessen und getrunken hatten. In der Erwartung des kommenden Reiches und seines Abschiedes wollte Jesus mit den Seinen dieses Mahl halten.

Ob Passamahl oder nicht: Die besonderen *Worte Jesu* fielen jedenfalls nicht, wie eine isolierte Deutung voraussetzte, als heilige Einsetzungsworte gleichsam vom Himmel. Sie paßten sich leicht in den rituell geregelten – und zum Teil noch heute in jüdischen Familien üblichen – Ablauf eines festlichen jüdischen Mahles ein. Das Brotwort im Anschluß an das Tischgebet vor der Hauptmahlzeit: wo der Hausvater über dem flachen, runden Brot den Lobspruch spricht, es bricht und die Stücke des einen Brotes den Tischgenossen verteilt. Das Weinwort dann im Anschluß an das Dankgebet nach dem Mahl: wo der Hausvater den Becher mit Wein kreisen und jeden daraus trinken läßt. Eine Geste der Gemeinschaft, die jeder antike Mensch auch ohne begleitende Worte verstehen konnte.

Jesus brauchte also keinen neuen Ritus zu erfinden, sondern nur mit einem alten Ritus eine Ankündigung und neue Deutung zu verbinden: Er deutete das Brot und – zumindest nach der markinischen Fassung – auch den Wein auf sich selbst. Angesichts seines drohenden Todes deutete er Brot und Wein als gleichsam prophetische Zeichen auf seinen Tod und damit auf all das, was er war, was er getan und gewollt hat: auf das Opfer, die Hingabe seines Lebens. Wie dieses Brot, so wird auch sein Leib gebrochen, wie dieser rote Wein, so wird auch sein Blut vergossen: das ist mein Leib, mein Blut! Womit beide Mal ganzheitlich die ganze Person und ihre Hingabe gemeint sind. Und wie der Hausvater den Essenden und Trinkenden unter Brot und Wein Anteil am Tischsegen gibt, so gibt Jesus den Seinen Anteil an seinem in den Tod gegebenen Leib (»Leib« oder »Fleisch« meinen im Hebräischen oder Aramäischen immer den ganzen Menschen) und an seinem für »viele« (einschlußweise = alle) vergossenen Blut.

So werden die Jünger in Jesu Schicksal hineingenommen. Im Zeichen des Mahles wird eine neue, bleibende Gemeinschaft Jesu mit den Seinen aufgerichtet, ja ein »*neuer Bund*« begründet. Noch mehr als in der markinischen steht in der (ursprünglicheren?) paulinischen Fassung »Dieser Kelch ist der Neue Bund in meinem Blut« der Gedanke des Neuen Bundes im Vordergrund: der Bund, der in der (durch Blutbesprengung und in einem Mahl vollzogenen) Bundesschließung am Sinai vorgebildet ist, der von Jeremia für die Heilszeit geweissagt wurde und der zur Zeit Jesu auch in der Qumran-Gemeinde, wo man ein tägliches Gemeinschaftsmahl mit Segnung von Brot und Wein kennt, eine wichtige Rolle spielte. Das vergossene Blut, der hingegebene Leib Jesu also als Zeichen des neuen Bundesschlusses zwischen Gott und seinem Volk.

Sicher unsachgemäß ist die in der Reformationszeit umstrittene Frage nach der Bedeutung des »*ist*«, da weder die Gemeinde noch Jesus selber unseren Begriff einer Substanz hatten. Man fragt nicht, was ein Ding ist, sondern wozu es dient. Nicht, woraus es besteht, sondern was seine Funktion ist. Paradoxerweise war der ursprünglich aramäische Satz aller Wahrscheinlichkeit nach überhaupt ohne dieses Wort formuliert worden, um das der jahrhundertelange Streit ging. Man sagte in der Ursprache einfach: »Dies – mein Leib!«

Alte Gemeinschaft also wird durch die Handlung und das Wort des Mahles bestätigt und zugleich *neue Gemeinschaft* verheißen: »koinonia«, »communio« mit Jesus und untereinander. Abschied vom Meister wird dem Jüngerkreis angekündigt, und doch bleibt die Gemeinschaft untereinander und mit ihm begründet: bis sich im Gottesreich die Tischgemeinschaft erneuert. Vereint sollen sie bleiben, auch in der Zeit seiner Abwesenheit. Nicht umsonst hat man später die Idee der Kirche mit Jesu Abendmahl in Verbindung gebracht.

Verhaftung, Prozeß, Verurteilung

Die *Passionsgeschichte* ist hier nicht zu referieren. Leichter wird sie in einem der Evangelien, am besten zunächst nach Markus, nachgelesen. In Bezug auf die Reihenfolge stimmt hier sogar einmal Johannes, der einen älteren Passionsbericht benutzt haben muß, mit den drei Synoptikern überein: Verrat des Judas, letztes Mahl mit Bezeichnung des Verräters, Verhaftung und Verhör, Verhandlung vor Pilatus und Kreuzigung. Zu diesen Abschnitten, die auch bei Johannes an gleicher Stelle erscheinen, kommen noch die Fußwaschung der Jünger, die Gethsemane-Szene und die Verleugnung des Petrus samt ihrer Ansage.

Knapp vor dem Fest erfolgte die *Verhaftung* nach übereinstimmenden Berichten außerhalb der Stadt, jenseits des Kidrontales auf dem Ölberg in einem Garten *Gethsemane*. Von der dortigen Anfechtung und dem Gebetskampf Jesu, der keine Zeugen hatte, können wir nichts Historisches wissen. Für die Dogmengeschichte ist von nicht geringer Bedeutung geblieben, daß Jesu Angst und Entsetzen, ganz anders als in jüdischen oder christlichen Märtyrergeschichten, nachdrücklich geschildert werden: Nicht ein über alle menschliche Not erhabener Stoiker oder gar Übermensch leidet hier. Sondern in vollem Sinn ein Mensch, versucht und angefochten, freilich völlig unverstanden von seinen engsten Vertrauten, die eingeschlafen sind.

In einer nächtlichen Überraschungsaktion unter Führung des *Judas aus Iskariot*, der mit Jesu Gewohnheiten vertraut war, wird Jesus von einer Rotte seiner Gegner verhaftet. Der Judaskuß für den in Schüler-Weise angeredeten »Rabbi«, historisch schwer erklärbar, blieb Symbol gemeinsten Verrates. *Unklar bleibt, wer den Befehl gegeben* hat und wer bei der Verhaftung beteiligt war. Wohl sicher ein Kommando der Tempelpriester auf Betreiben der Oberpriester im Kontakt mit dem Synedrion. Aber vielleicht hatte schon früh eine Absprache zwischen jüdischen und römischen Stellen stattgefunden. Was die Erwähnung der römischen Kohorte (wohl neben der jüdischen Tempelpolizei) durch Johannes, der sonst die römische Beteiligung zurücktreten läßt, ebenso erklären würde wie die rasche Aburteilung durch den nicht gerade als nachgiebig bekannten Gouverneur Pontius Pilatus. Das spätere Zusammenwirken von jüdischen und römischen Behörden kann nicht in Zweifel gezogen werden. Nach allen Berichten ist Jesus aber zunächst von den jüdischen Behörden in Gewahrsam genommen worden.

Bezeichnend ist, daß die Verhaftung *ohne jegliche Gegenwehr* Jesu und seiner Jünger erfolgte. Was ein ungeschickter, lächerlich wirkender Schwertschlag eines Unbekannten und die Legende von der Heilung des abgehauenen Ohres nur unterstreicht. Von jetzt an steht Jesus ohne jegliche Anhänger in völliger Einsamkeit da. Die *Jüngerflucht* wird wie die Verhaftung selbst knapp und ohne alle Entschuldigung berichtet; sie ist nicht zu bezweifeln. Nur Lukas versucht diese peinliche Tatsache zunächst durch Stillschweigen und nachher durch Erwähnung der von ferne zuschauenden Bekannten zu vertuschen. Johannes überhöht die Freiwilligkeit Jesu apologetisch ins Mythologische: Wie vor der Erscheinung der Gottheit sinken die Häscher nieder, um ihn dann, als er seine Jünger entlassen hatte, zu ergreifen.

In besonders deutlichem Kontrast zu Jesu Treue (vor dem Gericht) steht die Untreue jenes Jüngers (vor einem Mädchen), der ihm in nachdrücklicher Weise Treue bis in den Tod geschworen hatte: Diese in allen vier Evangelien schlicht und glaubwürdig erzählte Geschichte von der *Verleugnung Petri* – ursprünglich wohl ein zusammenhängend für sich erzähltes Traditionsstück – konnte von Petrus selbst der Gemeinde überliefert worden sein. Jedenfalls dürfte sie – abgesehen vom wohl markinischen dramatischen Schluß mit dem zweiten Hahnenschrei (Hühner waren anscheinend in Jerusalem verboten) – den geschichtlichen Tatsachen entsprechen, da es für irgendeine Aversion gegen Petrus in der Gemeinde keine Belege gibt.

Trotz eingehendster kritischer Durchleuchtung dürfte es nicht mehr möglich sein, das *Prozeßverfahren* Jesu, von dem wir weder Originalakten noch direkte Zeugenaussagen haben, zu rekonstruieren. Klar ist jedenfalls:

In Zusammenarbeit zwischen geistlichen und politischen Autoritäten wurde Jesus *zum Tode verurteilt*: Nach allen Berichten geriet der Politiker Pilatus durch die Anklage in einige Verlegenheit, weil er für Jesus, den er wohl für einen zelotischen Führer hielt, kaum einen der Anklage entsprechenden handgreiflichen Tatbestand zu finden vermochte. Auch wenn man die Tendenz der Evangelisten, den Vertreter Roms als Zeugen der Unschuld Jesu hinzustellen und zu entlasten, in Rechnung stellt: Es ist doch glaubhaft, daß er Jesu Amnestierung – freilich als Einzelfall, da eine alljährliche Sitte unwahrscheinlich ist – betrieb, aber schließlich auf Wunsch des verhetzten Volkes doch dem zelotischen Revolutionär Barabbas (Sohn des Abbas) die Freiheit gab. Dies jedenfalls berichten die Quellen übereinstimmend, während die Fürsprache der Gattin des Pilatus nur von Mattäus, das ergebnislose Verhör vor Herodes Antipas nur von Lukas, das Verhör vor dem Althohepriester Annas und die ausführliche Befragung durch Pilatus nur von Johannes berichtet werden. Indem aber Pilatus diesen Jesus, der nie auf messianische Titel Anspruch erhoben hatte, als »König (= Messias) der Juden« verurteilte, machte er ihn für die Öffentlichkeit paradoxerweise zum gekreuzigten Messias! Was für den nachösterlichen Glauben und sein Verständnis des vorösterlichen Jesus wichtig werden sollte. Die Ironie der Kreuzesaufschrift konnte vom Römer bewußt gewollt sein. Daß sie von den Juden – für die ein gekreuzigter Messias ein ungeheuerliches

Skandalon war – so empfunden wurde, zeigt der Streit um die Formulierung.

Die Hinrichtung

Jesus wurde vor der Hinrichtung – auch dafür gibt es historische Parallelen – dem Hohn und Spott der römischen Soldateska überlassen. Die *Verhöhnung* Jesu als Spottkönig bestätigt die Verurteilung wegen messianischer Prätentionen. Die scheußliche Auspeitschung mit Hilfe von Lederpeitschen mit eingeflochtenen Metallstückchen, die *Geißelung*, war vor der Kreuzigung üblich. Ein Zusammenbruch Jesu auf dem Weg unter der Last des Querholzes und die erzwungene Hilfe jenes Simon aus dem nordafrikanischen Kyrene haben – auch abgesehen von der Erwähnung von Simons Söhnen – hohe Wahrscheinlichkeit. Der Kreuzweg ist freilich nicht die heutige Via dolorosa. Vielmehr führt er vom Palast des Herodes – dieser und nicht die Burg Antonia war Residenz des Pilatus in Jerusalem – zur Hinrichtungsstätte auf einem kleinen Hügel außerhalb der damaligen Stadtmauer, der vermutlich wegen seiner Form »Golgotha« (»Schädel«) hieß.

Knapper als vom Evangelisten kann die *Hinrichtung* nicht mehr beschrieben werden. »Und sie kreuzigten ihn.« Jedermann kannte damals nur zu gut die grauenhafte römische (aber vermutlich von den Persern erfundene) Exekutionsart für Sklaven und politische Rebellen: der Verurteilte wurde ans Querholz angenagelt und dieses auf dem zuvor eingerammten Pfahl festgemacht, wobei die Füße mit Nägeln oder Stricken befestigt wurden. Die dem Verbrecher auf dem Weg zum Richtplatz umgehängte Tafel mit dem Hinrichtungsgrund wurde dann an dem Kreuz angeschlagen, für jeden sichtbar. Oft erst nach langer Zeit, manchmal erst am folgenden Tage, verblutete oder erstickte der blutig Geschlagene und Gehenkte. Eine ebenso grausame wie diskriminierende

Hinrichtungsart. Ein römischer Bürger durfte enthauptet, aber nicht gekreuzigt werden.

In den Evangelien wird *nichts ausgemalt*. Es werden keine Schmerzen und Qualen beschrieben, keine Emotionen und Aggressionen geweckt. Es soll überhaupt Jesu Verhalten in diesem Tod nicht beschrieben werden. Vielmehr soll mit allen Mitteln – alttestamentlichen Zitaten und Andeutungen, wunderbaren Zeichen – die Bedeutung dieses Todes herausgestellt werden: des Todes dieses Einen, der so viele Erwartungen geweckt und der nun von den Feinden liquidiert und verspottet und von den Freunden, ja von Gott selbst völlig im Stiche gelassen wird. Dabei läuft alles schon nach Markus auf die Glaubensfrage hinaus: Sieht einer in diesem furchtbaren Tod der Schande wie die Spötter das Sterben eines irregeleiteten, gescheiterten Enthusiasten, der vergebens um Rettung nach Elija schreit? Oder wie der römische Centurio – das erste Zeugnis eines Heiden – das Sterben des Gottessohnes?

Warum er sterben mußte

Was in der Darstellung der Evangelien als Ziel und Krönung des irdischen Weges Jesu von Nazaret erscheint, mußte den Zeitgenossen als das absolute Ende erscheinen. Hatte einer mehr den Menschen verheißen als er? Und nun dieses völlige Fiasko in einem Tod von Schimpf und Schande!

Wer schon findet, alle Religionen und ihre »Stifter« seien gleich, der vergleiche ihren Tod, und er wird *Unterschiede* sehen: Mose, Buddha, Kung-futse, sie alle starben in hohem Alter, bei allen Enttäuschungen erfolgreich, inmitten ihrer Schüler und Anhänger, »lebenssatt« wie die Erzväter Israels. Mose starb nach der Überlieferung angesichts des verheißenen Landes inmitten seines Volkes im Alter von 120 Jahren, ohne daß seine Augen trübe geworden und seine Frische gewichen war. Buddha mit 80 Jahren friedlich im Kreis seiner Jünger an einer Lebensmittelvergiftung, nachdem er als Wanderprediger eine große Gemeinde von Mönchen, Nonnen und Laien-Anhängern gesammelt hatte. Kung-futse, im Alter schließlich nach Lu, von wo er als Justizminister vertrieben war, zurückgekehrt, nachdem er die letzten Jahre der Heranbildung einer Gruppe meist adliger Schüler, die sein Werk bewahren und fortsetzen werden, sowie der Redaktion der alten Schriften seines Volkes, die nur in seiner Redaktionsform der Nachwelt überliefert werden sollten, gewidmet hatte. Mohammed schließlich starb, nachdem er als politischer Herr Arabiens die letzten Lebensjahre gut genossen hatte, mitten in seinem Harem in den Armen seiner Lieblingsfrau.

Und nun dagegen dieser hier: ein junger Mann von 30 Jahren nach einem Wirken von maximal drei Jahren, vielleicht sogar nur wenigen Monaten. Ausgestoßen von der Gesellschaft, verraten und verleugnet von seinen Schülern und Anhängern, verspottet und verhöhnt von seinen Gegnern, von den Menschen und von Gott verlassen, stirbt einen Ritus, der zu den scheußlichsten und hintergründigsten gehört, die der Menschen erfinderische Grausamkeit zum Sterben erfunden hat.

Gegenüber der Sache, um die es hier letztlich geht, verblassen die ungeklärten historischen Fragen dieses Weges zum Kreuz als zweitrangig. Was immer der nähere Anlaß zum offenen Ausbruch des Konflikts war, welches immer die Motive des Verräters, wie immer die genauen Umstände der Verhaftung und Modalitäten des Verfahrens, wer auch die einzelnen Schuldigen, wo und wann genau die einzelnen Stationen dieses Weges, ob seine Mutter unter dem Kreuz stand (dem ältesten Evangelium zufolge nicht): Der Tod Jesu war kein Zufall, war kein tragischer Justizirrtum und auch kein reiner Willkürakt, sondern eine – die Schuld der Verantwortlichen einschließende – geschichtliche Notwendigkeit. Nur ein völliges Umdenken, eine wirkliche Metanoia der Betroffenen, ein neues Bewußtsein, eine Abkehr von der Verschlossenheit in ihr eigenes Tun, von aller gesetzlichen Selbstsicherung und Selbstrechtfertigung, und eine Umkehr in radikalem Vertrauen in den von Jesus verkündigten Gott der unbedingten Gnade und unbegrenzten Liebe hätte diese Not abwenden können.

Jesu gewaltsames Ende lag *in der Logik seiner Verkündigung und seines Verhaltens*. Jesu Passion war Reaktion der Hüter von Gesetz, Recht und Moral auf seine Aktion. Er hat den Tod nicht einfach passiv erlitten, sondern aktiv provoziert. Nur seine Verkündigung erklärt seine Verurteilung. Nur sein Handeln erhellt sein Leiden. Nur sein Leben und Wirken insgesamt machen deutlich, was das Kreuz dieses Einen unterscheidet von den Kreuzen jener jüdischen Widerstandskämpfer, die die Römer wenige Jahrzehnte nach Jesu Tod angesichts der Mauern der eingeschlossenen Hauptstadt massenhaft aufrichteten, aber auch von jenen 7000 Kreuzen römischer Sklaven, die man an der Via Appia nach dem gescheiterten Aufstand des (selber nicht gekreuzigten, sondern in der Schlacht gefallenen!) Spartakus aufrichtete, und überhaupt von den zahllosen großen und kleinen Kreuzen der Gequälten und Geschundenen der Weltgeschichte.

Jesu Tod war die Quittung auf sein Leben. Aber ganz anders als – nach mißglückter Königserhebung! – jener Mord am Politiker Julius Cäsar durch Brutus, wie er von Plutarch in historischer und poetischer Neugierde aufgeschrieben und von Shakespeare ins Drama gebracht wurde. Das Sterben des gewaltlosen Jesus von Nazaret, der nach keiner politischen Macht strebte, sondern nur für Gott und seinen Willen eintrat, hat einen anderen Rang. Und die evangelische Passionsgeschichte bedarf der Umsetzung ins Drama oder in Historie nicht, sondern läßt selber in ihrer nüchternen Erhabenheit die Frage aufkommen, warum man gerade diesen in dieser grenzenlosen Weise leiden ließ.

Nimmt man freilich nicht nur die Passionsgeschichte, sondern die Evangelien als ganze, auf deren Hintergrund die Passionsgeschichte überhaupt erst verständlich wird, so ist völlig klar, warum es so weit kam, warum er nicht durch eine Vergiftung, einen Herzschlag, einen Unfall oder durch Altersschwäche gestorben ist, sondern ermordet wurde. Oder hätte die Hierarchie diesen Radikalen, der eigenmächtig ohne Ableitung und Begründung Gottes Willen verkündete, laufenlassen sollen?

Diesen *Irrlehrer*, der das Gesetz und die gesamte religiös-gesellschaftliche Ordnung vergleichgültigte und Verwirrung ins religiös und politisch unwissende Volk brachte?

Diesen *Lügenpropheten*, der den Untergang des Tempels prophezeite und den ganzen Kult relativierte und gerade die traditionell Frommen zutiefst verunsicherte?

Diesen *Gotteslästerer*, der in einer keine Grenzen kennenden Liebe Unfromme und moralisch Haltlose, Gesetzesbrecher und Gesetzlose in seine Gefolgschaft und Freundschaft aufgenommen hat, der so in untergründiger Gesetzes- und Tempelfeindlichkeit den hohen und gerechten Tora- und Tempelgott zu einem Gott dieser Gottlosen und Hoffnungslosen erniedrigte und in ungeheuerlicher Anmaßung sogar durch persönliche Gewährung und Verbürgung von Vergebung hier und jetzt in Gottes ureigenste souveräne Rechte eingriff?

Diesen *Volksverführer*, der in Person eine beispiellose Herausforderung des gesamten gesellschaftlichen Systems, eine Provokation der Autorität, eine Rebellion gegen die Hierarchie und ihre Theologie darstellt, was alles nicht nur Verwirrung und Verunsicherung, sondern eigentliche Unruhen, Demonstrationen, ja einen neuen Volksaufstand und den jederzeit drohenden großen Konflikt mit der Besatzungsarmee und die bewaffnete Intervention der römischen Weltmacht zur Folge haben konnte?

Der Gesetzesfeind ist – theologisch und politisch gesehen – auch ein Volksfeind! Es war durchaus nicht übertrieben, wenn nach dem oft so klarsichtigen Johannes der Hohepriester Kajefas in der entscheidenden Sitzung des Synedriums zu bedenken gab: »Ihr seid ganz ohne Einsicht und bedenkt nicht, daß es besser für euch ist, wenn ein einzelner Mensch für das Volk stirbt und nicht das ganze Volk zugrunde geht.«

Der politische Prozeß und die Hinrichtung Jesu als eines politischen Verbrechers durch die römische Behörde waren also keineswegs nur ein Mißverständnis und ein sinnloses Schicksal, beruhend nur auf einem politischen Trick oder einer plumpen Fälschung der römischen Behörde. Ein gewisser Anlaß für die politische Anklage und Verurteilung war mit den damaligen politischen, religiösen, gesellschaftlichen Verhältnissen gegeben. Diese ließen *eine simple Trennung von Religion und Politik* nicht zu. Es gab weder eine religionslose Politik noch eine unpolitische Religion. Wer Unruhe in den religiösen Bereich brachte, brachte auch Unruhe in den politischen. Ein Sicherheitsrisiko stellte Jesus für die religiöse wie die politische Autorität dar. Und *trotzdem*: Die *politische Komponente* darf – soll Jesu Leben und Sterben nicht verzeichnet werden – *nicht als mit der religiösen gleichrangig* angesetzt werden. Der politische Konflikt mit der römischen Autorität ist nur eine (an sich nicht notwendige) Konsequenz des religiösen Konflikts mit der jüdischen Hierarchie. Hier ist genau zu unterscheiden:

Die *religiöse Anklage*, daß Jesus sich gegenüber Gesetz und Tempel eine souveräne Freiheit herausgenommen, daß er die überkommene religiöse Ordnung in Frage gestellt und mit der Verkündigung der Gnade des Vatergottes und mit der persönlichen Zusage der Sündenvergebung sich eine wahrhaft unerhörte Vollmacht zugemutet hat, war eine *wahre* Anklage. Nach allen Evangelien erscheint sie begründet: Vom Standpunkt der traditionellen Gesetzes- und Tempelreligion her mußte die jüdische Hierarchie gegen den Irrlehrer, Lügenpropheten, Gotteslästerer und religiösen Volksverführer tätig werden, außer eben sie hätte eine radikale Umkehr vollzogen und der Botschaft mit allen Konsequenzen Glauben geschenkt.

Aber die *politische Anklage*, daß Jesus nach politischer Macht gestrebt, zur Verweigerung der Steuerzahlung an die Besatzungsmacht und zum Aufruhr aufgerufen, sich als politischer Messias-König der Juden verstanden habe, war eine *falsche* Anklage. Nach allen Evangelien erscheint sie als Vorwand und Verleumdung: Wie sich schon im Abschnitt über Jesus und die Revolution in allen Details ergeben hat und durch alle folgenden Kapitel hindurch bestätigt wurde, war Jesus kein aktiver Politiker, kein Agitator und Sozialrevolutionär, kein militanter Gegner der römischen Macht.

Das heißt: Jesus wurde als politischer Revolutionär verurteilt, obwohl er es nicht war! Wäre Jesus politischer gewesen, hätte er eher mehr Chancen gehabt. Die politische Anklage verdeckte den religiös bedingten Haß und »Neid« der Hierarchie und ihrer Hoftheologen. Ein Messiasprätendent zu sein war nach geltendem jüdischem Recht nicht einmal ein Verbrechen, konnte man dem Erfolg oder Mißerfolg überlassen, war aber für den Gebrauch der Römer spielend leicht in einen politischen Herrschaftsanspruch zu verdrehen. Eine solche Anklage mußte für Pilatus einleuchtend sein, war bei den damaligen Verhältnissen scheinbar berechtigt. Trotzdem war sie nicht nur zutiefst tendenziös, sondern im Kern falsch. Deshalb konnte »König der Juden« in der Gemeinde nun gerade nicht als christologischer Hoheitstitel Jesu gebraucht werden. Vom Standpunkt der römischen Macht aus mußte Pontius Pilatus gegen *diesen* »König der Juden« keineswegs tätig werden, und das vom Gouverneur allgemein berichtete Zögern bestätigt es. Nach den Quellen geht es denn auch beim politischen Konflikt keineswegs um eine ständige politische »Dimension« in der Geschichte Jesu. Offensichtlich erst in letzter Stunde und nicht aus eigener Initiative tritt die römische Behörde auf den Plan: nach allen Evangelien nur durch die Denunziation und gezielte politische Machenschaft der jüdischen Hierarchie auf den Plan gerufen.

Umsonst gestorben?

Für damals bedeutete der Tod Jesu: Das Gesetz hat gesiegt! Von Jesus radikal in Frage gestellt, hat es zurückgeschlagen und ihn getötet. Sein Recht ist erneut erwiesen. Seine Macht hat sich durchgesetzt. Sein Fluch hat getroffen. »Jeder, der am Holz hängt, ist von Gott verflucht«: Dieser alttestamentliche Satz für die am Pfahl nachträglich aufgehängten Verbrecher konnte auf ihn angewendet werden. Als Gekreuzigter ist er ein Gottverfluchter: für jeden Juden, noch Justins Dialog mit dem Juden Tryphon um das Jahr 150 zeigt es, ein entscheidendes Argument gegen Jesu Messianität. Sein Kreuzestod war der *Vollzug des Fluches des Gesetzes*.

Das widerspruchslose Leiden und hilflose Sterben in Fluch und Schande waren für die Feinde und doch wohl auch Freunde das untrügliche Zeichen, daß es mit ihm aus war und er mit dem wahren Gott nichts zu tun hatte. Er hatte unrecht, voll und ganz: mit seiner Botschaft, seinem Benehmen, seinem ganzen Wesen. Sein *Anspruch* ist nun *widerlegt*, seine Autorität dahin, sein Weg als falsch demonstriert. Wer könnte es übersehen: Verurteilt ist der Irrlehrer, desavouiert der Prophet, entlarvt der Volksverführer, verworfen der Lästerer! Das Gesetz hat über dieses »Evangelium« triumphiert: es ist nichts mit dieser »besseren Gerechtigkeit« aufgrund eines Glaubens, der sich gegen die Gesetzesgerechtigkeit aufgrund gerechter Werke stellt. Das Gesetz, dem sich der

Mensch bedingungslos zu unterziehen hat, und mit ihm der Tempel ist und bleibt die Sache Gottes.

Der Gekreuzigte zwischen den beiden gekreuzigten Verbrechern ist sichtbar die verurteilte Verkörperung der Ungesetzlichkeit, Ungerechtigkeit, Gottlosigkeit: »unter die Gottlosen gerechnet«, »zur Sünde gemacht«, die *personifizierte Sünde*. Buchstäblich der Stellvertreter aller Gesetzesbrecher und Gesetzlosen, für die er eingetreten ist und die im Grund dasselbe Schicksal wie er verdienen: der *Stellvertreter der Sünder* im bösesten Sinn des Wortes! Der Hohn der Feinde erscheint ebenso begründet wie die Flucht der Freunde: Für diese bedeutet dieser Tod das Ende der mit ihm gegebenen Hoffnungen, die Widerlegung ihres Glaubens, den Sieg der Sinnlosigkeit.

Das ist das Besondere dieses Sterbens: Jesus starb *nicht nur in* – bei Lukas und Johannes abgemilderter – *Menschenverlassenheit, sondern in uneingeschränkter Gottverlassenheit*. Und erst hier kommt die tiefste Tiefe dieses Sterbens zum Ausdruck, welche diesen Tod von dem so oft mit ihm verglichenen »schönen Tod« des der Gottlosigkeit und Jugendverführung angeklagten Sokrates oder mancher stoischer Weiser unterscheidet. Restlos war Jesus dem Leiden ausgesetzt. Von Heiterkeit, innerer Freiheit, Überlegenheit, Seelengröße ist in den Evangelien nicht die Rede. Kein humaner Tod nach siebzig Jahren in Reife und Ruhe, mild durch Vergiftung mit dem Schierling. Sondern ein allzu früher, alles abbrechender, total entwürdigender Tod von kaum erträglicher Not und Qual. Ein Tod, bestimmt nicht durch überlegene Gelassenheit, sondern eine nicht mehr zu überbietende allerletzte Verlassenheit! Aber gerade so: Gibt es einen Tod, der die Menschheit in ihrer langen Geschichte mehr erschüttert und vielleicht auch erhoben hat als dieser in der Grenzenlosigkeit seines Leidens so unendlich menschlich-unmenschliche Tod?

Die einzigartige Gottesgemeinschaft, in der sich Jesus wähnte, machte auch seine einzigartige Gottesverlassenheit aus. Dieser Gott und Vater, mit dem er sich bis zum Ende völlig identifiziert hatte, identifizierte sich am Ende nicht mit ihm. Und so schien alles wie nie gewesen: *umsonst*. Er, der die Nähe und Ankunft Gottes, seines Vaters, öffentlich vor aller Welt angekündigt hatte, stirbt in dieser völligen Gottverlassenheit und wird so öffentlich vor aller Welt als Gottloser demonstriert: ein von Gott selbst Gerichteter, der ein für alle Male erledigt ist: »Eloi, eloi, lema sabachthani«, das heißt: »Mein Gott, mein Gott, warum hast du mich verlassen?« Und nachdem die Sache, für die er gelebt und gekämpft hatte, so sehr an seine Person gebunden war, fiel mit seiner Person auch seine Sache. Eine von ihm unabhängige Sache gibt es nicht. Wie hätte man seinem Wort glauben können, nachdem er in dieser himmelschreienden Weise verstummte und verschied?

Vor der bei jüdischen Hingerichteten üblichen Verscharrung ist der Gekreuzigte bewahrt worden. Nach römischer Sitte konnte der Leichnam Freunden oder Verwandten überlassen werden. Kein Jünger, so wird berichtet, aber ein einzelner Sympathisant, der nur an dieser Stelle erscheinende Ratsherr Josef von Arimathia, anscheinend später nicht Glied der Gemeinde, läßt den Leichnam in seinem Privatgrab beisetzen. Nur einige Frauen, die der Kreuzigung von ferne zugeschaut hatten, sind Zeugen. Schon Markus hat auf die offizielle Feststellung des Todes Gewicht gelegt. Und nicht nur er, sondern auch schon das von Paulus überlieferte alte Glaubensbekenntnis betont das Faktum des Begräbnisses, das nicht zu bezweifeln ist. Aber so groß in der damaligen Zeit das religiöse Interesse an den Gräbern der jüdischen Märtyrer und Propheten war, zu einem Kult um das Grab Jesu von Nazaret ist es merkwürdigerweise nicht gekommen.

»Jesus« (2012), S. 199–231.

Tod und danach? Auferweckung Jesu

Die Frage nach der Auferweckung Jesu erhält schon in Christsein (1974) eine sehr dichte Antwort, in der Hans Küng sein Gottesbild, sein Bild von Jesus Christus und seine Auffassungen vom Menschen zusammenfließen lässt – in intensiver Auseinandersetzung mit Exegese und philosophischen Diskussionen. Es ist einer der zentralen Texte von Küngs Theologie überhaupt.

Die Botschaft mit all ihren Schwierigkeiten, ihren zeitgebundenen Konkretisierungen und Ausmalungen, situationsbedingten Erweiterungen, Ausgestaltungen und Akzentverschiebungen zielt im Grunde auf etwas Einfaches. Und darin stimmen die verschiedenen urchristlichen Zeugen, Petrus, Paulus und Jakobus, die Briefe, die Evangelien und die Apostelgeschichte durch alle Unstimmigkeiten und Widersprüchlichkeiten der verschiedenen Traditionen bezüglich Ort und Zeit, Personen und Ablauf der Ereignisse überein: *Der Gekreuzigte lebt für immer bei Gott – als Verpflichtung und Hoffnung für uns!* Die Menschen des Neuen Testaments sind getragen, ja fasziniert von der Gewissheit, dass der Getötete nicht im Tod geblieben ist, sondern lebt, und dass, wer an ihn sich hält und ihm nachfolgt, ebenfalls leben wird. Das neue, ewige Leben des Einen als Herausforderung und reale Hoffnung für alle!

Dies also sind Osterbotschaft und Osterglaube – völlig eindeutig trotz aller Vieldeutigkeit der verschiedenen Osterberichte und Ostervorstellungen. Eine wahrhaft umwälzende Botschaft, sehr leicht zurückzuweisen freilich schon damals, nicht erst heute: »Darüber wollen wir dich ein ander Mal hören«, sagten auf Athens Areopag nach lukanischer Darstellung einige Skeptiker schon dem Apostel Paulus. Aufgehalten hat das den Siegeszug der Botschaft freilich nicht.

Der Gekreuzigte *lebt*? Was heißt hier »leben«? Was verbirgt sich hinter den verschiedenen zeitgebundenen Vorstellungsmodellen und Erzählungsformen, die das Neue Testament dafür gebraucht? Wir versuchen dieses Leben zu umschreiben mit zwei negativen Bestimmungen und einer positiven.

1. Keine Rückkehr in dieses raumzeitliche Leben: Der Tod wird nicht rückgängig gemacht, sondern definitiv überwunden. In Friedrich Dürrenmatts Schauspiel »Meteor« kommt es zu einer Wiederbelebung eines (freilich fingierten) Leichnams, der in ein völlig unverändertes irdisches Leben zurückkehrt – das klare Gegenteil von dem, was das Neue Testament unter Auferweckung versteht. Mit den Totenerweckungen, vereinzelt in der antiken Literatur von Wundertätern (sogar mit Arztzeugnissen beglaubigt) und in drei Fällen auch von Jesus (Tochter des Jairus, Jüngling von Nain, Lazarus) berichtet, darf Jesu Auferweckung nicht verwechselt werden. Auch ganz abgesehen von der historischen Glaubwürdigkeit solcher legendärer Berichte (Markus etwa weiß nichts von der sensationellen Totenerweckung des Lazarus): gerade die vorübergehende Wiederbelebung eines Leichnams ist mit der Auferweckung Jesu nicht gemeint. Jesus ist – selbst bei Lukas – nicht einfach in das biologisch-irdische Leben zurückgekehrt, um wie die von ihrem Tod Aufgeweckten schließlich erneut zu sterben. Nein, nach neutestamentlichem Verständnis hat er den Tod, diese letzte Grenze, endgültig hinter sich. Er ist in ein ganz anderes, unvergängliches, ewiges, »himmlisches« Leben eingegangen: in das Leben Gottes, wofür schon im Neuen Testament sehr verschiedene Formulierungen und Vorstellungen gebraucht werden.

2. Keine Fortsetzung dieses raumzeitlichen Lebens: Schon die Rede von »nach« dem Tod ist irreführend: die Ewigkeit ist nicht bestimmt durch Vor und Nach. Sie meint vielmehr ein die Dimensionen von Raum und Zeit sprengendes neues Leben in Gottes unsichtbarem, unvergänglichem, unbegreiflichem Bereich: Nicht einfach ein endloses »Weiter«: Weiterleben, Weitermachen, Weitergehen. Sondern ein endgültig »Neues«: Neuschöpfung, Neugeburt, neuer Mensch und neue Welt. Was die Rückkehr des ewig gleichen »Stirb und werde« endgültig durchbricht. Definitiv bei Gott sein und so das endgültige Leben haben, das ist gemeint. Und für alles jenseits von Raum und Zeit ist nach Immanuel Kant die reine, theoretische Vernunft nicht zuständig.

3. Vielmehr Aufnahme in die letzte Wirklichkeit: Will man nicht bildhaft reden, so müssen Auferweckung (Auferstehung) und Erhöhung (Entrückung, Himmelfahrt, Verherrlichung) als ein identisches, einziges Geschehen gesehen werden. Und zwar als ein Geschehen in Zusammenhang mit dem Tod in der unanschaulichen Verborgenheit Gottes. Die Osterbotschaft besagt in allen so verschiedenen Varianten schlicht das eine: Jesus ist nicht ins Nichts hinein gestorben. Er ist im Tod und aus dem Tod in jene *unfassbare und umfassende letzte Wirklichkeit hineingestorben*, von ihr *aufgenommen* worden, die wir mit dem Namen Gott bezeichnen.

Wo der Mensch sein Eschaton, das Allerletzte seines Lebens erreicht, was erwartet ihn da? Nicht das Nichts, das würden auch Nirwana-Gläubige sagen. Sondern jenes Alles, das für Juden, Christen und Moslems Gott ist. Tod ist Durchgang zu Gott, ist Einkehr in Gottes Verborgenheit, ist Aufnahme in seine Herrlichkeit. Dass mit dem Tod *alles* aus sei, kann strenggenommen nur ein Gottloser sagen.

Im Tod wird der Mensch aus den ihn umgebenden und bestimmenden Verhältnissen entnommen. Von der Welt her, gleichsam von außen, bedeutet der Tod völlige Beziehungslosigkeit. Von Gott her aber, gleichsam von innen, bedeutet der Tod eine völlig neue Beziehung: zu ihm als der letzten Wirklichkeit. Im Tod wird dem Menschen, und zwar dem ganzen und ungeteilten Menschen, eine neue ewige Zukunft angeboten. Ein Leben anders als alles Erfahrbare: in Gottes unvergänglichen Dimensionen. Also nicht in unserem Raum und in unserer Zeit: »hier« und »jetzt« im »Diesseits«. Aber auch nicht einfach in einem anderen Raum und in einer anderen Zeit: ein »Drüben« oder »Droben«, ein »Außerhalb« oder »Oberhalb«, ein »Jenseits«. Der letzte, entscheidende, ganz andere Weg des Menschen führt nicht hinaus ins Weltall oder über dieses hinaus. Sondern – wenn man schon in Bildern reden will – gleichsam hinein in den innersten Urgrund, Urhalt, Ursinn von Welt und Mensch: aus dem Tod ins Leben, aus dem Sichtbaren ins Unsichtbare, aus dem sterblichen Dunkel in Gottes ewiges Licht. In Gott hinein ist Jesus gestorben, zu Gott ist er gelangt: aufgenommen in jenen Bereich, der alle Vorstellungen übersteigt, den keines Menschen Auge je geschaut hat, unserem Zugreifen, Begreifen, Reflektieren und Phantasieren entzogen! Nur das weiß der Glaubende: nicht das Nichts erwartet ihn, sondern sein Vater.

Aus dieser negativen und positiven Bestimmung folgt: *Tod* und *Auferweckung* bilden eine *differenzierte Einheit*. Will man die neutestamentlichen Zeugnisse nicht gegen ihre Intention interpretieren, darf man aus der Auferweckung nicht einfach ein »Interpretament«, ein Ausdrucksmittel des Glaubens für das Kreuz machen:

Auferweckung ist Sterben in Gott hinein: Tod und Auferweckung stehen in engstem Zusammenhang. Die Auferweckung geschieht mit dem Tod, im Tod, aus dem Tod. Am schärfsten wird das herausgestellt in frühen vorpaulinischen Hymnen, in denen Jesu Erhöhung schon vom Kreuz aus zu erfolgen scheint. Und besonders im Johannesevangelium, wo Jesu »Erhöhung« zugleich seine Kreuzigung wie seine »Verherrlichung« meint und beides die eine Rückkehr zum Vater bildet. Aber im übrigen Neuen Testament folgt die Erhöhung auf die Niedrigkeit des Kreuzes:

Das In-Gott-hinein-Sterben ist keine Selbstverständlichkeit, keine natürliche Entwicklung, kein unbedingt zu erfüllendes Desiderat der menschlichen Natur: Tod und Auferweckung müssen in ihrem nicht notwendig zeitlichen, aber sachlichen Unterschied gesehen werden. Wie das auch durch die alte, vermutlich weniger historische als theologische Angabe »auferstanden am dritten Tag« – »drei« nicht als Kalenderdatum, sondern als Heilsdatum für einen Heilstag – betont wird. Der Tod ist des Menschen Sache, die Auferweckung kann nur Gottes sein: Von Gott wird der Mensch in ihn als die unfassbare, umfassende letzte Wirklichkeit aufgenommen, gerufen, heimgeholt, also endgültig angenommen und gerettet. Im Tod, oder besser: aus dem Tod, als ein eigenes Geschehen, gründend in Gottes Tat und Treue. Die verborgene, unvorstellbare, neue Schöpfertat dessen, der das, was nicht ist, ins Dasein ruft. Und deshalb – und nicht als supranaturalistischer »Eingriff« gegen die Naturgesetze – ein echtes Geschenk und wahres Wunder.

Radikalisierung des Gottesglaubens

Braucht man noch eigens hervorzuheben, dass das neue Leben des Menschen, weil es um die letzte Wirklichkeit, um Gott selber geht, von vornherein eine Angelegenheit des *Glaubens* ist? Es geht um ein Geschehen der Neuschöpfung, welches den Tod als letzte Grenze und damit überhaupt unseren Welt- und Denkhorizont sprengt. Bedeutet es doch den definitiven Durchbruch in die wahrhaft andere Dimension des eindimensionalen Menschen: die offenbare Wirklichkeit Gottes und die in die Nachfolge rufende Herrschaft des Gekreuzigten.

Nichts leichter als dies zu bezweifeln! Ich habe schon betont, dass die »reine Vernunft« sich hier vor eine unübersteigbare Grenze gestellt sieht: Kant ist zuzustimmen. Auch durch historische Argumente lässt sich die Auferweckung nicht beweisen; da versagt die traditionelle Apologetik. Weil es der Mensch hier mit Gott, und das heißt per definitionem mit dem Unsichtbaren, Ungreifbaren, Unverfügbaren zu tun hat, ist nur eine Form des Verhaltens angemessen, herausgefordert: *gläubiges Vertrauen, vertrauender Glaube.* Am Glauben vorbei führt kein Weg zum Auferweckten und zum ewigen Leben. Die Auferweckung ist kein beglaubigendes Mirakel. Sie ist selber Gegenstand des Glaubens.

Der Auferweckungsglaube ist jedoch – dies ist gegenüber allem Unglauben und Aberglauben zu sagen – nicht der Glaube an irgendeine unverifizierbare Kuriosität, die man auch noch »dazu« glauben müsste. Der Auferweckungsglaube ist auch nicht Glaube an das Faktum der Auferweckung oder an den Auferweckten isoliert genommen, sondern ist grundsätzlich Glaube an Gott, dem der Tote die Auferweckung verdankt:

Der Auferweckungsglaube ist deshalb nicht ein Zusatz zum Gottesglauben, sondern eine *Radikalisierung des Gottesglaubens*: Ein Glaube an Gott, der nicht auf halbem Weg anhält, sondern den Weg konsequent zu Ende geht. Ein Glaube, in welchem sich der Mensch ohne strikt rationalen Beweis, wohl aber in *durchaus vernünftigem Vertrauen* darauf verlässt, dass der Gott des Anfangs auch der Gott des Endes ist, dass er wie der Schöpfer der Welt und des Menschen so auch ihr Vollender ist. Nicht in ein Nichts hinein sterben wir; dies schiene mir wenig vernünftig. Wir sterben in Gott hinein, der uns wie Ursprung und Urhalt so auch Urziel ist.

Der Auferweckungsglaube ist also nicht nur als existentiale Verinnerlichung oder soziale Veränderung zu interpretieren, sondern als eine Radikalisierung des Glaubens an den

Schöpfergott: Auferweckung meint die reale Überwindung des Todes durch den Schöpfergott, dem der Glaubende alles, auch das Letzte, auch die Überwindung des Todes, zutraut. Das Ende, das ein neuer Anfang ist! Wer sein Credo mit dem Glauben an »Gott den allmächtigen Schöpfer« anfängt, darf es auch ruhig mit dem Glauben an »das ewige Leben« beenden. Weil Gott das Alpha ist, ist er auch das Omega. Der allmächtige Schöpfer, der aus dem Nichtsein ins Sein ruft, vermag auch aus dem Tod ins Leben zu rufen.

Der christliche Glaube an den auferweckten Jesus ist sinnvoll nur als Glaube an Gott den Schöpfer und Erhalter des Lebens. Umgekehrt aber ist der christliche Glaube an den Schöpfergott entscheidend bestimmt dadurch, dass er Jesus von den Toten erweckt hat. »Der Jesus von den Toten erweckt hat« wird geradezu der Beiname des christlichen Gottes.

Damit wären nun auch die am Anfang dieses Kapitels gestellten Fragen beantwortet. Das historische Rätsel der Entstehung des Christentums erscheint hier in provozierender Weise gelöst: Die *Glaubenserfahrungen, Glaubensberufungen, Glaubenserkenntnisse* der Jünger um den lebendigen Jesus von Nazaret bilden nach den einzigen Zeugnissen, die wir haben, die Initialzündung für jene einzigartige welthistorische Entwicklung, in der vom Galgen eines in Gott- und Menschenverlassenheit Verendeten eine »Weltreligion«, und vielleicht mehr als das, entstehen konnte. Das Christentum, insofern es Bekenntnis zu Jesus von Nazaret als dem lebendigen und wirkmächtigen Christus ist, beginnt mit Ostern. Ohne Ostern kein Evangelium, keine einzige Erzählung, kein Brief im Neuen Testament! Ohne Ostern in der Christenheit kein Glaube, keine Verkündigung, keine Kirche, kein Gottesdienst!

»*Jesus*« (2012), S. 252-259.

sis
3. Ökumene – Einheit im Glauben

Getrennt im Glauben?

*Küngs Auseinandersetzung mit der Rechtfertigungslehre
Karl Barths (1957) kann als Wegmarke in der Annäherung
zwischen katholischer und reformatorischer Tradition gelten.
Seitdem hat der Autor immer wieder für die Ökumene gearbeitet.
Hier wird das Schlusskapitel seiner epochemachenden Dissertation
abgedruckt, das zu Küngs klassischen Texten zu rechnen ist.*

Wir können das Ergebnis in kurzen Sätzen zusammenfassen, doch sei darauf hingewiesen, daß solche Zusammenfassung nur im Lichte der entsprechenden Kapitel richtig verstanden werden kann.

Die Frage der Katholiken war: Nimmt Karl Barth die Rechtfertigung ernst als die Rechtfertigung des *Menschen*? Wir müssen, nachdem wir die entsprechende katholische Lehre untersucht haben, anerkennen, daß Barth die Rechtfertigung des Menschen wirklich ernst nimmt: In Jesus Christus ist Gott von Ewigkeit her dem Menschen als selbständigem Geschöpf gnädig, in ihm wurde der Mensch und die ganze Schöpfung gut geschaffen, in ihm bleibt der Bund auch gegen des Menschen Sünde bestehen und der Mensch bleibt so auch in der Sünde Mensch. In ihm trifft aber des Menschen Sein von neuem Gottes freie Gnade, weil in ihm Gott den Sünder innerlich gerecht macht, was jedoch vom Menschen selbst als neuem Geschöpf im Glauben, der durch die Liebe in Werken tätig sein will, realisiert werden muß.

Wir müssen also bei Barth nicht die positiven Aussagen ablehnen, wir brauchen ihn auch nicht entscheidender Auslassungen anzuklagen, aber wir müssen seine antikatholische Polemik, insbesondere gegen die katholische Gnadenlehre und gegen das tridentinische Rechtfertigungsdekret, mit aller Entschiedenheit zurückweisen ... Doch vermögen diese Mißverständnisse das positive Resultat unserer Untersuchung nicht in Frage zu stellen. Können wir es doch nicht übersehen, daß in der Rechtfertigungslehre, aufs Ganze gesehen, eine grundsätzliche Übereinstimmung besteht zwischen der Lehre Karl Barths und der Lehre der katholischen Kirche. Was also den behandelten Fragenkreis betrifft, so besteht für K. Barth kein echter Grund für eine Trennung von der alten Kirche.

Was den behandelten Fragenkreis betrifft – dies ist nun zu präzisieren. Wie scharf Barths Opposition gegen die katholische Lehre besonders im Fragenkreis Kirche–Sakrament ist (kirchliche Tradition, Primat, Mariologie, und im übrigen auch betreffs der »natürlichen« Gotteserkenntnis), ist genügend bekanntgemacht worden. Von daher fällt auf K. Barths Rechtfertigungslehre ein dunkler Schatten. Man wird zweifelnd-ungläubigen Blicken begegnen, wenn man von einer sachlichen Übereinstimmung in der Rechtfertigungslehre zu sprechen wagt: Wie soll das möglich sein!? Dazu kommt, daß Barth selbst in aller Form den Zusammenhang zwischen den Fundamentalproblemen der Christologie und der Erlösungslehre einerseits und den übrigen Problemen über Kirche und Sakrament andererseits herausgestellt und seine Ablehnung der katholischen Position bei diesen aus seiner Opposition bei jenen begründet (vgl. Einleitung).

Nun hat unsere Darstellung zum mindesten das aufgezeigt, daß man die Aussagen Barths in der Rechtfertigungslehre in bonam partem interpretieren kann. Und wir glauben auf Grund unserer Untersuchungen, daß man dies mit gutem Recht tut. Wie kommt dann aber Barth dazu, aus einer richtigen Grundposition heraus falsche Konsequenzen für den zweiten Problemkreis abzuleiten? Drei sich überschneidende Faktoren scheinen mitzuspielen.

Jede Theologie; hat ihr Gefälle: ein anderes die griechische Vätertheologie und ein anderes die Theologie Augustins, ein anderes die thomistische und ein anderes die skotistische. Das Gefälle an sich bedeutet noch nicht überbordenden Irrtum. Aber es bedeutet Beschränktheit; kein Gefälle darf absoluten Anspruch erheben; das Wasser kann auf sehr verschiedenen Wegen zu Tale fließen. Das eine Flußbett führt vielleicht kräftiger und imponierender als das andere, ohne Umwege und tote Winkel, doch es wird ein beschränkt-einseitiges Gefälle sein und die allumfassende Unendlichkeit des Meeres nicht erreichen Das Gefälle macht Stärke und Schwäche einer Theologie aus. Stärke: In der Richtung des Gefälles fließt alles leicht, wird mit Schwung mitgerissen. Problemklötze, die unbeweglich schienen, werden von der Strömung fast spielend zu Tale befördert. Aber auch Schwäche: Gemäß seinem Gefälle verläßt der Fluß gar gern das Bett, untergräbt Ufer und übersteigt Dämme. Jede, auch die beste Theologie, kann auf ihre Weise das Opfer ihres Gefälles werden; jede, auch die beste Theologie hat gerade in ihren zugkräftigsten Stellen ihre gefährlichsten Strömungen. Gottes Wort allein ist das allumfassende lebendig-ruhende Weltenmeer.

Auch Barths Theologie hat ihr Gefälle, wir haben es in seiner ursprünglichen Kraft kennengelernt. Aber auch dieses Gefälle bedeutet in seiner Stärke zugleich Schwäche. Auch Barths Theologie hat ihre gefährlichen Neigungen. …

Diese Neigungen sind da, aber sie sind in Barths Grundposition weder zu Irrtümern noch zu unverantwortlichen Übertreibungen geworden. Sie machen das naturnotwendige Gefälle der Barthschen Theologie aus; das naturnotwendige Gefälle, das sich, nur auf andere Weise, auch bei katholischen Theologen, selbst bei einem Thomas v. Aquin findet. Dabei darf man nicht übersehen, daß Barth, wie jeder Theologe, der eine echte Entwicklung durchmachte, durch seine Vergangenheit (negativ und positiv) belastet ist; wie Augustin sein Leben lang an seinem Neuplatonismus und Manichäismus trug, so wird auch Barth sein Leben lang an seinem idealistischen Denkstil und an seinem antihumanistischen, dialektischen Existentialismus (negativ und positiv!) weitertragen.

Diese Neigungen im Gefälle der Barthschen Theologie übertreffen in den Grundproblemen nicht die zum Teil sehr beträchtlichen innerkatholischen Gegensätze (etwa die griechische und die scholastische Trinitäts- und Gnadenlehre). Sie sind deshalb nicht weiter bedenklich. Bedenklich werden sie aber im Problemkreis der Kirchen- und Sakramentenlehre, wo Barth sich von diesen Strömungen jenseits der Dämme tragen läßt, die uns Katholiken Gott in seiner Offenbarung zu setzen scheint. …

Die polemisch-einseitigen katholischen Darstellungen der Kirchen- und Sakramentenlehre scheinen uns ein weiterer Grund dafür zu sein, daß Barth aus einer richtigen Grundposition heraus zu negativen Konklusionen in diesem Problemkreis kommt. Wir haben uns … über die Bewertung solcher einseitiger katholischer Darstellungen ausgesprochen. Leider ruft eine einseitige Darstellung meist auch ein einseitiges Echo hervor. Wie oft ließ man gerade in der Rechtfertigungslehre die Ansichten aufeinanderprallen und teilte dabei nur Luftstreiche aus. Wie manche Darstellung war zwar nicht offen polemisch, aber doch verborgen polemisch *bestimmt*! Wie manche Angriffsfläche läßt umgekehrt eine ruhige, unpolemische Darstellung verschwinden! Wir möchten die Behauptung wagen, die hier allerdings Behauptung bleiben muß: Auch in der Kirchen- und Sakramentenlehre ließe sich ein Großteil der Divergenzen durch eine ausgeglichene (nicht kompromißlerische) und zugleich theologisch gründliche Darstellung aus dem Wege räumen. Ließe sich

z. B. nicht besser vom Primat reden, wenn man durch alle theologischen Primatsthesen hindurch ebenso stark sehen ließe, daß der Papst allerdings der vicarius *Christi*, aber doch auch nur wieder der *vicarius* Christi ist? Ließe sich nicht besser von der Kirche reden, wenn man durchgehend nicht nur ihre Einheit mit dem Haupte, sondern auch ebenso überzeugend ihre Distanz vom Haupte, die unbeschränkte Herrschaft Jesu Christi *über* seine Kirche beleuchtete? Ließe sich nicht sogar besser von der »natürlichen« Gotteserkenntnis reden, wenn man sie nicht nur durch irgendwelche Philosophumena oder Theologumena, sondern vor allem von der Schöpfung in Jesus Christus her begründete? Ähnliches gilt von verschiedenen Fragen in Mariologie und Sakramentenlehre. Sei dem allem im einzelnen wie immer, eines scheint auf alle Fälle wahr zu sein: Hätten wir in diesen Problemkreisen mehr gut ausgewogene, katholische Darstellungen (was klare Stellungnahmen nicht ausschließt), die zugleich theologisch gut unterbaut wären (was manchen gut gemeinten ökumenischen Schriften zu fehlen scheint), so würde es Barth (und anderen Protestanten) zum mindesten sehr erschwert sein, aus einer richtigen Grundposition heraus antikatholische Folgerungen abzuleiten.

Theologie ist Leben, und Leben Theologie. Wer meinte, Leben und Theologie trennen zu können, verfiele einer untheologischen und toten Abstraktion. Die gegenseitige Bedingtheit von kirchlichem Leben und kirchlicher Theologie kann sehr fruchtbar sein für die Theologie, sie kann aber auch sehr belasten. Gerade weil die Theologie immer auch als eine Lebensäußerung der Kirche gewertet wird, nützt die schönste Theologie nichts, wenn sie nicht durch das praktische Leben der Kirche gedeckt wird. Die beste Theologie kann dem Andersgläubigen hohl erscheinen, wenn das praktisch-kirchliche Leben dieser Theorie widerspricht. Die beste Abhandlung über die katholische Rechtfertigungslehre überzeugte den Andersgläubigen nicht, wenn das kirchliche Leben nicht die Rechtfertigung durch den Glauben, sondern durch die Werke predigte. ...

Nun sind wir ja hier in der katholischen Reform seit 400 Jahren ein gutes Stück weitergekommen, obwohl im Kampfe gegen die praktische Werklerei auch heute noch sehr viel zu tun bleibt ... Aber ist nicht gerade im Problemkreis Kirche–Sakramente die katholische Theologie durch das kirchliche Leben vor den Evangelischen besonders belastet? Die Evangelischen schweigen heute oft vornehm darüber hinweg. Man kann sich aber in jedem ökumenischen Gespräch leicht davon überzeugen, wie schwer gewisse Erscheinungen des katholischen Lebens die katholische Theologie von Kirche, Primat, Maria, Sakramente, Tradition belasten. Man belastet die katholische Kirche zwar nicht mit »Mißbräuchen« die schließlich überall vorkommen können; aber eben, wo liegt denn die Grenze zwischen Nichtbrauch und Mißbrauch?

Es wird beim ökumenischen Gespräch in diesem Fragenkreis alles darauf ankommen, daß man die Einheit von Theologie und Leben nie aus den Augen verliert. Daß hinter guter katholischer Theologie nicht immer gutes katholisches Leben steht, ist mit ein Grund, warum Barth in diesem Fragenkreis nicht konsequent weiterdenkt.

Unter diesen Präzisierungen möchten wir an unserem Ergebnis festhalten, daß in der Rechtfertigungslehre, aufs Ganze gesehen, eine grundsätzliche Übereinstimmung besteht zwischen der Lehre Barths und der Lehre der katholischen Kirche; in diesem Fragenkreis gibt es für Barth keinen echten Grund für eine Trennung von der alten Kirche.

Das Ergebnis ist bedeutungsvoll: nicht so sehr wegen Barth – wir sagten schon am Anfang, es gehe nicht um ein »für oder gegen Barth«, sondern um Besinnung auf das Evangelium Jesu Christi im Dienste der Kircheneinheit.

Wegen der Kircheneinheit ist das Ergebnis bedeutungsvoll; denn Barth steht nicht allein, er steht für viele im evangelischen Raum. Und besonders bedeutungsvoll ist, daß der Großteil der heute maßgebenden evangelischen Theologen die rein äußerliche Gerechtsprechung aufgegeben hat. …

So steht es also heute in der evangelischen Rechtfertigungslehre. Und da ist es doch sicher bedeutungsvoll, daß gerade in der Rechtfertigungslehre, wo reformatorische Theologie ihren Ausgang genommen hatte, heute wieder grundsätzliche Übereinstimmung besteht zwischen katholischer und evangelischer Theologie. Sind wir uns seit 400 Jahren – trotz aller Schwierigkeiten – nicht auch theologisch entscheidend näher gekommen?

>*»Rechtfertigung. Die Lehre Karl Barths und eine katholische Besinnung« (1957), S. 267–276.*

Katholisch – evangelisch. Eine ökumenische Bestandsaufnahme

Seit seinem programmatischen Buch Konzil und Wiedervereinigung (1962) hat Hans Küng den katholisch-evangelischen Diskussionsstand immer wieder in anschaulicher Prägnanz zusammengefasst. Die Vorgaben des 2. Vatikanischen Konzils haben viel bewirkt, andere Fragen harren noch immer ihrer Lösung.

Seit seinem programmatischen Buch Konzil und Wiedervereinigung (1962) hat Hans Küng sich den katholisch-evangelischen Diskussionsstand immer wieder in anschaulicher Prägnanz zusammengefasst. Die Vorgaben des 2. Vatikanischen Konzils haben viel bewirkt, andere Fragen harren noch immer ihrer Lösung.

Das bisher Erreichte

In den Kirchen beklagt man sich darüber: die Zahl der Christen, die sich in keiner der christlichen Kirchen wohl fühlen und so etwas wie eine »dritte Konfession« bilden, ohne in einer Kirche beheimatet zu sein, ist im Steigen begriffen. Wie aber soll gegen diese kirchliche »Heimatlosigkeit« angegangen werden, wenn die Kirchen nicht selber unvoreingenommener, beweglicher, gastfreundlicher auch gegeneinander werden? Für die meisten Menschen heute sind die konfessionellen Differenzen aus der Reformationszeit völlig unwichtig geworden. Wo früher Katholiken Protestanten nur vom Hörensagen kannten und umgekehrt, hat man heute die andere Konfession schon in der allernächsten oder ferneren Verwandtschaft. Unter diesen Umständen schreiben viele Christen die Aufrechterhaltung der Kirchenspaltung uneinsichtigen, unbeweglichen und auf Machterhaltung bedachten Kirchenmännern und ihren Theologen zu. Völlig zu Unrecht?

Nun darf man freilich *das bisher Erreichte* nicht übersehen: Der Überblick über die Geschichte der ökumenischen Bewegung lässt kaum ahnen, welche Arbeit, Ausdauer, Hoffnung gegen alle Hoffnung durch die Jahrzehnte notwendig waren, um auch nur zur Gründung eines »Ökumenischen Rates der Kirchen« (1948) zu kommen. Und auch ein Überblick über den katholischen Ökumenismus lässt nur vermuten, wie viele Mühen und persönliche Opfer es die wenigen katholischen Laien und Theologen gekostet hat, unbeirrt von der ökumenefeindlichen Einstellung der Päpste bis zu Pius XII. den Durchbruch der katholischen Kirche zur Ökumene unter Johannes XXIII. und dem Zweiten Vatikanischen Konzil (1962–65) vorzubereiten.

Allen diesen unverdrossenen Bemühungen – vor dem Hintergrund grausamer nationalistischer Erfahrungen »christlicher« Völker in zwei Weltkriegen – ist es zu verdanken: Die Beziehungen zwischen den Kirchen, die sich auf Jesus Christus berufen, haben sich ins Positive gewandelt. Und schaut man gar weiter zurück bis zur Reformationszeit: Welche Wandlungen etwa in der katholischen Beurteilung der Persönlichkeit Martin Luthers und welche Wandlungen in der katholischen und evangelischen »Kontroverstheologie«: von jener frühen Polemik über die Herausarbeitung amtlicher konfessioneller »Unterscheidungslehren«, die die subjektive Polemik überwand, bis hin zu einer »ökumenischen« Theologie. Ein langer Weg also der Kirchen und ihrer Theologien weg von Denunziation und Inquisition zu Diskussion und Kommunikation, von konfessionalistischer Koexistenz zu ökumenischer Kooperation.

Freilich ist gerade die katholische Kirche dem Weltrat der Kirchen bis heute nicht beigetreten und bietet für eine ökumenische Verständigung aufgrund ihrer Tradition, Lehre, Organisation (besonders wegen Primat und Unfehlbarkeit des Papstes) für die ökumenische Verständigung besondere Schwierigkeiten. Doch darf nicht übersehen werden: Im Vergleich zur nachtridentinischen, gegenreformatorischen Kirche bedeutet das Zweite Vatikanische Konzil – bei allen Kompromissen – in seiner Grundtendenz eine Wende um 180° in Richtung auf die Ökumene. Trotz aller ungelöst gebliebenen Fragen (Geburtenregelung, Ehescheidung, Amtsfrage, Mischehe, Zölibat, Primat und Unfehlbarkeit) dürfen die konkreten *positiven Resultate* nicht gering geschätzt werden. Sie provozieren zugleich – hier zumindest kurz anzudeutende – *Rückfragen* an die anderen Kirchen.

Was hat sich verändert für die Christenheit insgesamt?

- Die katholische Mitschuld an der Kirchenspaltung wird jetzt anerkannt. Zugleich wurde die Notwendigkeit steter Reform anerkannt: Ecclesia semper reformanda – ständige Erneuerung der eigenen Kirche in Leben und Lehre nach dem Evangelium. Doch Rückfrage: Dürfen sich deshalb die anderen Kirchen als überhaupt nicht zu reformierende (»orthodoxe«) Kirchen oder aber als bereits reformierte (»lutherische« oder »calvinistische«) Kirchen verstehen, oder sind auch sie noch zu reformierende Kirchen?
- Die anderen christlichen Gemeinschaften werden *als Kirchen anerkannt*: Es gibt in allen Kirchen eine gemeinsame christliche Basis, die vielleicht wichtiger ist als alles Trennende. Doch Rückfrage: Müsste nicht auch in anderen Kirchen das Bemühen um die gemeinsame christliche Basis und »Substanz« intensiviert werden?
- Von der ganzen Kirche ist *ökumenische Haltung* gefordert: die innere Umkehr (Konversion!) der Katholiken selbst, das gegenseitige Kennenlernen der Kirchen und

der lernoffene Dialog, die Anerkennung des Glaubens, der Taufe, der Werte der übrigen Christen, schließlich eine in ökumenischem Geiste getriebene Theologie und Kirchengeschichte. Doch Rückfrage: Werden die anderen Kirchen nun auch ihrerseits die zahlreichen katholischen Anliegen anerkennen und realisieren, in Theologie, Liturgie und Kirchenstruktur?
- Die *Zusammenarbeit* mit den anderen Christen soll in jeder Weise gefördert werden: die praktische Zusammenarbeit im ganzen sozialen Bereich, aber auch gemeinsames Gebet und eine wachsende gottesdienstliche Gemeinschaft, insbesondere beim Wortgottesdienst, schließlich Theologengespräche auf gleicher Ebene. Doch Rückfrage: Müsste nicht die Bereitschaft zur praktischen Zusammenarbeit auch bei den anderen Kirchen stärker entwickelt werden?

Was hat sich verändert für die Kirchen der Reformation?

Eine ganze Reihe zentraler reformatorischer Anliegen wurde von der katholischen Kirche zumindest grundsätzlich aufgenommen:
- Neue *Hochschätzung der Bibel*: (1) im Gottesdienst: Verkündigung, Gebet und Gesang sollen ganz von biblischem Geist geprägt sein; ein neuer abwechslungsreicher, mehrjähriger Zyklus der Schriftlesung wurde geschaffen; (2) im kirchlichen Leben überhaupt: statt der Betonung der lateinischen Vulgata-Übersetzung jetzt die Forderung moderner Bibelübersetzungen aus dem Urtext; statt früherer Verbote von Bibellesungen durch Laien jetzt wiederholte Aufforderung zur häufigen Bibellektüre; (3) in der Theologie: das kirchliche Lehramt steht nicht über dem Gotteswort, sondern hat ihm zu dienen; es ist nicht mehr allgemeine Kirchenlehre, dass die Offenbarungswahrheit

»teils« in der Schrift, »teils« in der Tradition enthalten sei; das Schriftstudium muss die »Seele« der Theologie (und der Katechese) sein; die Berechtigung der historisch-kritischen Schrifterklärung wird anerkannt, die Irrtumslosigkeit der Schrift nicht für die naturwissenschaftlich historischen Aussagen, sondern nur für die Heilswahrheit in Anspruch genommen.

- *Echter Volksgottesdienst*: Als Verwirklichung reformatorischer Anliegen können gelten:
  – gegenüber der früheren Klerikerliturgie ein Gottesdienst des ganzen priesterlichen Volkes: durch verständliche Gestaltung, aktive Teilnahme der ganzen Gemeinde in gemeinsamem Gebet, Gesang und Mahl;
  – gegenüber der früheren Verkündigung in der lateinischen Fremdsprache ein neues Hören auf das in der Volkssprache verkündigte Wort Gottes;
  – gegenüber der standardisierten römischen Einheitsliturgie die Anpassung an die verschiedenen Nationen: Mitzuständigkeit der Landesepiskopate statt der bisherigen exklusiv päpstlichen Zuständigkeit;
  – gegenüber der früheren Überwucherung und Verdeckung Vereinfachung und Konzentration auf das Wesentliche: Revision aller Riten und so größere Ähnlichkeit der Messe mit dem Abendmahl Jesu;
  – ebenfalls Reform der Liturgie der Sakramente, des Kirchenjahres, des Priestergebetes;
  – darin inbegriffen die positive Regelung klassischer Kontroverspunkte: Volkssprache und Laienkelch, jetzt ebenfalls grundsätzlich gestattet.
- *Aufwertung der Laienschaft*: Der direkte Zugang der Laien zur Heiligen Schrift und die Verwirklichung des Volksgottesdienstes bedeuten bereits eine wichtige Erfüllung dieses dritten reformatorischen Anliegens; dazu kommen zahlreiche theologische Ausführungen über die Bedeutung

des Laien in der Kirche und eine implizite Kritik am Klerikalismus; jeder Bischof soll einen Seelsorgerat aus Seelsorgern und Laien bilden.

- *Anpassung der Kirche an die Nationen*: Gegenüber einem zentralisierten System wird immer wieder die Bedeutung der Ortskirche und der Partikularkirchen (Diözesen, Nationen) hervorgehoben; der praktischen Dezentralisierung sollen die nationalen und kontinentalen Bischofskonferenzen dienen, die römische Kurie selbst soll internationalisiert werden.
- *Reform der Volksfrömmigkeit*: Reform der Fastenvorschriften, des Ablass- und Andachtenwesens; Einschränkung eines ausartenden Marianismus (das Zweite Vatikanische Konzil hat ihm besonders durch die Ablehnung eines eigenständigen Mariendokumentes eine deutliche Grenze gesetzt); zu weiteren Mariendogmen ist es nicht gekommen.

Diese weithin durchgeführte vielfältige Verwirklichung reformatorischer Anliegen lässt wiederum Rückfragen aufkommen: Wäre es nun nicht Sache der evangelischen Kirchen, den Katholiken mit mehr selbstkritischem Verständnis wirksam entgegenzukommen? Also ganz konkret:

Hochschätzung der Bibel, gewiss: aber wie steht es mit der im Protestantismus oft vernachlässigten gemeinsamen altkirchlichen und mittelalterlichen Tradition?

Echter Wort- und Volksgottesdienst, gewiss: aber die Feier des in den evangelischen Kirchen an den Rand gedrängten oder gar faktisch ausgeschalteten Abendmahles?

Aufwertung der Laienschaft, gewiss: aber die Bedeutung der Ordination und des kirchlichen Amtes (auch im überregionalen Bereich)?

Anpassung an die Nationen, gewiss: aber die durch protestantischen Provinzialismus so oft in Frage gestellte Internationalität und Universalität der Kirche?

Reform der Volksfrömmigkeit, gewiss: aber die durch protestantischen Intellektualismus gefährdete Volksnähe von Kirche und Gottesdienst?

Was hat sich verändert für die östlichen Kirchen?

Die Kirchen des Ostens, die oft nur als Anhängsel der lateinischen Kirche angesehen wurden, werden seit dem Zweiten Vatikanischen Konzil als mit denen des Westens gleichberechtigt ausdrücklich anerkannt. Wiedertaufe von orthodoxen Christen, die katholisch werden, wird nicht gefordert; eben so wenig die Neuordination von orthodoxen Priestern; für diese wird auch der Zölibat nicht verlangt. Orthodoxe Christen können, falls sie es wünschen, in katholischen Kirchen die Sakramente empfangen; umgekehrt katholische Christen in orthodoxen Kirchen, wenn kein katholischer Priester zur Verfügung steht. Mischehen zwischen Katholiken und Orthodoxen sind gültig, auch wenn sie nicht in einer katholischen Kirche geschlossen werden.

Müsste dies alles nicht auch bezüglich der protestantischen Kirchen gefordert werden? Unmittelbar vor Konzilsschluss erfolgte in Rom und Konstantinopel gleichzeitig der feierliche Widerruf der gegenseitigen Exkommunikation, die 1054 das fast 1000jährige Schisma zwischen Ost- und Westkirche eingeleitet hatte. Ruft aber gerade diese Tat nicht nach Konsequenzen für beide Seiten, vor allem für die Abendmahlsgemeinschaft? Allzu statisch verharrten die orthodoxen Kirchen auf dem Stand nicht etwa der Urkirche, wohl aber auf dem der byzantinischen Jahrhunderte. Müssten nicht auch sie sich zu einer ernsthaften Reform ihrer Liturgie, Theologie und Kirchenstruktur aufraffen? Umgekehrt aber beharrte die römisch-katholische Kirche gegenüber den orthodoxen Kirchen starr auf dem Jurisdiktionsprimat und der päpstlichen Unfehlbarkeit. Müsste man nicht beides vom

Neuen Testament und von der gemeinsamen altkirchlichen Tradition her ehrlich überprüfen statt sich der Diskussion über diese Lehrpunkte zu verweigern?

Die Aufgaben der Zukunft

In der Tat ist das *Papsttum* mit seinen Absolutheitsansprüchen, wie auch Papst Paul VI. zugegeben hat, die Hauptschwierigkeit für eine ökumenische Verständigung. Aber ist hierin eine Verständigung überhaupt möglich? Ja, wenn

- der päpstliche *Primat* weniger als Ehren- oder Jurisdiktionsprimat denn vielmehr als Pastoral- oder Seelsorgeprimat im Dienst an der Einheit der Gesamtkirche verstanden wird;
- die päpstliche *Unfehlbarkeit* als Zeugnis- und Verkündigungsaufgabe im Dienst an der »Infallibilität« oder besser »Indefektibilität«, also der »Unzerstörbarkeit« der Kirche in der Wahrheit trotz aller Irrtümer im Detail, verstanden wird.

Die übrigen Lehrdifferenzen bezüglich Schrift und Tradition, Gnade und Rechtfertigung, Kirche und Sakramente dürfen als theologisch weithin bereinigt angesehen werden. Um es nur kurz und schematisch anzudeuten:

- Heute wird der Primat der *Schrift* als des ursprünglichen christlichen Zeugnisses (= normierende Norm) vor aller späteren *Tradition* auch von der katholischen Theologie anerkannt, wie umgekehrt zumindest grundsätzlich die Bedeutung der nachbiblischen Tradition (= normierte Norm) von der protestantischen Theologie zugegeben wird.
- Die *Rechtfertigung* auf Grund des Glaubens allein wird von katholischen Theologen heute ebenso bejaht wie die Notwendigkeit von Werken oder Taten der Liebe von evangelischen Theologen.

Glücklicherweise ist an der Basis der Kirchen sehr viel mehr geschehen: In einem Großteil katholischer, protestantischer und orthodoxer Gemeinden ist heute das gegenseitige Verstehen in einem früher unvorstellbaren Ausmaß gewachsen; Interkommunion wird von vielen Gruppen bereits praktiziert. Diese faktisch gelebte Ökumene an der Basis ist für die Zukunft wichtiger als alle theologischen Kontroversen und alle feingesponnene Kirchendiplomatie. Trotzdem muss von den Kirchenleitungen eine intensivere Unterstützung der ökumenischen Bestrebungen erwartet werden, vor allem im Hinblick auf dringende »*ökumenische Imperative*« wie:
- Reform und gegenseitige Anerkennung der kirchlichen Ämter und Eucharistiefeiern,
- gemeinsamer Wortgottesdienst, offene Kommunion und immer mehr auch gemeinsame Benutzung von Kirchen und anderen Einrichtungen,
- gemeinsamer Bau und gemeinsame Benutzung von Kirchen und anderen Einrichtungen,
- gemeinsame Erfüllung des Dienstes an der Gesellschaft,
- zunehmende Integration auch der theologischen Fakultäten und des Religionsunterrichts,
- Erstellung konkreter Unionspläne von Seiten der Kirchenleitungen auf nationaler und universaler Ebene.

Ökumene aber ist mehr als reiner Reformaktivismus. Ökumene lässt sich nur finden und verwirklichen, wenn sich alle Kirchen neu konzentrieren auf die eine christliche Tradition: auf das Evangelium Jesu Christi selbst! Nur von daher lassen sich die konfessionalistischen Ängste und Unsicherheiten weiter abbauen, der ideologische Fanatismus und die ressentimentgeladene Beschränktheit überwinden, die hinter den theologischen Differenzen verborgenen ökonomischen, politischen, kulturellen Verflechtungen mit einer bestimmten Gesellschaft, Schicht, Klasse, Rasse, Zivilisation, Staat sichten und auf eine neue Freiheit hin überschreiten. Das aber bedeutet freilich: Keine ökumenische Verständigung ohne kirchliche Erneuerung, aber auch keine kirchliche Erneuerung ohne ökumenische Verständigung!

Was heißt »katholisch« und was »evangelisch«?

In Zukunft werden die Unterschiede nur noch in verschiedenen traditionellen *Grundhaltungen* zum Ausdruck kommen, die sich seit der Reformationszeit ausbildeten, die aber heute in wahre Ökumenizität integriert werden können:
- Wer ist *katholisch*? Wem besonders an der katholischen, d.h. ganzen, allgemeinen, umfassenden, gesamten Kirche gelegen ist. Konkret: an der in allen Brüchen sich durchhaltenden Kontinuität von Glaube und Glaubensgemeinschaft im Raum.
- Wer ist *evangelisch*? Wem in allen kirchlichen Traditionen, Lehren und Praktiken besonders am ständigen kritischen Rückgriff auf das *Evangelium* (Schrift) und an der ständigen praktischen *Reform* nach der Norm des Evangeliums gelegen ist.
- Doch damit ist schon deutlich geworden: richtig verstanden schließen sich »katholische« und »evangelische« Grundhaltung keineswegs aus: Heute kann auch der geborene Katholik wahrhaft evangelisch und auch der geborene Protestant wahrhaft katholisch gesinnt sein, so dass bereits jetzt zahllose Christen in aller Welt – trotz der Widerstände in den kirchlichen Apparaten – faktisch eine vom Evangelium her zentrierte echte Ökumenizität realisieren. Wahres Christsein bedeutet heute *ökumenisches Christsein*.

Eine solche ökumenische Kirche der Zukunft dürfte sich gewiss nicht in disparate, unorganisierte Gruppen auflösen.

Aber sie wäre trotz ihres auch institutionellen Charakters keine Einheitspartei, kein absolutistisch-religiöses »Imperium Romanum«. Diese ökumenische Kirche der Zukunft würde sich durch mehr Wahrhaftigkeit, Freiheit, Menschlichkeit, durch mehr Weitherzigkeit, Duldsamkeit, Großzügigkeit, mehr christliches Selbstvertrauen, souveräne Gelassenheit und Mut zum Denken und Entscheiden auszeichnen. Eine solche Kirche wäre ihrer Zeit nicht ständig hinterdrein, sondern möglichst voraus: sie könnte Avantgarde einer besseren Menschheit sein.

»Die Hoffnung bewahren« (1990), S. 30–36.

4. Kirche – Aufbruch in Freiheit

Manipulation der Wahrheit?

In seinem Buch »Wahrhaftigkeit« (1968) reagiert Hans Küng auf die ersten Zeichen innerkirchlicher Stagnationen und Blockaden. Jetzt musste »der Wecker rasseln«, kommentierte er später. Der Text zeigt einen Streitpunkt, der heute noch aktuell ist: Wie wahrhaftig geht ein katholischer Christ mit den altehrwürdigen Dogmen um?

Diejenige Kirche, die ihre Irrtümer nicht vertuscht, sondern konstruktiv mit ihnen fertig wird, ist, weil wahrhaftig, auch glaubwürdig. Eine wahrhaftigere und damit glaubwürdigere Kirche darf mehr Verständnis, mehr Loyalität, mehr Engagement gerade in bezug auf ihre Lehre, ihre Konfessionen und Definitionen erwarten und verlangen. Doch es bleiben hier Fragen: Kann denn die Unwahrhaftigkeit in der Lehre überhaupt vermieden werden, wenn man sich als Christ und insbesondere als Theologe auf bestimmte Konfessionen und Definitionen seiner Kirche verpflichtet fühlt? Ist bei der Anerkennung von verbindlichen Sprachregelungen der Gemeinschaft überhaupt noch eine kritische Auseinandersetzung möglich? Ist unter solchen Umständen eine Manipulation der Wahrheit nicht unvermeidlich geworden, um das Lehrsystem aufrechtzuerhalten?

Unter Manipulation der Wahrheit versteht man hier: Die Wahrheit wird in den Dienst des Systems gestellt und politisch gehandhabt. Die Worte werden nicht zur Kommunikation, sondern zur Domination verwendet. Die Sprache wird korrumpiert, durch taktische Zweideutigkeit, sachliche Unwahrheit, schiefe Rhetorik und hohles Pathos. Unklares kann somit als klar und Klares als unklar hingestellt werden. Die eigene Position wird hinaufgelobt und der Gegner ohne ernsthafte Begründung abgeurteilt. Die fehlende Kontinuität wird durch Auslassungen und Harmonisierungen beschafft. Das Eingeständnis und die Korrektur von Irrtümern wird strikt vermieden und dafür eine praktische Allwissenheit der Autorität insinuiert. Nicht mehr um unermüdliche Wahrheitssuche geht es, sondern um den trägen, eingebildeten und mit allen Machtmitteln aufrechterhaltenen Wahrheitsbesitz.

Diese Manipulation der Wahrheit grassiert vor allem in den totalitären Systemen, wo die herrschende Partei alle Wahrheit »besitzt«. Viele richten ähnliche Vorwürfe an die katholische Kirche und konstatieren dort öfters, mindestens für die Vergangenheit, auch Konsequenzen einer solchen Wahrheitsmanipulation: freie Diskussion wird verdächtigt, Dissenters werden moralisch disqualifiziert; innerhalb des herrschenden bürokratischen Apparates wird die Wahrheit durch das Machtspiel verschiedener Pressure-Groups politisch ausgehandelt; Geheimhaltung wird gefordert in Dingen, die alle angehen; die Wissenschaft muß folglich dem System dienen; man redet anders privat als öffentlich, redet anders, als man schreibt, flieht aus Angst vor dem Engagement in sturmfreie esoterische Forschungsbereiche und richtet sich im übrigen stillschweigend nach der Parteilinie. So wird den wahren Schwierigkeiten der Zeit ausgewichen, die drängendsten Entscheidungen werden hinausgeschoben. Ängstliches und opportunistisches, aber deshalb nicht gerade skrupelhaftes Prestige-, Macht- und Systemdenken dominiert, nicht Demut und Respekt vor der Wahrheit. Unter diesen Umständen wird die Wahrheit »politisch« gebraucht, verbraucht, mißbraucht, statt wahrhaftig gedacht, geachtet, geliebt, gelebt.

Diese Vorwürfe sind hier nicht im einzelnen zu untersuchen. Werden sie verallgemeinert, sind sie jedenfalls ungerecht. Aber niemand kann übersehen, daß vieles an ihnen richtig ist. Wo Menschen sind, da gibt es auch Mißbrauch der Wahrheit, und wir haben wie überall so auch in der Kirche – und bei uns selbst – energisch immer wieder aufs neue dagegen anzukämpfen. Doch darf eine solche grundsätzliche Antwort nicht vergessen lassen, daß die Frage einer Manipulation der Wahrheit in der Kirche ihre spezifische Seite hat, insofern nämlich die kirchlichen Konfessionen und Definitionen ganz besondere Probleme aufgeben und besondere Schwierigkeiten machen. Wie soll man etwa – um ein nicht nur für die katholische Theologie wichtiges Beispiel zu nennen – mit einer Lehraussage wie mit dem traditionsreichen »Außerhalb der Kirche kein Heil« konstruktiv fertig werden, ohne dabei in irgendeiner Weise in die Unwahrhaftigkeit zu fallen?

Das Vatikanum II zum Beispiel hat betont, daß auch Nicht-Mitglieder der katholischen Kirche, sogar ausgesprochene Atheisten, das Heil erlangen können. Aber nirgendwo hat das Konzil das Axiom selbst ausdrücklich korrigiert. Es kann ihm insofern kein Vorwurf gemacht werden, als es nur die übliche, sogar noch relativ fortschrittliche katholische und zum Teil auch protestantische Theologie widerspiegelt. Und doch stellt sich die Frage: Manipuliert hier die Theologie nicht in unwahrhaftiger Weise die Wahrheit, wenn sie einerseits ein »Außerhalb kein Heil« proklamiert und andererseits ein »Außerhalb Heil« ausdrücklich zuläßt? Wenn sie also in der Sache das Gegenteil lehrt, die Formel aber beibehält? Und manche fragen dann: Wozu? Um eine Kontinuität zu behaupten, die faktisch nicht gegeben ist? Um ein Lehramt nicht zu desavouieren, das seine Autorität übersteigert hat?

Es wird viel darauf ankommen, daß gerade in bezug auf die kirchlichen Glaubensformulierungen – seien es die altkirchlichen Symbola, die katholischen Dogmen oder die protestantischen Bekenntnisschriften – eine unbedingte Wahrhaftigkeit zum Zuge kommt. Wie dies möglich und besser möglich ist, soll in folgenden Abgrenzungen knapp angedeutet werden.

1. Mit der Wahrhaftigkeit kollidiert leicht eine *positivistische* Interpretation der Bekenntnisäußerungen: Das Axiom »Außerhalb kein Heil« wird in einer positivistischen Interpretation wörtlich und buchstäblich genommen, so wörtlich und buchstäblich, wie ein Jurist ein Gesetz interpretiert und appliziert. Man fragt nicht, woher es kommt, wie es sich veränderte, ob es noch Sinn hat, wie man es besser formulieren könnte. Wie der Rechtspositivismus jedes Prinzip, das nicht dem positiven Recht entstammt, ablehnt und das bestehende Recht als Anfang und Ende von Recht und Gerechtigkeit ansieht, so nimmt der Dogmenpositivismus die offiziellen kirchlichen Dokumente als Anfang und Ende der Theologie, ja der Offenbarung und macht etwa Heinrich Denzingers Enchiridion kirchlicher Lehrentscheidungen aus dem Jahre 1854 [1991 neu im Herderverlag herausgegeben von Peter Hünermann] zu einem undiskutablen dogmatischen Gesetzbuch, das den Theologen vom kritischen Bedenken der Grundlagen weithin dispensiert und ihn dafür auf ein Sacrificium intellectus verpflichtet. Die neuscholastische Denzinger-Theologie macht denn auch den »Denzinger« [»Hünermann«] faktisch zum Schema für den Aufbau der gesamten Dogmatik. Sie erstellt von jenen vorgeschriebenen oder verurteilten Sätzen her einen langen Kanon von Thesen, der von der alt- und neutestamentlichen Botschaft her eine höchst willkürliche, tendenziöse Auswahl darstellt. Was hineinpaßt, gilt als kirchlich. Was nicht hineinpaßt, gilt als unkirchlich oder belanglos. Sowohl vom vielleicht ganz anders gelagerten Ursprung wie von der ganzen komplexen Geschichte wie schließlich von der gegenwärtig bestimmenden Situation und von der heraufzuführenden besseren Zukunft wird abgesehen. Man kümmert sich nicht darum, daß manche Termini von den Menschen dieses Zeitalters nicht

mehr verstanden werden, daß die exegetische Basis für manche Sätze überholt ist, daß viele Beweise als unglaubwürdig und manche Antworten auf Schwierigkeiten als geschickte Spiegelfechtereien erscheinen. Man kümmert sich nicht um die konkrete Lage der Verkündigung. Man läßt die Prediger und Katecheten im Stich, gibt ihnen Steine statt Brot und läßt sie ihre Nahrung finden, wo sie sie gerade finden können. So regiert nur zu oft der starre Buchstabe statt der Geist, und bei einer rasch sich wandelnden Wirklichkeit versagt schließlich die mechanische Anwendung der Glaubensgesetze und führt zu einer Krisis des Glaubens in seiner Wahrheit und in seiner Wahrhaftigkeit.

Der amerikanische Jesuit P. Feenay mit seiner Gruppe hat sich getreu an diese Prinzipien gehalten, hat das Axiom »Außerhalb kein Heil« als ein wörtlich zu verstehendes Glaubensgesetz aufgefaßt und hat deswegen ehrlich und konsequent und nicht ohne verständliche Berufung auf die Enzyklika »Mystici corporis« Pius' XII. alle, die nicht zur organisierten katholischen Kirche gehören, vom Heil ausgeschlossen. Man hat ihn exkommuniziert, als er nicht widerrufen wollte [1953; Exkommunikation 1972 aufgehoben]. Aber hatte er nicht recht? War er nicht konsequent innerhalb einer Theologie, die allerdings nicht mehr konsequent zu sein wagte, weil dies dann doch in der heutigen modernen Zeit zu weit gegangen wäre? Bot ihm aber diese nicht mehr ganz konsequente Theologie nicht einige bequeme Distinktionen an, mit deren Hilfe er traditionell und modern, konservativ und progressiv in einem sein konnte, die es ihm erlaubten, beides zugleich zu behaupten: »Außerhalb kein Heil« *und* »Außerhalb Heil«? Wie kann man eine solche bequeme Lösung nicht ergreifen wollen, fragten sich viele Theologen. Und in der Tat, jede auch nur einigermaßen mit den Schwierigkeiten der neuen Zeit sich auseinandersetzende Schultheologie tendiert darauf hin, den Schwierigkeiten einer rein positivistischen Interpretation durch eine »spekulative« – man kann es vielleicht so ausdrücken, ohne damit irgendeine bestimmte Schulrichtung zu meinen – Interpretation aus dem Wege zu gehen. Aber:

2. Mit der theologischen Wahrhaftigkeit kollidiert auch leicht eine in irgendwelcher Form *spekulative* Interpretation der Bekenntnisäußerungen. Das Axiom »Außerhalb der Kirche kein Heil« – nur ein Paradigma für viele – wird dann zwar aus Gründen einer formalen Orthodoxie wörtlich und buchstäblich beibehalten, aber der ganze Wortlaut wird uminterpretiert. Dabei verdient die hohe Dialektik, bei einigen mehr an Aristoteles und Thomas von Aquin, bei anderen mehr an der modernen Philosophie geschult, ebenso aufrichtige Bewunderung, wie die bei dieser Interpretation kirchlicher Konfessionen und Definitionen vielfältig zum Ausdruck kommende Sorge um die Einheit und Kontinuität der Kirche im Glauben Bejahung verdient. Es gelingt denn auch oft glänzend, eine Formel dialektisch so zu interpretieren, daß sie »Orthodoxen« wie »Unorthodoxen« akzeptabel ist. Die Formel bleibt (und das ist für die »Orthodoxen« die Hauptsache), aber der Inhalt wird umgegossen (woran die »Unorthodoxen« interessiert sind). Doch was bedeutet dies? Wir kommen doch um die Feststellung nicht herum, daß in manchen Fällen der Text vergewaltigt wird! Die formale Begriffsdialektik braucht dabei keineswegs unlogisch zu sein und ist es auch meist nicht. Es genügt, daß die Termini der Formel nicht mehr im gleichen alten Sinn genommen werden, um die alte Formel sogar in ihr Gegenteil hinein interpretieren zu können. Was dann allerdings für manchen unvoreingenommenen Beobachter, der das nicht immer leicht Durchschaubare durchschaut, gegen die historische Wahrheit und die wissenschaftliche Wahrhaftigkeit zu sprechen scheint.

Im Grunde wird also – um auf das eben genannte Beispiel zurückzukommen – einem Theologen wie Feenay und anderen positivistischen Interpreten nur geraten (zugemutet, würde er sagen), nicht starr zu sein: das Axiom »Extra Ecclesiam nulla salus« darf nicht primitiv, wörtlich, buchstäblich, es muß vielmehr verständig, pneumatisch, spekulativ, dialektisch verstanden werden. Und dann besagt es »eigentlich« *auch*: extra Ecclesiam salus! Es besagt also »eigentlich« auch sein Gegenteil. Bei dieser dialektischen Operation ist es im Grunde gar nicht so wichtig, welches Wort des Axioms distinguiert, »differenziert« wird. Das Resultat ist entscheidend. Um einmal absichtlich in scharfer Karikatur ganz deutlich zu machen, was manchmal in Wirklichkeit mit sehr viel subtilem Geschick und intellektuellem Aufwand geschieht: Man kann zum Beispiel »extra« dialektisch distinguieren: »extra« meint dann eigentlich nicht außerhalb, sondern (auch) innerhalb (alle diejenigen, die für die alte Kirche, welche das Axiom geprägt hat, außerhalb waren, sind nun innerhalb der Kirche). Oder – und dies ist der häufigste Ansatzpunkt der Dialektik – »Ecclesia«: »Ecclesia« meint dann eigentlich nicht nur Kirche, sondern (auch) die ganze (gut meinende) Menschheit (die Kirche ist nicht wie für Origenes und Cyprian, die das Axiom in seiner negativen Form zuerst gebrauchten, die organisierte Kirche, sondern alle Menschen, die nach ihrem Gewissen leben, auch die Atheisten ehrlicher Überzeugung; also selbst die mit größter Entschiedenheit ablehnen, Glieder dieser Kirche zu sein, werden gegen ihren Willen, ihr explizites und implizites Votum, zu »verborgenen« Gliedern dieser Kirche erklärt). Oder – auch diese Differenzierung ist möglich – »salus«: »salus« heißt eigentlich nicht Heil, sondern (auch) Unheil (auch außerhalb ist also nicht eigentlich Unheil, sondern nur schwieriger zu erreichendes Heil). Oder – wenn man die Karikatur auf die Spitze treiben will – »nulla«: »nulla« heißt eigentlich nicht »kein«, sondern (auch) »irgendein« (außerhalb hat man nicht einfach kein Heil, sondern nur nicht das ganze Heil; hat man nur einen Teil des Heiles, da christliche Verkündigung und Sakramente fehlen) ...

Dies dürfte genügen, um zu zeigen, daß die spekulative Deutung zwar Richtiges intendiert, wenn sie vom positivistisch verstandenen Wortlaut des Dogmenpositivismus abrückt; die Formel genügt in einer neuen Situation tatsächlich nicht mehr, und diese Art einer spekulativen Distanzierung vom anfänglichen Sinn unter Beibehaltung der alten Formel war wohl auch das einzige, was mindestens in der katholischen Theologie der vorkonziliaren Zeit gerade noch geduldet wurde. Aber: Es läßt sich doch nicht übersehen, daß gerade die Umdeutung und Beibehaltung derselben Formel durch die Dogmenspekulation die Formel selbst verharmlost, ihres anfänglichen Sinnes entleert und sie in ihr Gegenteil verkehrt und daß so dieses Verfahren in eine *ungewollte* theologische Unwahrhaftigkeit hineinführt, die zugleich ja und nein sagt, die theologisch Unvoreingenommene vielfach perplex läßt und faktisch in immer größere Schwierigkeiten hineinführt. Damit eine überzeugende Lösung geboten werden kann, muß sowohl die alte Formulation (woran die positivistische Interpretation interessiert ist) wie die neue Intention (worauf die spekulative Interpretation Wert legt), jedes auf seine Weise, ernst genommen werden. Und dies geschieht in der geschichtlichen Interpretation.

3. Allen Erfordernissen einer radikalen theologischen Wahrhaftigkeit genügt heute nur die *geschichtliche* Interpretation. Die alte Formel darf in ihrem Sinn nicht subtil verdreht, vergewaltigt werden; das Interesse der positivistischen Interpretation an der alten Formulation ist berechtigt. Aber zugleich darf die alte Formel für eine neue Situation nicht mechanisch repetiert, aufgewärmt werden; das Eingehen der spekulativen Interpretation auf eine neue Intention ist berechtigt. Der Widerstreit der alten Formulation mit der neuen Intention kann indessen nur durch eine neue For-

mulation behoben werden. Nicht daß deshalb die alte Formulation weggeworfen werden soll. Es muß der Kirche und Theologie von heute am Zusammenhang mit der Kirche und Theologie von damals sehr gelegen sein. Und wir werden deshalb einer Formel, die durch oft recht lange Jahrhunderte hindurch *Ausdruck des Glaubens* unserer eigenen Glaubensgemeinschaft war, jederzeit Respekt, Achtung und Ehrfurcht entgegenbringen. Wir könnten ja sonst unsere eigenen Väter im Glauben nicht mehr verstehen. Aber gerade dies können wir nur, wenn wir die alte Formel verstehen als das, was sie für ihre Zeit wirklich war. Ohne spekulative Um-deutung oder positivistische Un-deutung muß sie nüchtern aus der geschichtlichen Situation heraus verstanden werden: aus der Situation der Theologie, die sie formte, der Kirche, in der sie lebte, der Politik, die auf sie Einfluß nahm, der Kultur, von der sie mitgeprägt wurde; aber noch bestimmter aus der Situation der beteiligten Kirchen und theologischen Parteien (z. B. der ultramontanen Partei auf dem Vatikanum I), der beteiligten Persönlichkeiten (Kyrill von Alexandrien in Ephesus oder Innozenz III. auf der 4. Lateransynode), Nationen (die byzantinischen Griechen auf den alten Konzilien oder die Italiener und Spanier in Trient), Schulen (der Skotismus in Trient oder der Thomismus im Vatikanum I), Universitäten (die Sorbonne in Konstanz), Orden (die Jesuiten im Vatikanum I) usw. So kann eine Formel wirklich verstanden werden als das Ergebnis einer ganz bestimmten Geschichte. Es kann ihr geschichtlicher *Stellenwert* im großen und ständig fließenden Strom aufgezeigt werden, und schließlich kann sie vom verpflichtenden und maßgebenden Ursprung der Kirche, kann sie von der im Alten und Neuen Testament bezeugten ursprünglichen christlichen Botschaft selbst her kritisch auf ihre Kontinuität und Diskontinuität befragt werden.

»Wahrhaftigkeit« (1968), S. 180–190.

Kirche und Reich Gottes

Zu Hans Küngs großen Werken gehört das Buch »Die Kirche«. Es erschien 1967 und stützte sich – ein Novum in der katholischen Theologie – auf eine Fülle exegetischer Erkenntnisse und bedeutete einen ersten ökumenischen Brückenschlag. Dieser Text ist eine zusammenfassende Betrachtung zum Verhältnis von Kirche und Reich Gottes.

Provisorische Kirche

Jesus hat die Gottesherrschaft als eine entscheidend *zukünftige, endzeitlich-endgültige* verkündigt. Wenn die *Kirche* in der Nachfolge Christi die Gottesherrschaft als eine zukünftige, endzeitlich-endgültige verkündet, dann heißt dies als Imperativ für sie selbst:

Sie darf sich in dieser Endzeit nicht zur Mitte der Verkündigung machen, sondern sie hat von der in Christus erfüllten Gottesherrschaft herkommend hinauszuweisen auf die Gottesherrschaft, die sie erwartet als die kritische Vollendung ihres Auftrages. Sie geht der nicht nur partikulären, sondern universalen, der nicht nur vorübergehenden, sondern definitiven Offenbarung von Gottes siegender Herrlichkeit erst entgegen. Sie darf sich also nicht als Selbstzweck hinstellen, als ob sie je eine in sich selbst schwingende und beruhigte Herrlichkeit sein könnte! Als ob die Entscheidung des Menschen sich eigentlich nicht primär auf Gott, nicht auf Jesus, den Christus, sondern auf die Kirche bezöge! Als ob sie das Ende und das Vollendete der Weltgeschichte, als ob sie das Definitivum wäre! Als ob *ihre* Definitionen und Deklarationen und nicht das Wort des *Herrn* in Ewigkeit bliebe! Als ob ihre Institutionen und Konstitutionen und nicht die Herrschaft Gottes die Zeiten überdauerte! Als ob die Menschen für die Kirche, und nicht die Kirche für die Menschen und gerade so für die Herrschaft Gottes da wäre! Eine Kirche, die in dieser Endzeit vergißt, daß sie etwas Vorläufiges, Provisorisches, Zwischen-Zeitliches ist, die ist überfordert, sie ermüdet, erschlafft und stürzt, weil sie keine Zukunft hat. Eine Kirche aber, die immer daran denkt, daß sie ihr Ziel nicht in sich selbst, sondern im Gottesreich finden wird, die vermag durchzuhalten: Sie weiß dann, daß sie nicht überfordert ist, daß sie gar nichts Endgültiges zu erstellen, keine bleibende Heimat zu bieten braucht, daß sie gar nicht verwundert sein muß, wenn sie in ihrer Vorläufigkeit von Zweifeln geschüttelt, von Hindernissen blockiert und von Sorgen erdrückt wird. Ja, wenn sie das Endgültige zu sein hätte, müßte sie verzweifeln. Wenn sie aber nur das Vorläufige ist, darf sie Hoffnung haben. Ihr ist verheißen, daß die Pforten der Hölle sie nicht überwältigen werden.

Anspruchslose Kirche

Jesus hat die Gottesherrschaft als *mächtige Tat Gottes selbst* verkündet. Wenn die *Kirche* in der Nachfolge Christi die Gottesherrschaft als mächtige Tat Gottes selbst verkündet, dann bedeutet dies als Imperativ für sie selbst:

Sie darf in dieser Endzeit bei aller äußersten Anstrengung im Dienst an der Gottesherrschaft das Gottesreich nicht selbst schaffen wollen. Gott schafft es *für* sie. Auf sein, nicht auf ihr Tun darf sie ihr ganzes Vertrauen setzen. Die Kirche hat es nicht vollbracht, sie wird es nicht vollbringen, sie kann es nur bezeugen. Kann die Kirche in dieser Endzeit mehr tun, als um die Gottesherrschaft flehen, sie suchen, sich und die Welt auf die Gottesherrschaft wirkend und leidend intensiv vorbereiten? Kann sie selber je über das Kommen seines Reiches verfügen? Dürfte sie sich je selber verherrlichen und sich gegenüber Gott und den Menschen ihrer eigenen Lebens- und Gestaltungskraft rühmen? Dürfte sie je gegenüber Gott durch ihre Entschlüsse, Vorschriften und Vorstellungen Ansprüche erheben, statt für Gottes Anspruch in der Welt einzutreten? Könnte sie je der Gnade Gottes in kirchlicher Besserwisserei mißtrauen und auf eigene selbstgemachte Hoheit und Größe aus sein? Dürfte sie je gar selber Gnade zu schenken vermeinen, statt ihrer stets immer wieder zu bedürfen? Hat sie nicht die Gnade immer anspruchslos und vertrauend wie ein Kind mit leeren Händen zu empfangen? Hat sie sich nicht auch dann, wenn sie ihre Pflicht erfüllt hat, als unwürdige Magd zu betrachten?

Eine Kirche, die sich einbildet, *sie* schaffe in dieser Endzeit das Entscheidende, sie müsse aus eigener Kraft und Leistung das Gottesreich herbeiführen, aufbauen, errichten, die zerstreut und zerstört, weil es ihr am selbstlosen, ganz auf Gottes entscheidende Tat vertrauenden Glauben gebricht. Eine Kirche aber, die im vertrauenden Glauben überzeugt ist, daß Gott diese Endzeit inauguriert, trägt und beherrscht und daß er die neue vollendete Wirklichkeit der Welt und des Menschen schenken wird, die sammelt und baut auf, weil ihrem demütigen Vertrauen die Kraft geschenkt wird. Sie weiß dann, daß bei all ihrem Sichmühen letztlich nicht *ihre* Theorien und ihre Praktiken den Ausschlag geben, daß nicht ihr Leistungskatalog und ihre Glanzstatistiken das Kommen des Gottesreiches verbürgen, daß sie deshalb kein ausbleibendes Echo am weiteren Ruf verhindern, kein Mißerfolg sie trostlos machen darf. Ja, wenn sie selber den entscheidenden Sieg zu erkämpfen hätte, dann müßte sie aufgeben. Wenn ihr aber der letzte Sieg ohne ihr Zutun von oben geschenkt wird, dann kann sie in gläubiger Zuversicht schon jetzt das Letzte einsetzen und die Welt verändern. Ihr ist verheißen, daß ihr Glaube Berge zu versetzen vermag.

Dienende Kirche

Jesus hat die Gottesherrschaft als eine *rein religiöse Herrschaft* verkündet. Wenn die *Kirche* in der Nachfolge Christi die Gottesherrschaft als eine rein religiöse Herrschaft verkündet, dann bedeutet dies als Imperativ für sie selbst:

Sie kann sich in dieser Endzeit nie und nimmer als eine religiös-politische Theokratie aufführen. Ihre Bestimmung ist die geistliche Diakonie. Statt ein Imperium geistlich-ungeistlicher Macht aufzurichten, ist ihr die Gnade gegeben, Ministerium in Knechtsgestalt zu sein: Gottesdienst als Menschendienst und Menschendienst als Gottesdienst. Wie könnte sie dann in dieser Endzeit je zu den Methoden weltlicher Machtergreifung und Machtdurchsetzung, politischer Strategie und Intrige Zuflucht nehmen? Wie könnte sie weltlichen Glanz und Prunk ausstrahlen, wie Ehrenplätze zur Rechten und zur Linken verteilen, wie weltliche Würdetitel und Auszeichnungen vergeben wollen? Wie könnte sie die Güter dieser Welt, Geld und Gold, über das Notwendige hinaus horten wollen? Wie könnte sie sich mit den Mächten dieser Welt verquicken, wie sich mit irgendeiner weltlichen Gruppierung, einer politischen Partei, einem kulturellen Zweckverband, einer wirtschaftlichen und sozialen Machtgruppe einfach identifizieren, wie sich für ein bestimmtes wirtschaftliches, soziales, kulturelles, politisches, philosophisches, weltanschauliches System unkritisch und unbedingt einsetzen können? Wie könnte sie diese weltlichen Mächte und Systeme mit ihrer revolutionären Botschaft nicht immer wieder beunruhigen, befremden, stören, in Frage stellen und gerade so dann auch ihren Widerstand und ihren Angriff erfahren müssen? Wie könnte sie um Leiden, Verachtung, Verleumdung, Verfolgung herumkommen? Wie könnte sie statt eines Kreuzweges einen Triumphweg gehen wollen? Wie könnte sie so die Außenstehenden je als ihre zu hassenden und zu vernichtenden Feinde sehen und nicht vielmehr als ihre mit verstehender und helfender Liebe zu umfangenden Nächsten?

Eine Kirche, die in dieser Endzeit übersieht, daß sie zum selbstlosen Dienst an den Menschen, an den Feinden, an der Welt da ist, verliert ihre Würde, ihre Geltung, ihre Existenzberechtigung, weil sie die wahre Nachfolge Christi aufgibt. Eine Kirche aber, die sich bewußt bleibt, daß nicht sie, sondern die Gottesherrschaft »in Macht und Herrlichkeit« kommen wird, die findet in ihrer Kleinheit ihre wahre Größe: Sie weiß dann, daß sie gerade ohne Macht- und Prachtentfaltung groß ist, daß sie nur höchst bedingt und beschränkt mit der Zustimmung und Unterstützung der Mächtigen dieser Welt rechnen kann, daß ihr Dasein von der Welt immer wieder ignoriert, vernachlässigt und nur toleriert oder aber bedauert, beklagt und weggewünscht wird, daß ihr Wirken immer wieder belächelt, verdächtigt, mißbilligt und gehindert wird, daß für sie aber trotzdem über allen anderen Herrschaften unangreifbar Gottes Herrschaft ist. Ja, wenn der Kirche Welt-Macht ihre Stärke zu sein hätte, dann müßte sie in der Welt verzagen. Wenn aber ihre Stärke im Kreuze Christi und in ihrem Kreuze liegt, dann ist ihre Schwäche ihre Stärke, und sie kann ohne Angst im Bewußtsein des von vorneherein garantierten Auferstehungssieges ihren Weg gehen. Ihr ist verheißen, daß sie, wenn sie ihr Leben hingibt, es gewinnen wird. ...

Gehorsame Kirche

Jesus hat für die Gottesherrschaft die *radikale Entscheidung des Menschen für Gott* gefordert. Wenn nun aber die Kirche in der Nachfolge Christi für die Gottesherrschaft eine radikale Entscheidung für Gott fordert, dann bedeutet dies als Imperativ für sie selbst:

Auch die Kirche selbst ist in dieser Endzeit vor die Wahl gestellt: Gott und seine Herrschaft oder die Welt und ihre Herrschaft. Auch sie darf sich durch nichts von einer radikalen Entscheidung für Gott abhalten lassen. Gerade sie hat sich immer wieder von der Botschaft der Welt in Metanoia abzuwenden und unter die kommende Gottesherrschaft zu stellen, um sich von da her in Liebe der Welt und den Menschen zuzuwenden: nicht in asketischer Aussonderung aus der Welt also, sondern im radikalen Gehorsam der Liebe gegenüber Gottes Willen im weltlichen Alltag, nicht in Flucht vor der Welt, sondern in Arbeit an der Welt. Vor diesem radikalen Gehorsam gegenüber Gottes Willen kann die Kirche sich nicht drücken. Als ob etwa das im Evangelium Geforderte nur der »bösen Welt« und nicht auch der immer wieder neu verweltlichten Kirche gelten würde! Als ob die Kirche den Gehorsam gegenüber Gottes heiligem Willen durch den Gehorsam gegenüber sich selbst ablösen könnte! Als ob sie ihre eigenen liturgischen, dogmatischen und rechtlichen Gesetze und Vorschriften, Überlieferungen und Gewohnheiten als Gebote Gottes ausgeben, sie über oder auch nur neben den Willen Gottes, wie er in Jesus Christus laut geworden ist, stellen dürfte. Als ob sie die je zeitbedingten Festsetzungen zu ewigen Normen erklären dürfte, die dann nur durch gekünstelte und gequälte Interpretation an die je neue Gegenwart angepaßt werden können. Als ob sie in Entscheidendem »Kamele verschlucken« und andererseits mit kleinlicher Kasuistik »Mücken seihen« dürfte! Als ob sie so die Last zahlloser Gesetze und Vorschriften auf die Schultern der Menschen legen dürfte, die diese nicht zu tragen vermögen! Als ob sie statt eines Herzensgehorsams aus Liebe zu Gott einen blinden Gehorsam aus Furcht verlangen dürfte, der nicht gehorcht, weil er die Forderung versteht und bejaht, sondern nur weil es geboten ist, und der anderes täte, wenn es nicht geboten wäre. Als ob es ihr je statt um die innere Gesinnung um die äußere Legalität, statt um die »Zeichen der Zeit« um die »Überlieferungen der Alten«, statt um die Herzenslauterkeit um den Lippendienst, statt um den absoluten unverkürzten Gotteswillen um die »Gebote von Menschen« gehen dürfte.

Die Kirche, die in dieser Endzeit vergißt, wem sie zu gehorchen hat, die die Herrschaft an sich selbst reißt, die sich souverän macht, die sich zur Herrin aufwirft, die legt sich selbst in Ketten und versklavt sich. Die Kirche aber, die bei allem Versagen stets auf die Gottesherrschaft aus ist und daran denkt, wem sie gehört, für wen sie sich entschieden hat, für wen sie sich immer wieder neu kompromißlos und rückhaltlos zu entscheiden hat, die wird wahrhaft frei: frei zur Nachfolge des Dienstes Christi an der Welt, frei für den Gottesdienst, in welchem sie den Menschen dient, frei für den Menschendienst, in welchem sie Gott dient, frei für die Überwindung des Leides, der Sünde und des Todes durch das Kreuz des Auferstandenen, frei für die umfassende schöpferische Liebe, die die Welt verändert und erneuert, frei für die unerschütterliche tatkräftige Hoffnung auf das kommende Gottesreich der vollen Gerechtigkeit, des ewigen Lebens, der wahren Freiheit und des kosmischen Friedens, auf die endgültige Versöhnung der Menschheit mit Gott und die Aufhebung aller Gottlosigkeit! Ja, wenn die Kirche ihr Herz an die Welt oder an sich selbst hängt, macht sie die Menschen unglücklich, elend und versklavt. Wenn sie es aber an Gott den Herrn und an ihn allein hängt, dann macht sie durch Gottes freie Gnade die Unfreien frei, die Trauernden fröhlich, die Armen reich, die Elenden stark, die Lieblosen lieb. Ihr ist verheißen, daß, wenn sie sich bereitmacht und bereithält, Gott selber *alles neu* machen wird, um alles in allem zu sein.

Ist es nötig, abschließend nochmals zu betonen, daß die Kirche ihren unbeschreiblich großen Auftrag nur dann zu erfüllen vermag, wenn sie darum bittet, alle Morgen neu? Was sie von Natur nicht ist, das kann ihr aus Gnade geschenkt werden: »Dein Reich komme« (Mt 6,10). Und wie manche Textzeugen hinzufügen: »Denn dein ist das Reich und die Kraft und die Herrlichkeit in Ewigkeit« (Mt 6,13). Oder wie die Didache ältestes Gebetsgut der Kirche überliefert:

»Gedenke, Herr, deiner Kirche,
sie zu retten von allem Bösen
und sie zu vollenden in deiner Liebe.
Und führe sie von den vier Winden zusammen,
sie, die Geheiligte,
in dein Reich, das du ihr bereitet hast« (10,5).

Das Entscheidende über der Kirche Wesen in der wechselnden Gestalt, über ihre Aufgabe trotz ihres Unwesens dürfte damit ausgesagt sein. Und sollte es nicht möglich sein, daß mindestens bis hierher – und das wäre schon unendlich viel – der Großteil der gespaltenen Christenheit in bezug auf die *entscheidenden* Linien zustimmen könnte, so daß die Differenzen mindestens keine *kirchenspaltenden* Differenzen zu sein brauchten?

Der kirchenspaltenden Differenzen blieben noch genug. Doch ließe sich denken, daß ein weiter Konsensus sich (bei allen den ungezählten theologischen *Schul*differenzen, die oft quer durch die verschiedenen christlichen Konfessionen gehen!) auch auf die – hier nun zu entfaltende – Grundstruktur der neutestamentlichen Gemeinde erstrecken könnte. Wie versteht sie sich denn selbst, diese Ekklesia, diese endzeitliche Heilsgemeinde … Wie umschreibt sie denn selber genauer ihr Wesen? Was bedeutet es, wenn sie sich als Gottesvolk, Geistesbau, Christusleib versteht?

»Die Kirche« (1967), S. 27–81.

Warum dieser Papst groß war

Johannes XIII., Initiator des 2. Vatikanischen Konzils, ist im Juni 1963 verstorben. Der Nachruf, den ihm Hans Küng gewidmet hat, wird hier in seiner ersten Fassung und in gekürzter Form abgedruckt.

Johannes XXIII. war nicht, was die Welt einen großen Redner oder großen Diplomaten, einen großen Sprachenkenner, großen Juristen oder großen Gelehrten nennt. Ja, er war bei all seiner hohen intuitiven Intelligenz im Grunde auch nicht das, was man in der Kirchengeschichte einen großen Theologen heißt. Und doch, würde ich gefragt und dürfte ich, ohne das Urteil der Geschichte vorwegzunehmen, die Frage schlicht und spontan beantworten, die Frage nämlich, wer der größte Papst dieses Jahrhunderts sei – ich würde ohne Zögern antworten: Johannes XXIII. Und sollte mich dann einer hinweisen auf all das Große, das Johannes XXIII. nicht war – wer sollte übrigens an solchen Hinweisen interessiert sein, da Papst Johannes überlegen selbst auf all dies schon in seiner Krönungsansprache hingewiesen hatte? –, so würde ich meinen, daß alles dies schließlich und endlich nichts ist gegen das eine: Johannes XXIII. war groß im *Dienen*. Und damit hat er das Wort eines anderen hinter sich, der seine Größe unangreifbar macht: »Wer unter euch der Größte sein will, der sei euer Diener.«

Und war es nicht dies, was diesen Papst so beliebt, nein, geliebt gemacht hat bei Ungezählten in und außerhalb der katholischen Kirche? Dieser Papst wurde nicht – wie so manche seiner Vorgänger – angestaunt, bewundert oder gar gefürchtet. Er wurde geliebt. Hier war ein Mann, der absolut unprätentiös seinen Dienst versah. Nie hat er etwas aus sich gemacht: Johannes XXIII. liebte keine gestellten Photos in frommen Posen; er spottete darüber, daß er nicht photogen sei. Und doch waren die Bilder von ihm immer anziehend, oft ergreifend: dieses Gesicht ohne Arg, demütig, gütig, kurz: liebenswürdig. Johannes XXIII. spiegelte keine Kenntnisse vor, wo er keine besaß; er tat nicht, als ob er jedes offizielle Dokument selber schriebe (»Ich habe sie gelesen!«, sagte er einmal schmunzelnd von seiner ersten Enzyklika). Aber immer, wenn er sprach, drangen seine Worte, vom Evangelium inspiriert, zu Herzen. Ihn ließ die – nicht leicht abzuschüttelnde – römische Pracht um ihn völlig gleichgültig. Er hielt nicht viel von Ehrenbezeigungen. Wenn immer möglich, verzichtete er auf die Sedia gestatoria und zog zu Fuß in St. Peter ein. Um Beifall zu umgehen, ließ er bei seinem Einzug in die Basilika das Apostolische Glaubensbekenntnis singen. Persönlich hat er in St. Peter die Gemeinschaftsmesse eingeführt. Er liebte es, mit den Gläubigen auf dem Petersplatz am Mittag von seinem Fenster aus zusammen zu beten, aber er zog sich, den Applaus möglichst vermeidend, immer gleich wieder zurück.

Das Evangelische

Was den Menschen groß vor Menschen macht, war Johannes XXIII. gleichgültig. Aber was den Menschen – nach dem Evangelium – groß vor Gott macht, war ihm wichtig. Und das spezifisch Evangelische ist es, was ihn vor seinen großen Vorgängern auszeichnet. Nicht nur daß er jede Familienpolitik und jeden Nepotismus strikt ablehnte. Nicht nur daß er sich in neuer – oder alter – Weise als Bischof von Rom um seine eigene Gemeinde und seinen eigenen Klerus gekümmert hat und in die einzelnen Pfarreien gerade auch der

Vorstädte persönlich gegangen ist. Nein, entscheidend ist: Er holte, ohne viel Aufhebens davon zu machen, alte, seltsamerweise gerade in Rom vergessene, evangelische Wahrheiten wieder hervor. Wer von seinen großen Vorgängern hatte je als Papst persönlich Arme besucht, Kranke in Spitälern getröstet, Priester, die in ihrem Leben Schiffbruch erlitten, aufgesucht? Wer den Weg in das römische Staatsgefängnis gefunden, und wer hätte dort – wo auch große Redner leicht versagen – das richtige Wort gefunden? Schlicht erzählte er diesen Gefangenen und Verbrechern, die nie einen solchen Besuch erträumt hatten, daß auf ihn, seit er ein Knabe war, jedes Gefängnis sehr bedrückend wirke, weil damals sein eigener Onkel – wegen Wilderei – ins Gefängnis gekommen sei. Der »Osservatore Romano« – wie er oft das Beste in des Papstes Ansprachen unterschlug – ersetzte den »Onkel« durch einen anscheinend die Würde des Papstes weniger belastenden »Verwandten«.

Papst Johannes gab sich nie Mühe, als außerordentlicher Mensch, etwa schon zu Lebzeiten als Heiliger zu erscheinen. Hätte man ihn als solchen bezeichnet, hätte er bestimmt gelacht. Um seine Würde war er nie besorgt. Als er während des Konzils eine große nationale Bischofskonferenz empfing, für die er eine französische Ansprache vorbereitet hatte, wurde er in der Begrüßungsadresse auf lateinisch angeredet. Er fühlte sich gedrängt, nun seine Ansprache ebenfalls auf lateinisch zu halten. Die Übersetzung aus dem Französischen ins Lateinische gelang ihm leidlich schlecht. Er entschuldigte sich, er hätte seit seiner Zeit als Seminarprofessor, wo er Kirchengeschichte gelehrt hatte, nicht mehr lateinische Reden gemacht. Beim Verlassen des Saales sagte er zu den Bischöfen: »Oggi abbiamo fatto una brutta figura. Heute haben wir eine schlechte Figur gemacht. Und das nach ›Veterum Sapientia‹ [der Konstitution zugunsten des Kirchenlateins, die ihm einige römische Prälaten abgerungen hatten]. Aber ich habe sie ja nicht selbst gemacht!« So nahm er sich selber nie allzu ernst. Wie er einem Bischof erzählte: Wenn er vor Sorgen nicht schlafen könne, würde er »den Papst« sagen lassen: »Angelo, nimm dich nicht allzu wichtig!«

Alle Menschen guten Willens haben immer wieder aus diesem Mann herausgespürt: Er will nicht für sich, er will für die anderen dasein. Er will nicht zwingen, er will durch Liebe überzeugen. Er will nicht von oben herab belehren, er will, aus einem tiefen Verständnis für die Erfolge und Nöte der modernen Welt heraus, als Bruder helfen. Das hat man aus all seinen Verlautbarungen, zuletzt noch aus der Enzyklika »Pacem in terris«, die mit ihrem Eintreten für Frieden und Gerechtigkeit, religiöse Freiheit, die Menschenrechte und die Brüderlichkeit aller Menschen ein weltweites positives Echo gefunden hatte, herausgehört. Johannes XXIII. hat dabei das Petrusamt in der Kirche, das man oft zu einer Institution zwischen Himmel und Erde entrückt hat, wieder menschlicher, liebenswürdiger gemacht. Oder besser: Er hat dieses Petrusamt, das sich auf das Evangelium beruft, in der Kirche wieder in einer neuen Weise evangelisch, nach den Forderungen des Evangeliums, zu gestalten versucht. Deshalb hat Papst Johannes gerade bei den Evangelischen so viel Sympathie gefunden. Deshalb war er ein großer Papst. ...

Offen für alle Christen

Johannes XXIII. wird in die Kirchengeschichte eingehen als der Papst, der es verstanden hat, gleichsam über Nacht die katholische Kirche aus ihrer Reserve gegenüber den ökumenischen Bestrebungen herauszureißen und sie ökumenisch aktiv zu machen. Sicher gab es vorher schon ökumenische Bewegung in der katholischen Kirche. Aber es war die Angelegenheit einer kleinen Vorhut von Theologen und Laien.

Papst Johannes machte die Wiedervereinigung der getrennten Christen zum Anliegen der gesamten Kirche und besonders auch ihres Zentrums. Zwar hatte man vor ihm schon – wie man in Rom zu sagen pflegte – »die Arme weit geöffnet« gegenüber den anderen Christen, Aber bei dieser Einladung zur Rückkehr war es meist geblieben. Erst Johannes XXIII. hat gezeigt, daß das Armeöffnen nicht genügt, sondern daß man zuerst die Hände zu rühren hat: um nämlich das je Eigene zu tun, um die Wiedervereinigung auch von katholischer Seite her vorzubereiten.

Vorbereitung der Wiedervereinigung der getrennten Christen durch die Erneuerung der katholischen Kirche selbst! Dieses gewaltige Programm hat er dem Zweiten Vatikanischen Konzil gestellt. Diesem Konzil, das wesentlich und entscheidend sein Konzil ist. Niemand hatte ihn dazu gedrängt, niemand ihm dazu geraten. Es war sein Entschluß und sein Programm. Nicht als großer Kirchenstratege hat er dieses epochemachende Ereignis in Gang gesetzt. Kirchenpolitik im gewöhnlichen Sinne des Wortes lag ihm fern. Auch nicht als großer Theologe hat er diesen Plan voller Gefahren und Möglichkeiten durchdacht, in seinen dogmatischen wie historischen Voraussetzungen ergründet, in seinen theoretischen wie praktischen Konsequenzen entwickelt. »Sind Sie Theologe?«, fragte er einen bekannten anglikanischen Geistlichen. »Nein«, antwortete dieser. »Tant mieux – ich auch nicht!«

Johannes XXIII. faßte den Konzilsplan aus der schlichten, kindlichen Gesinnung des glaubenden Christen heraus, der überzeugt ist, daß mit Gottes Hilfe etwas Ernsthaftes getan werden müsse, um dem Elend der Kirchenspaltung zu steuern. Er berief dieses Konzil als Mann Gottes, der sich von den Risiken eines solchen Unternehmens nicht schrecken ließ, sondern sich immer tragen ließ von einem heiligen Optimismus, der nichts anderes war als die unbesiegliche, realistische christliche Hoffnung. Er kannte die Schwierigkeiten gegenüber dem Konzilsplan in seiner nächsten Umgebung. Aber: »Il concilio si deve fare malgrado la Curia.« – Das Konzil muß trotz der Kurie durchgeführt werden, sagte er einmal einigen Pfarrern aus seiner bergamaskischen Heimat, die erstaunt waren, daß in Rom nicht jedermann wie der Papst selber denkt:

Dabei ging er behutsam und klug vor. Es half ihm dabei eine völlig unpathetisch christliche Liebe, die ihn im Alltag leitete. Von daher seine Abneigung gegen verständnislose Verurteilungen, gegen rücksichtslose Anathematismen und Exkommunikationen, gegen ungerechte Inquisitionsverfahren. Nie verletzte er jemanden. Oft erreichte er, was er wollte, sehr unauffällig und auf scheinbaren Umwegen: »Papa Giovanni erreicht sein Ziel wie das Wasser!«, sagte mir einer seiner Freunde. Er ließ es eine Zeitlang zu, daß das ökumenische Ziel des Konzils von seinen Mitarbeitern mit Schweigen übergangen wurde. »Ich werde es aber wieder hervorholen«, antwortete er einem Besucher, der sich darüber beschwerte. Und er gründete darauf das Sekretariat für die Einheit der Christen. Eine wichtige Voraussetzung für das bisherige Gelingen des Konzils war, daß der Leiter dieses Sekretariats, Kardinal Bea, auch bei schwierigen Aktionen immer des Papstes volles Vertrauen besaß.

Johannes XXIII. war ein mehr intuitiv denkender Pragmatiker. Und gerade dies half dem Konzil und den ökumenischen Bestrebungen. Dieser Papst hatte nichts übrig für jenen Doktrinalismus, der – wegen seiner pharisäerhaften Haltung, seiner Unduldsamkeit und seiner Verständnislosigkeit für die echten Anliegen der anderen – der größte und gefährlichste Feind des Konzils und aller ökumenischen Bestrebungen ist. Deshalb gebot er der theologischen Vorbereitungskommission, keine formellen neuen Dogmen vorzubereiten. Papst Johannes war der Überzeugung, daß der Menschheit in der heutigen Situation nicht durch die Wiederholung oder Definierung alter Wahrheiten geholfen werde, wohl aber durch die zeitgemäße Verkündigung des Evangeliums, die sich neuer Ausdrucksformen bedient und zwischen Substanz und Einkleidung der alten Lehre zu unterscheiden weiß. Das hat er in seiner Eröffnungsansprache zum Konzil außerordentlich eindrücklich festgestellt, und das hat den Verlauf der Konzilsverhandlungen entscheidend bestimmt. Johannes XXIII. hatte nicht den Ehrgeiz, als ein Papst in die Geschichte einzugehen, der, ohne von der Häresie herausgefordert worden zu sein, ein neues Dogma definierte. »Ich bin nicht unfehlbar«, sagte er einmal im Gespräch mit griechischen Seminaristen. Als diese ihn verwundert anschauten, erklärte er lächelnd; »Nein, ich bin nicht unfehlbar. Der Papst ist unfehlbar nur, wenn er ex cathedra spricht. Ich werde aber nie ex cathedra sprechen.« Er hat nie ex cathedra gesprochen.

Unbekümmert war Papst Johannes in seinen ökumenischen Anstrengungen um Prestigefragen, die so viele für Christen an sich selbstverständliche Kontakte und Zusammenkünfte (etwa unter katholischen und lutherischen Bischöfen) weithin unmöglich machen oder im Formalen erstarren lassen. Die Selbstverständlichkeit und Herzlichkeit, mit der er seine nichtkatholischen Besucher empfing, wurde von diesen oft gerühmt. Während des Konzils sagte er den beiden Brüdern aus dem protestantischen Kloster von Taizé: »Oh, Sie haben sich weiß angezogen!« »Sonst gehen wir in Zivil«, antworteten die Brüder, »aber für den Gottesdienst ziehen wir dieses weiße Gewand an.« »O vous savez«, lachte Johannes, »je ne suis pas jaloux! – Ich bin nicht eifersüchtig!« Ein ausgesprochener ökumenischer Takt war ihm eigen, der ihn etwa Geschenke orthodoxer orientalischer Würdenträger gegen alle protokollarischen und kirchendiplomatischen Bedenken seiner Berater in selbstverständlicher Freundlichkeit verdanken und erwidern ließ. Ein neuer Sinn für christliche Brüderlichkeit beseelte diesen Bischof, der immer Bischof unter Bischöfen sein wollte und der so oft nicht allein, sondern nur mit seinen Brüdern im Bischofsamt zusammen das Volk segnen wollte. Dieser neue Sinn für christliche Brüderlichkeit ließ nicht zu, daß das Konzil ohne die Vertreter der anderen christlichen Gemeinschaften zusammenkam. Als er sie während des Konzils im Vatikan empfing, wollte er sich nicht auf den päpstlichen Thron setzen. Er ließ einen Stuhl bringen und setzte sich schlicht zu ihnen: »Für Sie bin ich nicht der Nachfolger Petri!«

Man sage nicht, diese Dinge seien Kleinigkeiten. Sie offenbaren eine ganze Haltung. Sie waren fähig, das Klima entscheidend zu verändern. Während der fünf Jahre seines Pontifikats hat sich die ökumenische Situation mehr verbessert als vorher in fünfzig Jahren, ja fast mehr als in fünfhundert Jahren. Ist es zu verwundern, daß alle Menschen guten Willens – ihnen allen hatte er seine letzte Enzyklika »Pacem in terris« gewidmet – ihm dankbar sind und daß nicht nur Christen, sondern auch Juden, denen er besonders zugetan war, für sein Leben gebetet haben? Alle diese Menschen haben verstanden: Hier war ein Mann, der dienen und nur dienen wollte: der Kirche, der Christenheit, der Welt, allen Menschen. Bis in seinen so qualvollen Tod hinein, um den er seit langer Zeit wußte, hat er diesen Dienst ohne alles Pathos durchgehalten.

Hinter Johannes XXIII. wird die katholische Kirche nicht mehr zurückgehen können. Mit ihm hat eine neue Epoche der Kirchengeschichte begonnen, eine Epoche neuen Lebens, neuer Freiheit, neuer Hoffnung. Sein letzter Wunsch auf dem Sterbebett war, daß das Konzil segensvoll weitergehen möge. Gewiß wird es neue Widerstände und neue Schwierigkeiten gegen sein Programm geben. Aber die katholische Kirche wird auf dem von Johannes XXIII. eingeschlagenen Weg weiterschreiten. Sein Programm – Erneuerung der Kirche und Wiedervereinigung der getrennten Christen – hat nicht nur einen Papst, sondern den Herrn der Kirche selber hinter sich.

»Kirche im Konzil« (1963), S. 221–230.

Warum ich in der Kirche bleibe

Dieser Text wurde 1971 geschrieben, 1990 erneut veröffentlicht, und trotz verschärfter Kirchenkrise hat Hans Küng seine Position auch heute nicht verändert. Er unterscheidet streng zwischen der Kirchengemeinschaft und dem Kirchenapparat, der die Zeichen der Zeit offensichtlich nicht erkennt.

Abschied von der Kirche?

Abschied vom kirchlichen Dienst – Signal für einen Abschied von der Kirche. Wer es denen nicht glauben wollte, die es schon vor Jahren vorausgesagt haben, wird es jetzt zur Kenntnis nehmen müssen: Die katholische Kirche ist bedroht von einem Massenauszug aus dem kirchlichen Dienst. Die in Rom eintreffenden Laisierungsgesuche – besonders aus den USA, Holland, lateinischen Ländern und vor allem aus dem Ordensklerus – steigen in die Tausende. 1963: 167 – 1970: 3800! Viele jedoch fragen gar nicht um Erlaubnis. Man schätzt neuestens den Abgang der letzten acht Jahre auf 22.000–25.000 Geistliche (80% im Alter von 30–45 Jahren). Für die Zukunft der katholischen Kirche noch sehr viel bedrohlicher ist indessen der rapide Rückgang der Ordinationen … Wenn das so weitergeht, wird manches Priesterseminar schließen können, und spätestens dann werden auch manchen Bischöfen und römischen Behörden die Augen aufgehen. Paul VI. beklagte in seiner Ansprache an das Kardinalskollegium vom 22. Dezember 1970, wie ihn die Statistiken über den Weggang von Priestern und Ordensleuten bedrücken, ohne irgendwelche entscheidenden Gegenmaßnahmen anzukündigen.

Die Gründe für den Auszug aus dem kirchlichen Dienst sind mannigfach. Das Zölibatsgesetz, welches mit allen Mitteln des geistlichen Zwangs gegen den Willen der Mehrheit der Betroffenen aufrechterhalten wird, gehört zu den Hauptgründen; hier geht es nicht nur um »Standesinteressen«, sondern um elementare Menschenrechte, das Wohl unserer Gemeinden und die gerade in diesem Punkt ausdrücklich im Evangelium verankerte christliche Freiheit. Doch in der Zölibatsfrage werden die Zwänge eines noch weithin vorkonziliar-autoritären kirchlichen Systems nur besonders sichtbar und für den Klerus besonders drückend. ...

Wird da nicht manch einer fragen: Warum nicht auch ich? Besonders wenn er zu allem noch viele Briefe und Fragen erhält, die ihn auffordern, aus der Kirche auszutreten. Von solchen, die draußen sind und finden, man vergeude in einer erstarrten kirchlichen Institution seine Energie und könne außerhalb mehr leisten. Und von solchen, die drinnen sind und meinen, radikale Kritik an kirchlichen Zuständen und Behörden vertrage sich nicht mit einem Bleiben in der Kirche.

Nun ist klar: Abschied vom kirchlichen Dienst besagt längst nicht immer Abschied von der Kirche. Trotzdem sind die zahlreichen Amtsaustritte das Alarmzeichen für eine recht vielschichtige Distanzierung von einer Kirche, mit der gerade Engagierteste nicht mehr zufrieden sind: Alarmzeichen für eine innere und manchmal auch äußere Emigration aus der Kirche, die weite Kreise erfaßt hat. Vielfacher Ärger mit dem kirchlichen System (Klerikalismus, Konfessionalismus, Mischehe, Geburtenregelung, Ehescheidung) bildet auch hier – neben religiöser Gleichgültigkeit und vordergründigen Motiven (Kirchensteuer) – den Hauptgrund. Unter diesen Umständen, hört man, sei es heute selbst für Bischöfe nicht mehr ganz leicht, die Frage: »Warum bleibe ich in der Kirche oder gar im kirchlichen Dienst? überzeugend zu beantworten, nachdem ja nicht mehr gut mit der Hölle gedroht werden kann, nachdem durch die Säkularisierung des modernen Lebens und Wissens so viele soziale Motivationen weggefallen sind und die Zeit der Staats-, Volks- und Traditionskirche zu Ende zu gehen scheint.

Eine persönliche Antwort

Aber kann man eine solche Frage überhaupt kurz beantworten? Ein Buch über die Kirche ist eine begründetere Antwort. Doch zur Rede gestellt, muß man vielfach knapp, direkt und persönlich Zeugnis geben. Ganz abgesehen davon, daß es ja hier keineswegs nur um Theologie geht. Wie für einen Juden oder Muslimen, so dürfte es auch für einen Christen nicht unwichtig sein, daß er nun einmal – so war es bisher meistens – in diese Gemeinschaft hineingeboren wurde, von ihr – ob er es wollte oder nicht – in irgendeiner Form positiv oder negativ bestimmt blieb. Und es ist nicht gleichgültig, ob man mit seiner Familie Verbindung hält, oder ob man sich von ihr in Zorn oder Gleichgültigkeit verabschiedet hat.

   Dies ist zumindest heute für manche ein Grund zum Bleiben in der Kirche und auch im kirchlichen Dienst. Sie möchten gegen erstarrte kirchliche Traditionen angehen, die das Christsein erschweren oder verunmöglichen. Aber sie möchten nicht darauf verzichten, aus der großen christlichen und eben zugleich kirchlichen Tradition von zwanzig Jahrhunderten zu leben. Sie möchten kirchliche Institutionen und Konstitutionen der Kritik unterziehen, wo immer diesen das Glück von Personen geopfert wird. Aber sie möchten nicht verzichten auf jenes Notwendige an Institution und Konstitution, ohne welches auch eine Glaubensgemeinschaft auf die Dauer nicht leben kann und allzu viele gerade in ihren persönlichsten Fragen allein gelassen würden. Sie möchten der Anmaßung kirchlicher Autoritäten, sofern sie die Kirche statt nach dem Evangelium nach ihren eigenen Vorstellungen leiten, widerstehen. Aber sie möchten nicht verzichten auf die moralische Autorität, die die Kirche überall dort in der Gesellschaft haben kann, wo sie wirklich als Kirche Christi handelt.

Warum bleibe ich in der Kirche? Weil ich in dieser Glaubensgemeinschaft, kritisch und solidarisch zugleich, eine große Geschichte bejahen kann, aus der ich mit so vielen anderen lebe. Weil ich als Glied der Glaubensgemeinschaft Kirche bin und nicht daran denke, Kirche mit dem Apparat und den Administratoren zu verwechseln und ihnen das Gestalten der Gemeinschaft zu überlassen. Weil ich hier, bei allen heftigen Einwänden, in bezug auf die Fragen nach dem großen Woher und Wohin, Warum und Wozu des Menschen und der Welt meine geistige Heimat habe, der ich ebensowenig den Rücken zukehren möchte wie im politischen Bereich der Demokratie, die auf ihre Weise nicht weniger als die Kirche mißbraucht und geschändet wird.

Selbstverständlich: es gibt auch die andere Möglichkeit. Und ich habe gute Freunde, die sie gewählt haben: Bruch mit dieser Kirche wegen ihres Abfalls um höherer Werte willen, vielleicht um eines echten Christseins willen. Es gibt Christen – und, als vielleicht kurzlebige Grenzfälle, auch Christengruppen – außerhalb der Institution Kirche. Ich achte einen solchen Entscheid, verstehe ihn sogar. In der Phase des gegenwärtigen Tiefs in der katholischen Kirche (nach der konziliaren Hochstimmung unter Johannes XXIII.) mehr denn je. Und so viele Gründe für den Exodus wie sie, die gegangen sind, könnte ich gewiß auch namhaft machen. Und doch: Der Sprung vom Boot – für jene ein Akt der Ehrlichkeit, des Mutes, des Protestes oder auch einfach der Not und des Überdrusses – wäre für mich persönlich ein Akt des Verzagens, des Versagens, der Kapitulation. Dabeigewesen in besseren Stunden, sollte ich das Boot im Sturm aufgeben und das Stemmen gegen den Wind, das Wasserschöpfen und eventuell den Kampf ums Überleben den anderen überlassen, mit denen ich bisher gesegelt habe? Zu viel habe ich in der Glaubensgemeinschaft empfangen, als daß ich hier so einfach aussteigen könnte. Zu viel habe ich mich selbst für die Veränderung und Erneuerung engagiert, als daß ich je die enttäuschen dürfte, die sich mit mir engagiert haben. Diese Freude möchte ich den Gegnern der Erneuerung nicht machen, diesen Kummer den Freunden nicht bereiten. Auf die Effizienz in der Kirche werde ich nicht verzichten. Die Alternativen – andere Kirche, ohne Kirche – überzeugen mich nicht: Ausbrüche führen zur Vereinzelung des einzelnen oder aber zu neuer Institutionalisierung. Alles Schwärmertum beweist dies. Ich halte nichts von elitärem Christentum, das besser sein will als die vielen da, und nichts von Kirchenutopien, die mit einer Idealgemeinschaft von reinen Gleichgesinnten rechnen. Sollte es da nicht *in* dieser konkreten Menschenkirche, wo ich wenigstens weiß, mit wem ich es zu tun habe, spannender, herausfordernder und in allem Durchleiden letztlich doch auch erfreulicher und fruchtbarer sein, den Kampf für ein »Christentum mit menschlichem Antlitz« zu kämpfen? Eine ständig neue Aufforderung zur Verantwortung, zu aktivem Einsatz, zu hartnäckiger Ausdauer, zu gelebter Freiheit, zum Widerstand in Loyalität.

Kirche als Sachwalterin Jesu Christi

Und nachdem nun heute durch offenkundiges Versagen der Leitung die Autorität, Einheit, Glaubwürdigkeit dieser Kirche vielfach erschüttert ist und sie sich immer mehr als die schwache, irrende, suchende zeigt, geht mir der Satz eher über die Lippen als in triumphaleren Zeiten: Ich liebe diese Kirche – so wie sie nun einmal ist und wie sie sein könnte. Nicht als »Mutter«, sondern als die Glaubensfamilie, um derentwillen die Institutionen, Konstitutionen, Autoritäten überhaupt da sind und manchmal auch einfach in Kauf genommen werden müssen. Eine Glaubensgemeinschaft, die auch heute noch trotz aller ihrer erschreckenden Defekte unter den Menschen nicht nur Wunden zu reißen, sondern noch immer Wunder zu wirken vermag: dort nämlich, wo sie »funktioniert«, wo sie nicht nur faktisch – und dies ist auch schon etwas – Ort der Erinnerung an Jesus ist, sondern wo sie wahrhaftig in Wort und Tat die Sache Jesu Christi vertritt. Und das tut sie nun doch zumindest *auch*, allerdings mehr in der kleinen als in der großen Öffentlichkeit, mehr wohl durch die geringen Leute als durch die Hierarchen und Theologen. Aber es geschieht, täglich, stündlich, durch die Zeugen des Alltags, die als Christen die Kirche in der Welt präsent machen. Und so wäre dies meine entscheidende Antwort: Ich bleibe in der Kirche, weil mich die Sache Jesu Christi überzeugt hat und weil die Kirchengemeinschaft trotz und in allem Versagen doch *Sachwalterin Jesu Christi* geblieben ist und es auch bleiben soll.

Mein Christentum habe ich so wenig wie die anderen, die sich Christen nennen, aus den Büchern, nicht einmal aus dem Bibelbuch. Ich habe es von dieser Glaubensgemeinschaft, die sich durch zwanzig Jahrhunderte leidlich durchgehalten hat und die immer wieder schlecht und recht Glauben an Jesus Christus geweckt und Engagement in seinem Geist herausgefordert hat. Dieser Ruf der Kirche ist weit davon entfernt, reiner Klang, reines Gotteswort zu sein. Es ist ein sehr menschliches, oft allzu menschliches Rufen. Aber was die Botschaft ist, läßt sich auch bei vielen falschen Tönen und schiefen Taten vernehmen und ist auch immer wieder vernommen worden. Was nicht zuletzt die Gegner bezeugen, die die Kirche – zu Recht – auf diese ihre Botschaft behaften, mit der sie oft so wenig übereinstimmt: Großinquisitorin, Tyrannin, Krämerin statt Sachwalterin.

Wo immer sich die Kirche als die Sachwalterin Jesu Christi erweist, wo immer sie seine Sache privat und öffentlich vertritt, da steht sie im Dienst an den Menschen und ist glaubwürdig. Da kann sie ein Ort sein, wo der Not des einzelnen und gesellschaftlicher Not in einer anderen Tiefe begegnet werden kann, als dies die Leistungs- und Konsumgesellschaft aus sich heraus zu tun vermag. Da kann nämlich aus dem Glauben an das Leben des Gekreuzigten das Wirklichkeit werden, was der verlorene einzelne und die zerrissene Gesellschaft heute so dringend brauchen: eine neue, radikalere Humanität, wo Recht und Macht zwar nicht abgeschafft, aber zum Wohl des Menschen relativiert werden; wo statt Schuld aufgerechnet endlos Vergebung möglich ist; wo, statt nur Positionen gewahrt, bedingungslose Versöhnung erreicht werden kann; statt eines nicht endenden Rechtsstreites die höhere Gerechtigkeit der Liebe; statt des erbarmungslosen Machtkampfes der Friede, der alle Vernunft übersteigt. Also kein Opium der Vertröstung auf ein Jenseits. Vielmehr Aufruf zur Veränderung hier und heute, Veränderung der Gesellschaft radikal durch Veränderung des einzelnen.

Wo immer die Kirche mehr recht als schlecht in Verkündigung und helfender Tat für die Sache Jesu Christi eintritt, da verbindet sie in einer Solidarität der Liebe Entgegengesetztes: Gebildete und Ungebildete, Weiße und Schwarze, Männer und Frauen, Reiche und Arme, Hohe und Niedrige. Wo immer die Kirche für die Sache Jesu Christi eintritt, da ermöglicht sie die befreiende und befriedende Initiative und Aktivität in dieser Welt von heute. Ja, da ermöglicht sie darüber hinaus ein Durchhalten selbst dort, wo es nicht vorangeht, wo weder die soziale Evolution noch die sozialistische Revolution die Spannungen und Widersprüche der menschlichen Existenz und Gesellschaft zu überwinden vermögen. Da läßt sie den Menschen – und insofern bleibt das Kreuz des lebendigen Christus das unterscheidend Christliche – selbst in abgrundtiefer Ungerechtigkeit, in Unfreiheit und Unfrieden an Gerechtigkeit, Freiheit und Frieden nicht verzweifeln. Da läßt sie Hoffnung haben nicht nur dort, wo alle hoffen, sondern auch dort, wo nichts mehr zu hoffen ist; läßt Liebe haben, die sogar den Feind einbezieht; läßt Vermenschlichung des Menschen und der Gesellschaft betreiben, wo Menschen nur Unmenschlichkeit verbreiten.

Es sollen hier keine »Hymnen auf die Kirche« gesungen werden. Es soll nur ein wenig angedeutet werden, was der von der Kirche verkündete Glaube an den Gekreuzigten zu wirken vermag. Denn dies alles fällt ja nicht vom Himmel, dies alles kommt nicht von ungefähr. Es steht in Wechselbeziehung und Wechselwirkung zu dem, was – bescheiden genug, aber heute vielleicht doch wieder in größerer Freiheit – in der Kirche, ihrer Verkündigung und ihrem Gottesdienst geschieht. Es wird dies immer wieder neu ermöglicht dadurch, daß irgendwo ein Pfarrer diesen Jesus predigt, ein Katechet christlich unterrichtet, ein einzelner, eine Familie oder Gemeinde ohne Phrasen ernsthaft betet, eine Taufe in Verpflichtung auf den Namen Jesu Christi vollzogen, das Mahl einer engagierten Gemeinschaft mit Konsequenzen für den Alltag gefeiert, aus der Kraft Gottes unbegreiflich die Vergebung der Schuld zugesprochen wird; daß also in Gottesdienst und Menschendienst, in Unterricht und Seelsorge, in Gespräch und Diakonie, in wahrhafter Weise das Evangelium verkündet, vorgelebt und nachgelebt wird, kurz: daß Nachfolge Christi geschieht, die Sache Jesu Christi ernst genommen wird. So also kann die Kirche – und wer sollte es ex professo tun, wenn nicht sie es tut – den Menschen helfen, Mensch, Christ, Christenmensch zu sein und es in der Tat zu bleiben: im Licht und in der Kraft Jesu in der Welt von heute wahrhaft menschlich zu leben, zu handeln, zu leiden und zu sterben, weil durch und durch gehalten von Gott, bis zum Letzten engagiert für den Menschen.

Es liegt an der Kirche, wie sie die Krise übersteht. Am Programm fehlt es nicht. Warum bleibe ich in der Kirche? Weil ich aus dem Glauben *Hoffnung* schöpfe: daß das Programm, daß die Sache Jesu Christi selbst wie schon bisher stärker ist als aller Unfug, der in und mit der Kirche angestellt wird. Dafür lohnt sich der entschiedene Einsatz in der Kirche, dafür der besondere Einsatz im kirchlichen Dienst – trotz allem. Nicht *obwohl* ich Christ bin, bleibe ich in der Kirche. Ich halte mich nicht für christlicher als die Kirche. Sondern *weil* ich Christ bin, bleibe ich in der Kirche.

»Die Hoffnung bewahren« (1990), S. 17–21.

5. Freiheit – erfahren und gelebt

Zur Problematik unfehlbarer Sätze

Mit dem Buch »Unfehlbar? Eine Anfrage« (1970) hat Hans Küng eine der härtesten Debatten der Nachkonzilszeit initiiert. Allerdings ist die Anfrage bis heute nicht beantwortet. Im vorliegenden Text wird nur die sprachphilosophische Begründung dokumentiert und die vorgeschlagene Lösung kurz angedeutet.

Die Problematik von Sätzen überhaupt

Setzen wir also diesem Abschnitt nur ein ganz bescheidenes Ziel. Durch einige knappe, aber grundlegende und kaum zu bestreitende Bemerkungen soll deutlich gemacht werden, daß Sätze, deren sich auch der Glaube der Kirche bedienen muß, eine problematische Angelegenheit sind. Die von selbst sich daraus ergebende Konsequenz wird sein, daß auch eine Kirche, die ihren Glauben in Sätzen resümiert oder definiert, und vielleicht resümieren oder definieren muß, um die Problematik, die Sätzen überhaupt anhaftet, nicht herumkommt.

1. Sätze bleiben hinter der Wirklichkeit zurück: Dies ist grundlegend. Weder durch ein Wort noch durch einen Satz noch durch ein Satzgefüge kann ich die Wirklichkeit je total einfangen. Es bleibt immer eine Differenz zwischen dem, was ich aussagen *will*, und dem, was ich aussage, zwischen meiner Intention und meiner sprachlichen Aussage. Unsere Sprache ist reich und arm zugleich. Diese grundlegende Inadäquatheit und Unzulänglichkeit der Sprache hat die große Tradition der Sprachphilosophie von Heraklit, Platon und Aristoteles an über Augustin und Thomas bis zu den

Modernen immer wieder neu beschäftigt. Und nun als theologisches Exempel: Was wäre damit gesagt, wenn die Kirche den doch gewiß grundlegenden Satz definierte: »Gott existiert«? Alles – und doch so unendlich wenig und beinahe nichts im Vergleich zu dem, was zu diesem Satz zu sagen wäre.

2. Sätze sind mißdeutbar: Was immer ich sage, ist mißverständlich, und nicht nur bei bösem Willen. Worte haben verschiedene, oft schillernde und gleitende Bedeutungen. Und bestimme ich ihre Bedeutung, so haben auch diese Bestimmungen wieder verschiedene Bedeutungen, und oft ist das Oszillierende der Bedeutungen nicht einmal genau zu fassen. Auch wenn ich mich somit unmißverständlich ausdrücken und mich dem anderen so verständlich machen will, daß er mich verstehen muß, so läßt doch das Unbedachte und Ungesagte, aber vom anderen vielleicht Mitbedachte oder ebenfalls nicht Bedachte, noch immer Raum genug zu allen möglichen Mißverständnissen und Unverständnissen, wobei das Schlimmste vielleicht dies ist, wenn einer sich selbst nicht oder nicht mehr versteht. Sprachanalyse und Sprachkritik versuchen ständig neu sichtbar zu machen, was Sprache im Konkreten wirklich zu leisten und nicht zu leisten vermag.

Und wiederum als theologische Applikation: »Gott existiert.« »Gott«: vielleicht das vornehmste, am höchsten greifende Wort der Menschensprache – und welches ist mehr verstanden und mißverstanden worden? »Existiert«, »ist«: das vielleicht allgemeinste, umfassendste Wort der Menschensprache – und wie oszilliert es? Ungefähr soviel wie Theologen um das Wort »Gott«, so streiten Philosophen um das Wort »Sein«.

3. Sätze sind nur bedingt übersetzbar: Jedes Instrument spielt auf seine Weise das hohe C, und doch tönt es auf der Geige

anders als auf dem Cello; der Resonanzboden ist verschieden. Und in der Sprache ist es mehr als nur »le ton qui fait la musique«. Für gewisse Worte scheint es überhaupt keine Übersetzung zu geben; unübersetzt werden sie in andere Sprachen übernommen. Wortspiele sind selten so zu übersetzen, daß das Spiel in den Worten bleibt. Und so manche Worte können nur dadurch übersetzt werden, daß man sie nicht wörtlich übersetzt. Umschreibung muß Übersetzung ersetzen. Hier liegen auch die Schwierigkeiten der immer wieder auftauchenden Idee einer Universalsprache (von R. Llull und Leibniz bis zu heutigen theoretisch-formalen oder auch esperanto-ähnlichen materialen Versuchen). Hier auch die Grenzen einer toten Sprache, für die man eine Universalität beansprucht, die weithin durch Unverständlichkeit erkauft wird (die Übersetzung der lateinischen Liturgie in die Volkssprache zeigt, daß eine Übersetzung nicht ausreicht).

Und selbst unser einfaches theologisches Satzexempel »Gott existiert«, das in unseren gewohnten Sprachen leicht zu übersetzen ist, bietet immer wieder ungeahnte Schwierigkeiten, wenn es außerhalb des europäisch-amerikanischen Kulturraumes in bestimmte Sprachen Asiens oder Afrikas übersetzt werden soll, wo entsprechende Worte schon anders besetzt sind und der Inanspruchnahme für eine Übersetzung trotzen.

4. Sätze sind in Bewegung: Meine Sprache ist nicht nur meine Sprache. Sprache geschieht in Kommunikation. Sprache geschieht als Gespräch. Worte aber gibt man nicht weiter wie Ziegelsteine, aus dem einfachen Grund, weil sie nicht Stein, sondern Geist sind. Sprache ist kein statisches Gebilde, sondern dynamisches Ereignis, eingebettet in den Fluß der gesamten Geschichte von Mensch und Welt. Eine Sprache, die sich nicht verändert, stirbt ab zur toten Sprache. In einer lebendigen Sprache jedoch nehmen Worte und Sätze

neue Impulse auf und geben auch neue Impulse ab. Worte und Sätze können in einer neuen Situation ihren Sinn völlig verändern. Umgekehrt können aber auch Worte und Sätze ihrerseits eine Situation völlig verändern; gibt es doch Worte, die Geschichte machen. So ist die Sprache immer auf dem Weg zur Wirklichkeit, ein Grundphänomen der Geschichtlichkeit des Menschen.

Und auch der Satz »Gott existiert« ist ein geschichtlicher Satz: anders verstanden von einem Griechen der perikleischen oder einem Juden der makkabäischen Zeit, anders von einem frühen hellenistischen Christen oder einem christlichen Franken, anders aber auch von einem mittelalterlichen Scholastiker oder einem romantischen Neuscholastiker des 19. Jahrhunderts, anders von Luther, von einem Vertreter der lutherischen Orthodoxie oder von einem Lutheraner des 20. Jahrhunderts ...

5. Sätze sind ideologieanfällig: Worte und Sätze stehen zu Diensten. Sie können benützt, abgenützt und ausgenützt werden: zum Zweck der Reklame, der Propaganda, des Jargons, auch zu frommen Zwecken. Worte und Sätze sind dann einer Herrschaft unterworfen, die sie kaum noch abschütteln können: werden ganz, ausschließlich von einer bestimmten Idee, einer bestimmten Ideologie, einem bestimmten System in Beschlag genommen, so daß sie unter Umständen das Gegenteil von dem sagen müssen, was sie ursprünglich meinten (»Demokratie«, »Freiheit«, »Ordnung«). Sie werden verdreht. Oder gar verdorben: kaum mehr zu gebrauchen, leere Hülsen ohne Inhalt. Es kann zu einem eigentlichen Sprachverfall kommen.

Auch der Satz »Gott existiert« ist ideologieanfällig: Mit Berufung auf diesen Satz (oder ähnlich: »Gott mit uns!«) wurden Kriege geführt, wurden Arme vertröstet und unschuldige Menschen schikaniert und getötet. Der Satz kann mißbraucht werden von rechts und von links; konservative Ideologen des Status quo können ihn ebensosehr verdrehen wie schwärmerische Ideologen der Revolution. Oft hätte man besser von Gott geschwiegen.

Diese fünf Anmerkungen dürften für unsere Zwecke genügen, um die Problematik von Sätzen konkret deutlich zu machen. Und um dabei selbst Mißverständnisse soweit als möglich auszuschalten: Wir meinen nicht, daß Sätze Wahrheit nicht auszusagen vermögen, daß alle Sätze gleich wahr und falsch sind, daß sie nicht an der Wirklichkeit gemessen werden können, die auszusagen sie beanspruchen, daß Verständigung unmöglich ist. Wir meinen nur, daß Sätze keineswegs so klar sind, wie sie klar scheinen, daß sie vielmehr grundsätzlich vieldeutig sind und folglich von verschiedenen verschieden verstanden werden können, daß alle Mißverständnisse und Mißbräuche bei bestem Willen nicht von vornherein ausgeschaltet werden können. …

Der rationalistische Ursprung des Erkenntnisideals von klaren Sätzen

Es ist kein Zweifel, daß auf dem Vatikanum I sehr viel intensiver als etwa auf dem Konzil von Trient die Tendenz sichtbar wird, nicht nur auf bestimmte Angriffe der Gegner bestimmt zu antworten, sondern darüber hinaus … eine Generalbereinigung anzustreben und zugleich möglichst grundsätzlich die offizielle kirchliche Lehre zu klären. Schon die Konstitution des Vatikanum I über den katholischen Glauben zeigt solche Züge, auch wenn sie zusammen mit der Konstitution über den Papst (ihrerseits nur der kleinste Teil der geplanten Konstitution über die Kirche) das einzige Schema blieb, das verabschiedet werden konnte. Wie viele Schemata aber waren von der kurialen Kommission vorbereitet und von der Zentralkommission vor dem Konzil als diskussionsreif bezeichnet worden? Die schöne Zahl von sechsundvierzig Schemata, von denen nur sieben überhaupt zur Diskussion auf dem Konzil gelangt sind, ohne allerdings, abgesehen von den zwei genannten Ausnahmen, verabschiedet zu werden. Bemerkenswert in diesem Zusammenhang einer umfassenden Klärung des Glaubens ist auch der auf dem Konzil lang diskutierte Vorstoß der Kurie für einen die ganze Kirche verpflichtenden Universalkatechismus. ...

Es ist auch kein Zweifel, daß die kurialen Vorbereitungskommissionen des Vatikanum II weithin in derselben Richtung arbeiteten. Was dem Vatikanum I mißlungen war, sollte jetzt gelingen (man denke an die kurz vor dem Vatikanum II »gelungene« römische Diözesansynode): In Dogmatik und Moraltheologie wurde von den Grundlagen her eine weit ausholende systematische Klärung angestrebt und in Schemata vorbereitet. Und von prominenten Mitgliedern der theologischen Vorbereitungskommission konnte man vor dem Konzil hören, es müßten jetzt endlich die früher noch nicht geklärten Fragen von der Schöpfungslehre bis zur Eschatologie definitiv entschieden werden, damit in der katholischen Kirche endlich Gewißheit darüber bestünde, woran man sich zu halten habe, womit zweifellos die klaren Schulthesen der Neuscholastik gemeint waren. ...

Zwischen Scholastik und Neuscholastik, zwischen Thomas und Neuthomismus steht – Descartes. Descartes bedeutet nicht nur insofern einen Einschnitt, als man seit ihm die philosophische Tradition des Mittelalters in der neuzeitlichen Philosophie weithin vergessen hat. Descartes und nicht Thomas von Aquin ist es gewesen, der die Klarheit als Erkenntnisideal aufgestellt hat! Die berühmte Forderung Descartes, der im Gegensatz zu Thomas die sprachphilosophische Problematik ignorierte, nach klarer und deutlicher Erkenntnis aus den »Principia philosophiae« soll nicht unzitiert bleiben : »Sehr viele Menschen erfassen in ihrem ganzen Leben überhaupt nichts so richtig, daß sie ein sicheres Urteil darüber fällen könnten. Denn zu einer Erkenntnis (*perceptio*), auf die ein sicheres und unzweifelhaftes Urteil gestützt werden kann, gehört nicht bloß Klarheit, sondern auch Deutlichkeit. Klar (*clara*) nenne ich die Erkenntnis, welche dem aufmerkenden Geiste gegenwärtig und offenkundig ist, wie man das klar gesehen nennt, was dem schauenden Auge gegenwärtig ist und dasselbe hinreichend kräftig und offenkundig erregt. Deutlich (*distincta*) nenne ich aber die Erkenntnis, welche, bei vorauszusetzender Stufe der Klarheit, von allen übrigen so getrennt und unterschieden (*seiuncta et praecisa*) ist, daß sie gar keine anderen als klare Merkmale in sich enthält.«

Dem gesunden Menschenverstand leuchtet das ein, so wie eben im Grunde auch die von Descartes übernommene ältere Abbildungstheorie einleuchtet, welche die Erkenntnis naiv als Abbildung versteht. Aber gerade dies ist keineswegs klar. Und man hat denn auch in der Folge gegen Descartes ins Feld geführt, daß eine solche Klarheit des Objekts nicht einfach verfügbar sei. Eine solche Forderung nach Klarheit setzt tatsächlich voraus, daß die Objekte selbst sich einem solchen Anspruch von Klarheit und Deutlichkeit fügen, daß sie im Grunde so unbeweglich statisch sind, daß sie das Auge schlicht festhalten kann, so statisch, wie im Grunde nur Zahlen und geometrische Figuren sind. …

Die Kosten eines solchen Verfahrens sind indessen nicht gering: Nur wenn man nämlich den Gegenstand der Erkenntnis zurechtstutzt (auch räumliche Gegenstände lassen sich schließlich auf geometrische Figuren zurechtstutzen), wird die geforderte Norm der Klarheit erfüllt. Dagegen hatten jedoch schon Leibniz und Kant darauf aufmerksam gemacht, daß die konkrete Erkenntnis reicher ist, daß Klarheit und Unklarheit keineswegs so unzweideutig geschieden werden können, daß es vielmehr einen kontinuierlichen Übergang von der Dunkelheit bis zur Klarheit der Vorstellung mit unendlich vielen Graden und Stufen gibt. ...

Nur diejenige Erkenntnis und Wissenschaft kann dieser Dynamik von Subjekt und Objekt gerecht werden, die die ganze Bewegung mitmacht und sich nicht an scheinbar evidente fixe Definitionen und klare Thesen hängt. Dies tut der Rationalismus, der dafür die Wirklichkeit in ihrer ganzen Lebendigkeit, Bewegtheit, Konkretheit und Fülle gar nicht zu Gesicht bekommt. Für Hegel war es deshalb keine Liebhaberei und kein Spiel mit der Zahl Drei, wenn sein kreisendes Denken so oft im kleinen wie im großen in Dreierschritten (oder in Dreiecken aus Dreiecken) voranging. Dahinter steckte die seither nicht mehr vergessene Grundeinsicht, daß ich mit *einem* Satz allein nicht wahrhaft die Wahrheit sagen kann, sondern daß ich dafür im Grunde – bestimmend, präzisierend, negierend und aufhebend – drei Sätze brauche: So ist es, aber doch nicht so, sondern so! Und so weiter. Wobei die Wahrheit nicht die einzelnen Schritte, Sätze, Momente, sondern das Ganze ist. ...

Einzelheiten müßten hier untersucht werden. Es genügt für unseren Zusammenhang zu sehen, daß die Neuscholastik (und mit ihr auch das Vatikanum I) im Unterschied zur Hochscholastik vom Geist des Rationalismus, gegen den man im übrigen heftig protestierte, geprägt war. Nur so läßt sich verstehen, warum man so sehr an klaren und eindeutigen Sätzen, an möglichst weitgehender Definierung der offiziellen Kirchenlehre und einem möglichst »geschlossenen« System interessiert war. Nur daß die führende Philosophie der Zeit schon weit über einen solchen naiven Rationalismus hinausgeschritten war! Und wie klar, eindeutig und unproblematisch diese klaren und deutlichen Definitionen sein sollten, hat dann die Folgezeit und nicht zuletzt das Vatikanum II bewiesen. Oft kommt es einem beim Studium der Sätze des Vatikanum I, und nicht zuletzt der Konstitution über den katholischen Glauben, so vor, als ob man ein edles Tier in Bewegung, aber nicht unbedingt im günstigsten Moment, auf eine photographische Platte fixiert hätte. Was dann die Frage aufsteigen läßt: Und dies soll unser Glaube sein? Was, nach Hegel, vermutlich nur mit Ja *und* Nein beantwortet werden könnte.

Auch hier sei, um unnötige Mißverständnisse zu vermeiden, präzisiert: Die geäußerte Kritik gegenüber der Klarheit als Wissenschaftsideal will nichts sagen gegen ein kritisch reflektiertes Bemühen um Klarheit, ohne das auch die Theologie der Konfusion und Destruktion preisgegeben würde; auch in der Theologie kann etwa teutonischer Tiefsinn durch lateinische Klarheit nur gewinnen und umgekehrt, wie denn auch diese beiden Eigenschaften zum Glück nicht von vornherein nach Nationalitäten verteilt sind. Die Theologie wird sich somit um Klarheit bemühen, auch wenn sie nicht mit dieser Art von Klarheit wird aufwarten können, welche die Mathematik und die arbeitsteiligen Einzelwissenschaften bieten, solange sie sich wenigstens Gegenstand und Gegenstandsbereich vorgeben lassen, ohne sie zu hinterfragen.

Aber es ist ein Unterschied, ob sich die Theologie um Klarheit in ihren Sätzen bemüht, oder ob sie mit ihren Sätzen definitive Klarheit erreicht zu haben meint. Es ist ein Unterschied, ob sie ihre Sache an jedem Punkt genau zu treffen versucht oder ob sie sie in klaren Sätzen gefrieren läßt. Es ist ein Unterschied, ob sie die Dunkelheiten und Unfaßlichkeiten deutlich anzugeben und so auch das Unklare klar auszusprechen vermag oder ob sie Dunkelheiten und Unfaßlichkeiten nicht wahrhaben will und so das Unklare unklar wegzudistinguieren versucht. Es ist ein Unterschied, ob sie in allem Ringen um die Wahrheit offenbleibt für die immer größere Wahrheit oder ob sie die Wahrheit und sich selbst einschließt in den goldenen Käfig eines geschlossenen Systems. Kurz: Es ist ein Unterschied, ob eine Theologie sich der Klarheit der Rationalität oder der Scheinklarheit des Rationalismus verpflichtet hat. Die Neuscholastik ist in diesem Sinn von Rationalismus nicht völlig freizusprechen, und die beiden letzten Konzilien mußten dafür bezahlen.

Damit ist die Problematik sogenannter klarer Sätze genügend expliziert worden. Und noch mehr als am Ende des vorausgehenden Abschnittes drängt sich die Frage auf: Wie wäre es um den Bestand einer Kirche bestellt, wenn sie ihren Glauben ganz von bestimmten klaren Sätzen abhängig machen würde? Eigentlich sollte gerade die Theologie sich und andere daran erinnern, daß Klarheit (»doxa«) ursprünglich nicht Sache der Methode und auch nicht Sache des Bewußtseins, sondern – Prädikat der Gottheit war! ...

Aufhebung der Aporie

1. Eine Überwindung des Dilemmas ist nicht möglich durch einen – sei es ungläubigen oder abergläubischen – Entscheid für die eine oder andere Seite der Alternative:

Entweder: Die Verheißung ist dahin! Das ist der Standpunkt einer ungläubigen Welt, den sich der Glaubende nicht zu eigen machen kann. Oder: Mindestens bestimmte Irrtümer dürfen nicht zugegeben werden! Das ist der Standpunkt einer triumphalistischen Kirche, den sich der Glaubende ebenfalls nicht zu eigen machen kann.

2. Eine Überwindung des Dilemmas ist auch nicht möglich durch eine verharmlosende Harmonisierung der einen Alternative auf Kosten der anderen:

Früher vertrat man praktisch weithin eine grundsätzliche Infallibilität des Lehramtes; Irrtümer galten als Ausnahme. Diese These ließ sich nicht durchhalten und fand trotz aller Bemühungen der extremistischen Ultramontanen ihr Ende mit dem Vatikanum II. Später vertrat man die grundsätzliche Fallibilität des Lehramtes außer bei bestimmten infalliblen

Sätzen. Auch diese schon längst vor dem Vatikanum I vertretene These ließ sich, so zeigte sich, nicht durchhalten.

3. Eine Überwindung des Dilemmas ist nur möglich durch die *Aufhebung* Alternativen auf einer höheren Ebene: *Die Kirche wird in der Wahrheit alten, trotz aller immer möglichen Irrtümer!*

»*Unfehlbar? Eine Anfrage*« *(1970), S. 128–145.*

Blaise Pascal – Die Gründe des Herzens

Pascal, der »die Gründe des Herzens« gegen die »Gründe der Vernunft« gestellt hat, gilt als einer der interessantesten Denker im Übergang zur Moderne. Wiederholt hat sich Küng mit ihm beschäftigt und – wer weiß – sich dabei indirekt mit sich selbst auseinandergesetzt, jedenfalls Klarheit über Grundmotive seines eigenen Denkens gewonnen.

Ob es der durch Wissenschaft, Technologie und Industrie beschleunigt rationalisierten Moderne nicht vor allem an dem gefehlt hat, was Pascal umfassend »le cœur«, »*das Herz*«, nennt? »Wir erkennen die Wahrheit nicht mit der Vernunft allein, sondern auch mit dem Herzen« (Fr 282). Sentimentalität, Rührseligkeit, Gefühlsduselei? Nein, Herz bezeichnet nicht das Irrational-Emotionale im Gegensatz zum Rational-Logischen, sondern jene geistige Personmitte des Menschen, für die das körperliche Organ nur Symbol ist: sein innerstes Wirkzentrum, der Ausgangspunkt seiner dynamisch-personalen Beziehung zum anderen, das exakte Organ menschlicher Ganzheitserfassung. Herz meint zwar den menschlichen Geist, aber nicht insofern dieser rein theoretisch denkt und schlußfolgert, sondern insofern er spontan präsent ist, intuitiv erspürt, existentiell erkennt und ganzhaft wertet, ja, insofern er im weitesten Sinn liebender (oder aber hassender) Geist ist. Wer versteht von daher nicht Pascals berühmtestes, aber kaum gut zu übersetzendes Wortspiel; »Le cœur a ses raisons, que la raison ne connaît point: on le sait en mille choses« – »Das Herz hat seine (Vernunft-) Gründe, die die Vernunft nicht kennt; man erfährt das in tausend Dingen« (Fr 277). Ja, es gibt eine Logik des Herzens, und das Herz hat seine eigene Vernunft!

Heute, im Übergang zur Postmoderne, liest man – von zahlreichen Alternativbewegungen her – mit neu geschärftem Problembewußtsein die Ausführungen Pascals über den »esprit de finesse«, das »*Feingefühl*« (Fingerspitzengefühl, Takt, Empfindsamkeit, Witterung, Spürsinn), der den »esprit de géométrie«, den »Geist der Mathematik«, ergänzen muß; wir erkennen betroffen, wieviel wir verdrängt, ignoriert und auseinandergerissen haben. …

Nun kann als unbestritten gelten, daß die großen Innovatoren des modernen Denkens keine Krypto-Freidenker oder Skeptiker waren. Aber unter diesen »erstrangigen Innovatoren« des modernen Paradigma ist Pascal ohne alle Zweifel derjenige, der die schwerwiegenden Konsequenzen für den Menschen am scharfsinnigsten sichtet und den Menschen hellsichtig wie kaum einer in seiner *Grundambivalenz* analysiert. Er beschreibt die Zwiespältigkeit der menschlichen Natur – psychologischer Entlarver längst vor Kierkegaard, Dostojewski, Nietzsche, Freud und Kafka – unbarmherzig bohrend in allen möglichen Situationen, Gewohnheiten, Zufälligkeiten. Ein Denker in »vérités opposées«, ein Dialektiker also par excellence.

Zwischen Unendlichkeit und Nichts

Vor allem spürt Pascal, was die kosmologischen Entdeckungen eines Kopernikus, Kepler und Galilei für den Menschen existentiell bedeuten: das Gefühl der Verlorenheit im endlosen, undurchdringlichen Weltall, aus welchem keine Stimme des Schöpfers mehr zu hören ist. »Das ewige Schweigen dieser unendlichen Räume erschreckt mich« (Fr 206), notiert er. Was ist dann angesichts dieser Unendlichkeit des Raumes der Mensch? Vor dem All ist er ein Nichts! Aber doch auch umgekehrt: Was ist angesichts des Mikrokosmos, der Unendlichkeit im Kleinen, der Mensch? Vor dem Nichts ist der

Mensch ein All! Dies macht die Disproportion, das grundlegende Mißverhältnis, macht Elend und Größe des Menschen in der Welt aus: »Ein Nichts gegenüber dem Unendlichen, ein All gegenüber dem Nichts, eine Mitte zwischen Nichts und All. Unendlich entfernt vom Begreifen der äußersten Grenzen, sind ihm das Ziel aller Dinge und ihr Ursprung unüberwindbar verborgen in einem undurchdringlichen Geheimnis« (Fr 72). Daß aber der Mensch um diese seine problematische, hochgefährdete Zwitterstellung weiß, das macht seine Würde aus: »Wenn das All ihn vernichtete, wäre der Mensch doch noch edler als was ihn tötet, da er weiß, daß er stirbt und die Übermacht des Alls kennt; das All aber weiß davon nichts« (Fr 347).

Pascal indessen ist nicht nur ein sensibler Analytiker der kosmologischen, sondern auch der psychologischen Ambivalenz des Menschen: einer der frühen großen »Entdecker des Ich« (Richard Friedenthal). In immer neuen Formen beschreibt er die Doppelbödigkeit alltäglich-menschlicher Existenz. Was verbirgt sich hinter all dem gesellschaftlichen Ämterbetrieb, den Liebesabenteuern, hinter Jagd und Tanz, Spiel und Sport? Was entdeckt man, schaut man hinter alle Masken? Ist es nicht überall eine Angst des Menschen vor dem Alleinsein? Entsteht nicht von daher ein Gefühl von Verlorenheit, Ohnmacht, ja Leere? Pascal notiert: »Unversehens steigt da vom Grund seiner Seele die Langeweile herauf, die Melancholie, die Traurigkeit, der Gram, der Überdruß, die Verzweiflung« (Fr 131).

So könnte man nun Fragment um Fragment interpretieren, um die menschliche Situation in all ihren Schattierungen von Pascal skizziert zu finden. Ich will nur eines hier ins Zentrum stellen, das uns besonders nahe ist und beinahe die Stimmung der heutigen No-future-Generation zum Ausdruck bringt: »Ich weiß nicht, wer mich in die Welt gesetzt hat, noch was die Welt ist, noch was ich selbst bin. Ich bin in einer schrecklichen Unkenntnis aller Dinge, ich weiß nicht, was mein Leib ist, was meine Sinne, meine Seele, sogar was jener Teil meines Ich ist, der denkt, was ich sage, der über alles und über sich selbst nachdenkt und sich selbst ebensowenig erkennt wie alles übrige. Ich sehe diese grauenvollen Räume des Alls, die mich einschließen, und bin an einen Winkel dieses weiten Weltenraumes gefesselt, ohne zu wissen, weshalb ich an diesen Ort gesetzt worden bin und nicht an einen anderen; warum die kurze Zeit, die mir zum Leben gegeben ist, gerade in diesem Moment und nicht in einem anderen der ganzen Ewigkeit, die mir vorausgegangen ist und mir folgt, gemessen wurde. Ich sehe ringsum nur Unendlichkeiten, die mich einschließen wie ein Atom, und wie einen Schatten, der nur einen Augenblick dauert ohne Wiederkehr« (Fr 194). Und Pascal endet mit einem Ausblick auf das Sein zum Tod: »Alles was ich kenne, ist, daß ich bald sterben muß, aber was ich am wenigsten kenne, ist gerade dieser Tod, den ich nicht zu vermeiden weiß. – Wie ich nicht weiß, woher ich komme, weiß ich auch nicht, wohin ich gehe; ich weiß nur, daß ich beim Verlassen dieser Welt für immer entweder in das Nichts oder in die Hände eines erzürnten Gottes fallen werde, ohne zu wissen, welche dieser beiden Möglichkeiten auf immer mein Teil sein muß. Das also ist meine Situation, voll der Schwäche und Ungewißheit« (ebd.).

Worum also geht es diesem Mann? Pascal geht es anders als Descartes nicht nur um die Ungewißheit des menschlichen Wissens, sondern um die radikale *Ungesichertheit* der menschlichen Existenz. Kierkegaard, Dostojewski und Kafka, Heidegger, Jaspers und Sartre werden diese später noch eingehender analysieren, aber auch keine dramatischeren Worte finden als Pascal, der schließlich ausruft: »Was für eine Chimäre ist doch der Mensch! Was für eine Novität, was für ein Monstrum, was für ein Chaos, was für ein Subjekt des Widerspruchs, was für ein Wunder! Richter aller Dinge, einfältiger Erdenwurm; Verwalter des Wahren, Kloake der Ungewißheit und des Irrtums; Glanz und Auswurf des Weltalls« (Fr 434).

Was soll da noch Philosophie? Ist die Philosophie hier nicht überhaupt am Ende? In der Tat erfolgt bei Pascal an diesem Punkt eine völlig überraschende Wende: »Erkenne also, hochmütiger Mensch, was für ein Paradoxon du dir selber bist« (ebd.). Worauf ein geradezu diktatorischer Appell an den Menschen ergeht, zu erkennen, daß die Lösung des Widerspruchs gar nicht vom Menschen erwartet werden kann und der Mensch auf ein anderes verwiesen ist, das ihn übersteigt: »Demütige dich, ohnmächtige Vernunft; schweige, armselige Natur. Lerne, daß der Mensch den Menschen unendlich übersteigt, und vernimm von deinem Meister deinen wahren Zustand, den du nicht kennst. Höre auf Gott!« (ebd.)

Ein Sprung – gewiß. Aber für Pascal nicht ein Sprung des Gedankens, sondern ein Sprung, das Wagnis des – keineswegs unvernünftigen – Glaubens. Anders als Descartes kann er, der die Ambivalenz menschlicher Vernunft durchschaut hat, seine Gewißheit nicht auf ein »cogito ergo sum« (»Ich denke, also bin ich«) gründen, sondern – konsequent – auf ein »credo ergo sum« (»Ich glaube, also bin ich«). Und nicht die Vision einer mathematisch orientierten Universalwissenschaft, wie sie Descartes in einer Novembernacht in Ulm an der Donau hat, bestimmt diesen Mann, sondern ein religiöses Grenzerlebnis, eine »Konversion«, eine »Vision« ähnlich der des Mose vor dem brennenden Dornbusch. Nur zufällig hat bekanntlich ein Diener nach Pascals Tod das immer wieder neu in seinen Rock eingenähte Erinnerungsblatt (»mémorial«), ebenfalls aus einer Novembernacht und nach einer langen Vorgeschichte, gefunden, das mit dem groß geschriebenen Wort »Feu«, »Feuer«, beginnt und von einer Erfahrung der Gewißheit, des Sentiments, der überwältigenden

Freude und eines alle Verlassenheit überwindenden Friedens berichtet. Sie hatte Pascal nicht beim abstrakten »Gott der Philosophen und Gelehrten«, sondern beim lebendigen »Gott Abrahams, Isaaks und Jakobs, dem Gott Jesu Christi« erfahren. Eine »mystische« Erfahrung im eigentlichen Sinn der Einheitserfahrung ist das nicht, wohl aber die intensivinnige Erfahrung des göttlichen Gegenüber im Geist der Väter und Propheten Israels.

Für Pascal ist damit ein letzter Grund der Gewißheit gefunden, an dem nun nicht mehr gezweifelt werden, auf dem man alle Gewißheit aufbauen könne: nicht das eigene Selbstbewußtsein des denkenden Menschen, nicht ein Begriff, irgendeine Idee von Gott, sondern der wirkliche, lebendige *Gott der Bibel,* der zwar immer gegenwärtig, aber äußerlich abwesend ist: der verborgene Gott, der sich nur dem Glaubenden offenbart. Eine Urgewißheit also nicht einfach aus dem Denken, sondern aus dem Glauben. Und das ist für ihn der Glaube: »Gott spürbar dem Herzen und nicht der Vernunft« (Fr 278). Dabei soll die Vernunft nicht etwa abgewertet oder vergewaltigt werden: »Nichts ist der Vernunft so angemessen wie dieses Nichtanerkennen der Vernunft« (Fr 272). Warum? »Der letzte Schritt der Vernunft ist, daß sie anerkennt, daß es unendlich viele Dinge gibt, die sie übersteigen« (Fr 267). Kurz, es braucht beides: »Unterwerfung und Anwendung der Vernunft; darin besteht das wahre Christentum« (Fr 269).

Pascals höchst ekstatische und höchst bewußte Erfahrung einer neuen Gewißheit des Herzens am 23. November 1654 »von ungefähr zehneinhalb abends bis ungefähr eine halbe Stunde nach Mitternacht« – im selben Jahre, Ludwigs XIV. Krönungsjahr, hat er der Pariser Akademie seine Abhandlungen über das arithmetische Dreieck und über die Wahrscheinlichkeitsrechnung vorgelegt – ist für ihn Höhepunkt und Lösung einer *Krise.* …

Unerledigte Fragen

Wer könnte – wann immer man sich mit Pascals Person, Werk und Leben beschäftigt – seine Betroffenheit verleugnen? Was wäre seinen Schriften hinzuzufügen? Wo philosophisch-theologische Fragen derart zu Schicksalsfragen werden und einen Lebensweg zum Leidensweg machen: Verbietet sich da nicht ein Urteil über die Person? Fürwahr: Nicht um seine Person kann es gehen. Aber es muß erlaubt sein, an seine Position im Kontext unserer Fragestellung nach Religion und Moderne Fragen zu stellen. Sie lassen sich in die eine zusammenziehen: Warum konnte die Religion Pascals, die sich so scharfsinnig gegen die Herausforderungen der neuen Zeit zu behaupten verstand, nicht die Religion der Moderne werden? Umstritten war Pascal schon zu seinen Lebzeiten, und auch aus der Rückschau werden viele Zweifel an Voraussetzungen und Folgen seines Glaubens wieder wach. Ich gruppiere sie um drei Stichworte: anthropologischer Pessimismus, moralischer Rigorismus, unpolitischer Privatismus.

Ein Religionsverständnis auf der Basis eines anthropologischen *Pessimismus* im Geiste des älteren Augustin konnte auf die Dauer nicht tragfähig sein; erst recht konnte es nicht die seit Thomas' Humanismus und Renaissance auch in der scholastischen Theologie verbreitete und besonders von Jesuitentheologen bejahte Hochschätzung des Menschlichen ersetzen. Wie sollte es sich mit der Vernunft vereinbaren lassen, daß jeder Mensch ohne Rücksicht auf seine Taten durch einen unerforschlichen Ratschluß Gottes zum Heil oder eben zum Unheil vorherbestimmt sei, daß er in jedem Fall durch die Ur- und Erbsünde in seiner Natur verdorben und in seinem Willen unwiderstehlich von der bösen Begierlichkeit beherrscht werde – überwindbar nur durch Gottes ebenfalls unwiderstehliche Gnade?

Eine Religionspraxis mußte für die Zukunft der Moderne untauglich sein, die auf moralischem *Rigorismus* basiert: Dem Menschen wird strenge Entsagung und Demütigung, asketische Selbstquälerei und ein sinnenfeindlicher Spiritualismus zugemutet, Musik und Komödie (nicht die Tragödie!) abgelehnt, überhaupt alles Vergnügen lebenspessimistisch verdächtigt; in der religiösen Disziplin werden die Anforderungen (für Beichte und Kommunionempfang) verschärft. Darf man aber Selbsterniedrigung vor Gott statt als Dienst am Mitmenschen als Selbstzerstörung begreifen? Muß man sein eigenes Ich hassen, um Gott von Herzen zu lieben? Führt der christliche Weg zu Gott nicht eher über die Zuwendung zum Du statt über die Vernichtung des Ich: die Nächstenliebe (nach dem Maß der Eigenliebe!) als Erfüllung der Gottesliebe? Tatsächlich, solche Art äußerer »Askese« (»Übung« der Entsagung, Abtötung, Selbstverleugnung) auf Kosten des Menschlichen und Mitmenschlichen, für die es im Neuen Testament keine Grundlage gibt, hat in der Neuzeit nicht wenigen humanistisch Gesinnten Gottesglauben und Christentum gründlich vergrämt.

Eine Religion mußte bei der Gestaltung der aufsteigenden Moderne versagen, die sich auf den Bereich des Privaten beschränkt und zu wenig gesellschaftlich und politisch wirksam ist: Religion auf der Grundlage eines unpolitischen *Privatismus?* Hier müssen wir noch ein letztes Mal einen Blick in das französische 17. Jahrhundert werfen, welches ja nicht nur das Goldene Zeitalter der französischen Philosophie, Wissenschaft und Literatur, sondern auch das der absoluten Monarchie, des Elends der Bauern, ständiger Revolten und ihrer blutigen Unterdrückung ist.

Keine Frage: jene spiritualistisch-verinnerlichte Frömmigkeit bildet den Hintergrund dafür, warum Pascal, so hochempfindsam er in vielfacher Hinsicht ist, doch keine Witterung zeigt für die Heraufkunft jener sich ebenfalls schon im 17. Jahrhundert – in der Säkularisierung von Politik und Staatslehre – ankündigenden vierten modernen Großmacht, der *Demokratie!* ...

Die ungeheure Not des Volkes, das später den Tod des Roi Soleil, des Sonnenkönigs, mit Verwünschungen und Steinen auf dessen Sarg begrüßen wird, ist Pascal wohlbekannt. Bis an die Grenzen des finanziell Tragbaren setzt er sich besonders in seinen letzten Jahren in Paris tagtäglich für die Armen und Hungernden ein: Die Einkünfte der Omnibusgesellschaft vermacht er Spitälern; eine mittellose Familie (mit einem an Pocken erkrankten Kind) nimmt er in sein Haus auf; Pferde, Karosse, Gobelins, Silber, Möbel verkauft er; sterben will er im Hospital der Unheilbaren. Nein, anders als etwa nach ihm Rousseau lebt Pascal das, was er sagt. Aber bei allem Respekt vor seiner Person: Können christliche Nächstenliebe, fromme Worte, Almosen und individuelle Caritas das politische Engagement auf Dauer ersetzen? Obwohl das Königtum, die größte und wichtigste Sache der Welt, die Schwäche, nämlich die Dummheit des Volkes, zum Fundament habe, meint Pascal, könne es trotzdem erstaunlich sicher sein: weil nämlich nichts so sicher sei wie dies, daß das Volk schwach bleiben werde.

Darin aber sollte er sich täuschen. Als das »Licht der Vernunft« sein Werk der *Aufklärung* auch im Volke zu tun begann, als der epochale Mißbrauch der Religion zugunsten der Herrschenden immer mehr durchschaut und jenes (seit den Karolingern auch im Westen herrschende) Gottesgnadentum der Fürsten auf natürliche Gegebenheiten (kündbarer Staatsvertrag) zurückgeführt worden war, schlug auch die Stunde des Absolutismus: Der König wurde guillotiniert, der Adel dezimiert, viele Kleriker gehenkt, vertrieben oder in Disziplin genommen und der christliche Gott durch die atheistische Göttin »Vernunft« ersetzt.

Die Moderne hatte ihren Klimax erreicht und machte sich daran, das 19. Jahrhundert zu erobern; die philosophisch-wissenschaftliche Revolution hatte in der *politischen Revolution* ihr Pendant gefunden und konnte schließlich in der industriellen Revolution ihre ganze gigantische Macht zeigen. Die christliche Religion, die seit Konstantin Europa dominiert hatte, wurde zum ersten Mal in der europäischen Geschichte gewaltsam exekutiert und, wo sie überlebte, von den Aufgeklärten bestenfalls toleriert, mehr und mehr aber ignoriert, verdrängt und oft auch unterdrückt.

Blaise Pascal, der Homo mathematicus, der Homo faber, der Physiker, Konstrukteur und Organisator, war ein durch und durch moderner Wegweiser für Naturwissenschaft, Technologie und selbst – in Anfängen – für die Industrie. Aber Pascal, der Homo religiosus, der Homo christianus, konnte dieser Wegweiser in die Moderne kaum in gleicher Weise sein. Bei allen genialen Einsichten in das widersprüchliche Wesen des Menschen schaut er, der Christ, der sich nicht Jansenist nennen will, in Sachen des Glaubens zurück zu dem immer von neuem gepriesenen und zitierten Augustin, der das mittelalterliche Paradigma von Theologie und Frömmigkeit grundgelegt hat. Mitten im Übergang vom mittelalterlich-gegenreformatorischen zum modernen Paradigma bleibt Pascals Position für uns *zwiespältig*. Modern und mittelalterlich zugleich: fortschrittlich-dynamisch-prospektiv im wissenschaftlich-technologischen Bereich, aber statisch-konservativ-ungeschichtlich in Kirchenlehre, Kirchenmoral, Kirchendisziplin. Nein, vom Menschen der modernen Zeit konnte man vieles an Hingabe und Engagement erwarten, aber gewiß nicht, daß er heimlich einen Stachelgürtel auf dem bloßen Leib trage, um ihn sich beim bloßen Gedanken an Stolz oder weltliche Freude, beim Lob schöner Frauen oder der Liebkosung von Kindern in die Haut zu pressen ...

Noch einmal – bei allem Respekt: Dieser Religiosität haftet etwas Elitäres, Puritanisch-Prüdes an, es ist eine spiritualistische Spiritualität der »wenigen Auserwählten« gegen die Masse der Ungläubigen. »J'ose prendre le parti de l'humanité contre le misanthrope sublime« – »Ich wage es, Partei für die Humanität zu ergreifen gegen den erhabenen Menschenfeind«, wird Voltaire – bei all seiner Spötterei gut französisch doch ein Moralist – in seinen »Bemerkungen zu den Pensées« (1734 in seinen »Lettres philosophiques«) schreiben, und hat er ganz unrecht?

Wie immer man aber zu Pascal im einzelnen steht, ob mit Voltaire und den Enzyklopädisten, mit Aldous Huxley und manchen Marxisten sehr kritisch oder mit zahllosen Philosophen, Theologen und Literaten von Chateaubriand bis Charles Péguy voll der Bewunderung, man wird es zugeben müssen: Während Descartes, der bedeutendste Philosoph des französischen 17. Jahrhunderts, heute fast nur noch von Philosophen gelesen wird und der Hofbischof Bossuet, der einflußreichste Theologe und Prediger desselben Jahrhunderts, bestenfalls nur noch von historischem Interesse ist, gilt von Pascal: »Nach drei Jahrhunderten steht er da, mitbeteiligt an unseren Streitfragen, ein Lebendiger. Auch seine geringsten Gedanken verwirren, entzücken und ärgern uns, aber er wird augenblicklich, schon beim ersten Wort, verstanden, viel besser als zu seinen Lebzeiten ...« (François Mauriac).

»Dichtung und Religion« (1985, mit Walter Jens), S. 10–29.

Freiheit des Christen

Schon der junge Hans Küng interessierte sich neben seiner intensiven theologischen Forschung für Fragen der Spiritualität. Besonders eindrucksvoll ist das Porträt, das er Thomas More und dessen Verhältnis zu Eigentum, Familie und Staat gewidmet hat. Für Hans Küng lebte er die Freiheit eines Christenmenschen in exemplarischer Weise.

Eigentum, Familie, Staat

Ist dies das Gesicht eines Heiligen? ... Merkt man diesem Mann an, dass ihm die Bergpredigt irgendeinen Eindruck gemacht hat? Das ist die Frage, die an Thomas More gerichtet ist, aber uns, uns Christen in der Welt, gilt. Sie lässt sich anhand der traditionellen – oft im Sinne einer doppelstöckigen Moral missverstandenen – evangelischen »Räte« (Armut, Ehelosigkeit, Gehorsam) verdeutlichen. Gewiss, die drei evangelischen Räte sind in dieser Zusammenstellung eine Systematisierung späterer Theologie. Aber gerade die ersten beiden haben eine direkte Begründung im Neuen Testament. Und ist auch keineswegs jede christliche Existenz grundsätzlich an ihnen und nur an ihnen zu messen, so können sie, richtig, d.h. biblisch verstanden für den Christen in der Welt scharfe kritische Fragen sein, die auf die vom Evangelium geforderte Grundentscheidung hinführen.

Man kommt um den Eindruck nicht herum, dass Thomas More gerade in der umgekehrten Richtung engagiert ist. Christliche Soziologen bezeichnen oft als die drei Grundsäulen der gesellschaftlichen Ordnung: Familie, Eigentum, Staat. So erklären sie uns: Die von Gott dem Menschen gegebene

Aufgabe ist die individuelle Verwirklichung seiner eigenen Person innerhalb seiner menschlichen Natur.

Verwirklichung der menschlichen Person zuerst gleichsam nach innen: in der ehelichen Gemeinschaft durch die gegenseitige liebende Hingabe und die Sorge für Unterhalt und Erziehung der Kinder. Deshalb die gesellschaftliche Institution und Ordnungsfunktion der *Familie*, weil nur so eine sinnvolle Ordnung dieses Bereichs garantiert werden kann.

Verwirklichung der menschlichen Person aber zugleich auch nach außen: in Richtung auf die Sachwelt, ohne die der Mensch nicht leben kann. Deshalb die gesellschaftliche Institution und Ordnungsfunktion des *Eigentums*, weil nur so die Sachgüter dienen können zur vollen Entfaltung und Geltung der freien menschlichen Persönlichkeit, der Zukunftssorge für den Einzelnen und seine Familie und schließlich zur Erhaltung und Förderung des allgemeinen Wohlstandes, der sozialen Ordnung und des sozialen Friedens.

Weil sich aber die Familienverhältnisse und die Eigentums- und Wirtschaftsverhältnisse dauernd und unabhängig voneinander verändern und diese beiden Lebenskreise zueinander in dialektischer Spannung und Entwicklung stehen, ist eine Rechtsordnung notwendig, ist eine Macht notwendig, die dieser Rechtsordnung Dauer verleiht. Deshalb die gesellschaftliche Institution und Ordnungsfunktion des *Staates*, der – nicht als einziger, wohl aber als oberster Garant der Rechtsordnung – die Aufgabe hat, die Rechte und Aufgaben der vielen Einzelnen zu koordinieren und ihnen Dauer zu verleihen, damit die menschliche Person so ihre volle und dauernde Integration in Sicherheit und Freiheit zu finden vermag. ...

Ist es nun aber nicht eigenartig, wie vom Evangelium her – ärgerlich für Soziologen – gerade diese drei Ordnungssäulen für den in die Nachfolge Christi eintretenden Christen in Frage gestellt werden? Ist es nicht auffällig, wie genau sich die drei Ordnungsträger und die drei evangelischen »Räte« mit ihrer mächtigen Wirkungsgeschichte entsprechen, nein, widersprechen? Die Vollkommenheit des Christen soll bestehen in Armut, Ehelosigkeit und Gehorsam. Widerspricht nicht frei gewählte Armut dem Eigentum, frei gewählte Ehelosigkeit der Familie, frei gewählter Gehorsam als Verzicht auf Recht und Macht der verpflichtenden Rechtsordnung, die vom Staat garantiert wird?

Thomas More aber scheint sich gerade an die drei Grundsäulen der gesellschaftlichen Weltordnung recht stark gehalten zu haben.

Eigentum: Sir Thomas hatte ein wunderschönes Haus in London, in Chelsea am Ufer der Themse: mit einer Bibliothek, einer Galerie, einer Kapelle, einem Park samt Obstgarten. Seine Dienerschaft war zahlreich und sein Haus voll von beachtenswerten Dingen; was aus der Fremde kam oder sonst bedeutungsvoll war, kaufte er sogleich, und er sah es gern, wenn auch andere daran Gefallen fanden. Besondere Freude aber machte es ihm, Form und Charaktereigenschaften der Tiere zu studieren. Er hielt eine ganze Menagerie mit ungezählten Vogelarten und sonstigen seltenen Tieren: Biber, Wiesel, Füchse …

Familie: Sir Thomas hatte mit 27 oder 28 Jahren die siebzehnjährige Jane Colt geheiratet, die er sehr liebte und zu bilden versuchte; es wurden ihm drei Töchter, Margaret, Cecily und Elizabeth, und ein Sohn, John, geboren. Nachdem seine Frau früh verstarb, heiratete er ein zweites Mal; Frau Alice, älter und wenig freundlich, war immerhin eine gute Hausfrau. An seinen Kindern hing er sehr. Er ließ seinen Töchtern dieselbe humanistische Bildung wie seinem Sohn zukommen und war sich bewusst, dass er damit eine kühne Neuerung einführte, die ihm Tadel eintragen würde; besonders Margaret erreichte ein beträchtliches Wissen und eine viel bewunderte Latinität. …

Staat: Sir Thomas führte ein Leben, das ganz dem Staat und dem Schutz der Rechtsordnung gewidmet war. In seiner Vaterstadt London ist Mores Andenken vor allem durch seine Richtertätigkeit legendär geworden. Nie vorher und nachher wurde in England so gut und rasch zugleich einem jeden das Seine zugesprochen. »Wie dem auch sei, mein Sohn«, so schrieb More an einen seiner Schwiegersöhne, »dieses eine will ich Dir auf Ehre beteuern: Wenn die Parteien Gerechtigkeit von mir verlangen und es stünde auf der einen Seite mein Vater und auf der anderen der Teufel, und seine Sache wäre gut, dann sollte der Teufel recht bekommen.« Viele Anekdoten beleuchten Mores salomonische Weisheit. ...

Das alles ist Sir Thomas More, der Weltmann. Gleicht er in all dem nicht sehr wenig dem Bild dessen, was man einen »Heiligen« nennt? Ist ein derartiges Engagement in der Welt vom Evangelium her zu rechtfertigen? Kann das Nachfolge Christi sein? Vollkommenheit des Christen? ...

Denn Nachfolge Christi bedeutete doch dies: »Wenn jemand mit mir gehen will, verleugne er sich selbst und nehme sein Kreuz auf sich und folge mir nach!« (Mk 8,34). Der Entscheid ist radikal: »Keiner, der seine Hand an den Pflug legt und rückwärts schaut, taugt für die Gottesherrschaft!« (Lk 9,62). So will Gott den Menschen ganz, er will sein Herz. Nicht damit der Mensch die Welt verlasse; Jesus hat seine Jünger in die Welt hinein gesandt. Wohl aber, damit der Mensch ungehindert und frei von der Welt, ganz und gar bereit sei. Bereit wozu? Gottes Willen zu erfüllen, um gerade so für die Gottesherrschaft bereit zu sein: »Wer den Willen Gottes tut, der ist mir Bruder und Schwester und Mutter« (Mk 3,35). Was fordert der Wille Gottes? Nicht nur eine negative Absage an die Welt, sondern eine positive Hingabe: die Liebe. Es werden keine neuen Gesetze formuliert, keine neuen Einzelvorschriften gemacht. Sondern nur die eine vollkommen unbegrenzte und zugleich auf jeden Einzelfall zutreffende, ganz konkrete Forderung: »Du sollst den Herrn, deinen Gott, lieben mit deinem ganzen Herzen und mit deiner ganzen Seele und mit deinem ganzen Denken. Dies ist das größte und erste Gebot. Das zweite ist ihm gleich: ›Du sollst deinen Nächsten lieben wie dich selbst‹. An diesen zwei Geboten hängt das ganze Gesetz und die Propheten« (Mt 22,37–40). Gerade in der Feindesliebe zeigt sich die christliche Vollkommenheit: »Liebet eure Feinde und bittet für die, welche euch verfolgen, damit ihr Söhne eures Vaters in den Himmeln seid! Denn er lässt seine Sonne aufgehen über Böse und Gute und lässt regnen über Gerechte und Ungerechte... Ihr nun sollt vollkommen sein, wie euer himmlischer Vater vollkommen ist« (Mt 5,44f. 48). Wer folgt also Christus nach, wer lebt also nach seinem Evangelium vollkommen? Der frei von allen weltlichen Bindungen jederzeit bereit ist, bereit ist für Gott und Seine Forderung, die ihm im Nächsten begegnet alle Tage, im weltlichen Alltag.

Thomas More war täglich bereit. Er hatte sein Herz nicht an die Güter dieser Welt hingegeben. Er stand in der Welt, ließ sich aber von ihr nicht binden. Er hatte sich die letzte Unabhängigkeit von der Welt und die innere Freiheit für Gott bewahrt. Dies zeigt sich in Kleinigkeiten.

Sir Thomas More freute sich seines *Eigentums*, war ihm aber nicht verfallen. Der Weltmann More war kein bonvivant. Die innere Überlegenheit Mores über die Dinge dieser Welt zeigte sich in der Gleichgültigkeit bezüglich seiner äußeren Erscheinung und des Essens; er zog allgemein schlichte Kost feinen Speisen vor. Er kannte weder Raffgier noch Geiz, sondern verteilte freigebig von seinem Reichtum und errichtete in Chelsea ein Armenhaus. Dafür musste er sich nach seinem Rücktritt als Lordkanzler harten Einschränkungen unterziehen. ... Als seine Scheune in seiner Abwesenheit einer Feuersbrunst zum Opfer gefallen war, schrieb er seiner Frau Alice, sie solle die Nachbarn entschädigen, auf deren

Besitz das Feuer übergesprungen sei: »Und bliebe mir auch nicht ein Löffel übrig, es soll keiner meiner armen Nachbarn durch ein Unglück, das sich in meinem Hause zugetragen hat, auch nur den geringsten Schaden erleiden; ich bitte dich, sei mit meinen Kindern und dem ganzen Hause fröhlich in Gott.« Seine Frau möge den Haushalt mit Getreide versorgen und entscheiden, ob sie das Grundstück noch behalten sollen: »Aber ich möchte nicht, dass irgendeiner unserer Leute plötzlich weggeschickt wird, wer weiß wohin.«

So freute sich More seines Eigentums, aber sein Herz hängte er an Gott, den Herrn, allein. Wie ernst ihm mit der Grundentscheidung zwischen Gott und Eigentum und seiner radikalen Bereitschaft für Gott war, sollte die Zukunft zeigen.

Sir Thomas More liebte seine *Familie*, aber er ging nicht im Ehe- und Familienleben auf. Bei aller Freude an einer gepflegten Familienatmosphäre und einem reichen gesellschaftlichen Leben im Kreis seiner Frau und Kinder und der zahlreichen Gäste erkannte More sehr wohl, dass diese gleichsam horizontale Dimension menschlichen Zusammenseins nicht die ausschlaggebende ist, sondern dass es in allem darauf ankommt, sich der entscheidenden vertikalen Dimension des Zusammenseins mit Gott bewusst zu sein. So war More in seiner Familie sehr darauf aus, dass Gott im familiären Alltag nicht vergessen wurde. Deshalb pflegte er – in den Formen seiner Zeit – das familiäre Gebetsleben und die gemeinsame Schriftlesung. An allen Abenden, an denen der Hausherr da war, versammelte sich der ganze Haushalt zum gemeinsamen Gebet. …

So liebte More seine Familie, aber sein Herz hängte er an Gott, den Herrn, allein. Wie ernst ihm mit der Grundentscheidung zwischen Gott und Familie und seiner radikalen Bereitschaft für Gott war, sollte die Zukunft zeigen.

Sir Thomas More achtete *Rechts- und Staatsordnung* hoch, aber sie war für ihn das höchste nicht. More hatte sich wie wenige für Recht, Reich und König engagiert, aber er behielt zu allem innere Distanz und überlegene Freiheit. Auf die Nachricht hin, dass More vom König an den Hof geholt worden war, stellt Erasmus etwas wehmütig fest: »...wir werden keine Neuigkeiten mehr aus Utopia hören, die unser Lachen herausfordern«, und fügt bei: »ich weiß, dass More lieber lachen als eine offizielle Rolle spielen würde«. In der Tat meidet More den Hof so weit er kann, in gleichem Maß wie ihn andere suchen. Vergnügt schreibt er zum Beginn seiner Hoftätigkeit an Bischof Fisher: »Jedermann weiß, dass ich nicht an den Hof gehen wollte, und der König neckt mich oft damit; ich sitze so unbehaglich wie ein ungeschickter Reiter auf dem Sattel.« Gerade nachdem More zum Unterschatzmeister und Ritter aufgestiegen war, schrieb er das ernsteste seiner Bücher: »Die vier letzten Dinge«: Die Aufgabe des Lebens ist das Nachdenken über den Tod; die Welt ist auch für den, der Macht und Autorität hat, ein Gefängnis, in dem der Gefangene wartet, dass man ihn zur Hinrichtung führe … Auch als More nicht nur »irgendeine Macht oder Autorität«, sondern die Macht und Autorität des Lordkanzlers erhalten hat, bleibt er der einfache, schlichte, demütige, selbstlose Mensch von ehedem: als der nach dem König Höchste im Staat der Diener aller. Sir Thomas kleidet sich einfach und trägt seine goldene Kette nur, wenn es unbedingt sein muss; er vernachlässigt äußere Formen und liebt Gleichheit und Freiheit. Keiner seiner Diener ist je in Ungnade gefallen. Sein treuer Sekretär John Harris hat den Auftrag, ihn auf jeden Fehler aufmerksam zu machen. Stets ist More von selbstverständlicher Hilfsbereitschaft: Zeit, Geld und Einfluss beim König und bei staatlichen Stellen setzt er dafür ein. Die Bedrückten und Unglücklichen versteht er mit seinen gütigen und heiteren Reden aufzurichten. »Man könnte ihn den allgemeinen Schutzherrn derer nennen, die in Verlegenheit sind.« Er selber ist anderen gegenüber ganz und gar anspruchslos. …

So achtete More Rechts- und Staatsordnung hoch, aber sein Herz hängte er an Gott, den Herrn, allein. Wie ernst ihm mit der Grundentscheidung zwischen Staatsordnung und Gott und mit seiner radikalen Bereitschaft für Gott war, sollte die Zukunft zeigen.

Es ging Thomas More auf diesem Weg nicht nur um stoischen Gleichmut, sondern um überzeugte Nachfolge Christi, die immer Verzicht, Kreuztragen bedeutet. War seine Gattin oder eines seiner Kinder erkrankt, pflegte er zu sagen: »Wir dürfen nicht auf unser Vergnügen sehen, um in Federbetten zum Himmel zu gehen: das ist nicht der Weg; denn unser Herr selbst ging dorthin in großer Qual und vieler Bedrängnis: das war der Weg, auf dem er dorthin geschritten ist; denn der Diener darf nicht wünschen, dass es ihm besser ergehe als seinem Herrn.«

Heinrich VIII. und sein Kanzler, beide waren Männer von Welt, beide wollten Christen sein. Heinrich VIII., der sich kühn zum »alleinigen Beschützer und obersten Haupt der Kirche und Geistlichkeit Englands« erklären ließ, erscheint als der Welt verfallen, im familiären, im sozialen, im politischen Bereich: Sinnlichkeit, Reichtum, Macht waren seine Götzen, die er der Gottesherrschaft vorzog. Es soll nicht über Heinrich gerichtet werden, doch der Unterschied zu More zeigt klar, worauf es ankommt. Auch für More bedeuteten Familie, Eigentum und Staat viel. Aber weder die Familie noch der Reichtum noch die Macht waren seine Götzen. Gott allein war für ihn Gott. Als Weltmann, der sich der Welt aufrichtig freute, versuchte Sir Thomas inmitten der Welt als Christ nach dem Evangelium, in der Nachfolge Christi zu leben. Er tat es unauffällig und ohne davon Aufhebens zu machen. Wer würde schließlich beim Betrachten von Holbeins Bild auf die Idee kommen, dass dieser äußerlich so wenig einem »Heiligen« ähnliche Mann, der den kostbaren Pelz des Weltmannes zeigt, darunter – für manche Heutige vielleicht anstößig – längere Zeit ein raues härenes Hemd getragen, das ihn arg quälte, seine Kleider manchmal blutig werden ließ und von dem nur seine Lieblingstochter Margaret, die es wusch, etwas wissen durfte?

Wichtiger als solche Details ist, dass Thomas More in seinem ganzen Weltleben das Wort Pauli wahr machte, in dem wie in wenig anderen die Situation des Christen in der Welt ausgedrückt ist:

> *»Die, welche Frauen haben, seien so,*
> *als hätten sie keine,*
> *und die Weinenden,*
> *als weinten sie nicht,*
> *und die Fröhlichen,*
> *als freuten sie sich nicht,*
> *und die Kaufenden,*
> *als behielten sie es nicht,*
> *und die, welche die Welt benützen,*
> *als nützten sie sie nicht aus« (1 Kor 7,29–31).*

Das ist die Freiheit des Christen, der »in Christus« lebt, der sein ganzes alltägliches Leben unauffällig durch Christus bestimmen sein lässt. Das ist die Freiheit des Christen, die weit über das hinausgeht, was man schematisierend mit den drei »evangelischen Räten« bezeichnet: die Freiheit der Bergpredigt, die nicht »Räte« geben will, sondern Forderungen aufstellt, Forderungen für alle. Das also ist die frohe Freiheit des Christen, die dem Menschen in der Welt durch Gottes Gnade im Glauben geschenkt wird. Gott, der die Freiheit selbst ist, macht den unfreien Menschen frei: in Christus.

»Freiheit in der Welt« (1964), S. 15–20. 27–34 (teils gekürzt).

6. Tod – nicht Ende, sondern Vollendung

Ewiges Leben

*Was meint ewiges Leben, und dürfen wir darauf hoffen?
Diese komplexe, viele Menschen bedrängende und von
vielen Menschen verdrängte Frage wird von Hans Küng im letzten
Kapitel seines Buches »Ewiges Leben?« auf eine biblisch und
philosophisch verantwortete Weise beantwortet.*

Nur Gott schauen?

Es ist ein eindrucksvoller Text, dieses kleine Gedicht der spanischen Mystikerin *Teresa de Avila*, einer der bedeutendsten Frauen der Kirchengeschichte, die sich gegen unendlich viele Widerstände (nicht zuletzt die Inquisition) durchgesetzt hat:

Nada te turbe,	Nichts dich ängstige,
Nada te espante,	Nichts dich erschrecke,
Todo se pasa,	Alles vergeht,
Dios no se muda,	Gott ändert sich nicht,
La paciencia	Die Geduld
Todo lo alcanza;	Erreicht alles.
Quien a Dios tiene	Wer an Gott sich hält,
Nada le falta:	Dem fehlt nichts.
Sólo Dios basta.	Gott allein genügt.

Solo Dios basta? Genügt Gott allein? Vielleicht weniger an die große Teresa, die ihr Leben lang sehr menschen- und (sogar vom Kloster aus) weltbezogen blieb, stellt sich die Frage, sondern ganz allgemein an jene Mystik sowohl des Westens wie des Ostens, die ihren Namen vom griechischen »myein« hat, von (den Mund) »verschließen«. Die Frage an jene mystische

Religiosität also, die bezüglich ihrer verborgenen »Geheimnisse« (»Mysterien«) vor profanen Ohren den Mund »verschließt«: um das Heil ganz im eigenen Inneren zu suchen. Weltabkehr und Inneneinkehr. »Mystik« also nicht, wie heute so oft, als vages Schlagwort verstanden, sondern sehr genau bestimmt, etwa mit Friedrich Heiler in seinem klassischen religionshistorisch-religionspsychologischen Werk über »Das Gebet«: Mystik als »jene Form des Gottesumgangs, bei der die Welt und das Ich radikal verneint werden, bei der die menschliche Persönlichkeit sich auflöst, untergeht, versinkt in dem unendlichen Einen der Gottheit«.

In dieser mystischen Religiosität nimmt schon die höchste Stufe des Gebetes oder der Meditation die Vollendung voraus. Unter Mißachtung von Welt, Materie und Leib konzentriert sich der Mensch ausschließlich auf das »Ab-solute«, das von allem »Los-Gelöste«, auf das Eine, Unendliche, Ewige. Erfüllung findet solches Streben entweder (wie in der christlichen Mystik) in der Ekstase der mystischen Liebe, im beseligenden Einswerden mit der Gottheit oder aber (wie in Hinduismus und Buddhismus) im Eingehen ins Nirwana, in der beseligenden Ruhe und Leidenschaftslosigkeit, in der Vernichtung des Lebensdurstes und im »Verwehen« im Einen und Einzigen.

Sollen wir uns also so die Vollendung, den Himmel, das Reich Gottes vorstellen? Unter dem Einfluß der platonischen Ideenschau, des jüdisch-hellenistischen Philosophen Philon und der neuplatonischen Mystik hat man sich schon in der altkirchlichen Theologie konzentriert auf die »Visio beatifica«, die *beseligende Schau* Gottes. So insbesondere *Augustins* neuplatonisches Modell einer ganz und gar vergeistigten Glückseligkeit, wo die Materie, der Leib, die Gemeinschaft, die Welt bestenfalls am Rande erwähnt werden.

Gewiß, Augustin spricht auch von der »Stadt Gottes« und dem »himmlischen Jerusalem« – kollektiv-eschatologische

Bilder menschlicher Gemeinschaftsbildung –, und wenige Sätze umschreiben inhaltlich so eindrücklich und sprachlich so brillant die Vollendung wie der Schluß von Augustins großem geschichtstheologischen Werk »Über den Gottesstaat«, wo die Rede ist vom großen Sabbat, dem Tag des Herrn, dem ewigen achten Tag, der die ewige Ruhe des Geistes und des Leibes bringen wird: »Da werden wir frei sein und werden sehen, werden sehen und werden lieben, werden lieben und werden loben. Siehe, das wird am Ende sein ohne Ende. Denn was anderes ist unser Ende als zu gelangen zu dem Reich, dessen kein Ende ist?«

Gewiß hat Gott – wenn irgendwo – so in seinem Reich den absoluten Vorrang, den Primat schlechthin. Und doch: Wird hier nicht die Verengung des Neuplatonikers sichtbar, der alles individualisiert, verinnerlicht und vergeistigt: das Freisein, Sehen, Lieben, Loben – alles ganz auf Gott ausgerichtet (»Gott und meine Seele«), ohne die Erwähnung zwischenmenschlicher Beziehungen und kosmischer Dimensionen? Kommen nicht von solcher exklusiv betonten »Gottesschau« und derart sublimer »Gottseligkeit« jene heutzutage mit Recht abgewiesenen Vorstellungen: von den »Heiligen auf goldnen Stühlen sitzend« (Marie Luise Kaschnitz), vom langweiligen »Halleluja«-Singen auf den Wolken (Ludwig Thomas Parabel vom »Münchner im Himmel«), vom »Himmel der Engel und der Spatzen« (Heinrich Heine), vom öden Ort einer aussichtslosen, erwartungslosen »banalen Ewigkeit« (Max Frisch)? Wie steht es denn – bei Kaschnitz und in Dostojewskis Karamasoff-Schluß klingt es an – um die menschliche Kommunikation, Sprache, Gemeinschaft, Liebe? Wie steht es um die Natur, die Erde, den Kosmos? Schauen und lieben wir allein Gott, die anderen Menschen aber, wie manche Theologen meinen, bestenfalls indirekt? Ist das alles nicht ein Himmel, dem außer dem Gold der Ewigkeit alle Farbe fehlt, alle Wärme, Empfindung, vitale Freude, Sinnlichkeit, echtes Menschenglück – und damit so ungefähr alles, was schon auf Erden ein »alternatives Leben« ausmacht? Ein Himmel für Ästheten und Asketen?

Zu Recht bemerkt der katholische Theologe *Hermann Häring* zur »radikalen Sublimierung vitaler Bedürfnisse« im »mönchisch-asketischen Himmelsideal«, das nur »einer kleinen, religiös hochbegabten und intellektuell möglichst trainierten Elite möglich« sei: »Sagen wir es ohne alle Anmaßung und ohne ein Urteil über die Erwartungen früherer Generationen zu fällen: Für viele Menschen hat ein solcher Himmel *zu wenig mit der Erde*, mit diesem Leben, zu wenig mit ihren Hoffnungen zu tun. Auf eine gefährlich selbstverständliche Weise war er zum Reich der reinen Geister geworden. Zu sehr haben wir ihn als das Ziel einer glücklichen Flucht aus dem Diesseits verstanden. Die Langeweile seiner Ausstattung hat allmählich die Hoffnungsimpulse der Menschen überdeckt.«

Wem solcher Einspruch allzu weltlich vorkommt, der denke an die Schrift: Ist mit solcher vergeistigten Gottesschau das abgedeckt, was Altes und Neues Testament vom Endzustand zu sagen wissen? Zugegeben: Was schon nach dem Alten Testament für den Menschen auf Erden tödlich ist – Gott sehen –, wird nach dem Neuen Testament *zentraler Inhalt* der Vollendung. Aber wichtig im Blick auf die Mystik: die Erfüllung der Verheißung erfolgt in der *Zukunft*! Schon Jesus selber, wohl Gedankengänge aus der Apokalyptik aufgreifend, sagt in der Bergpredigt: »Selig, die reinen Herzens sind, denn sie werden Gott schauen.« Und nicht weniger deutlich macht es Paulus, daß die Gottesschau nicht auf Erden, durch Gnosis oder Mystik, zu erreichen ist, sondern erst in der Vollendung: »Jetzt schauen wir in einen Spiegel und sehen nur rätselhafte Umrisse, dann aber schauen wir von Angesicht zu Angesicht. Jetzt erkenne ich unvollkommen, dann aber werde ich durch und durch erkennen, so wie ich auch durch und durch erkannt worden bin.« Und im ersten Johannesbrief heißt es: »Wir wissen, daß wir ihm ähnlich sein werden, wenn er offenbar wird; denn wir werden ihn sehen, wie er ist.« Und wichtig vor allem: Was nach dem Neuen Testament *zentraler* Inhalt der zukünftigen Vollendung ist, ist doch *nicht* ihr *einziger* Inhalt!

Die neue Erde und der neue Himmel

Daß die Bibel die Vollendung in Gott mit Hilfe einprägsamer irdisch-menschlicher *Bilder* umschreibt, lernen wir vielleicht – angesichts des weit fortgeschrittenen Prozesses der Intellektualisierung in Theologie und Kirche – wieder neu auch als eine Chance zu begreifen. Wir lernen vielleicht, welche geistige Verarmung es bedeutete, wollte man diese Bilder wegrationalisieren oder auf einige Begriffe und Ideen reduzieren: Da ist schon bei Jesus selber die Rede vom endzeitlichen Freudenmahl mit neuem Wein, von der Hochzeit, vom großen Festmahl, zu dem alle geladen sind, da herrscht allenthalben große Freude … Alles Hoffnungsbilder, noch nicht von der Blässe des Gedankens angekränkelt.

Gewiß kann man sich den Himmel auch *allzu sinnlich*, allzu phantastisch ausmalen. So etwa, wenn nicht nur die Apokalyptik, sondern im Anschluß an jüdisch-christliche Vorstellungen der Koran das Paradies – wirklich nur symbolisch? – voll der irdischen Seligkeit sieht: In den »Gärten der Wonne« unter Gottes Wohlgefallen (von der Gottesschau ist am Rande die Rede) das »große Glück«: ein Leben voller Seligkeit, auf edelsteingeschmückten Liegebetten, köstliche Speisen, Bäche niemals verderbenden Wassers und Milch von geklärtem Honig und köstlichem Wein, gereicht von ewig-jungen Knaben, die Seligen zusammen mit entzückenden Paradiesjungfrauen, die niemand zuvor berührte (»großäugige Huris als Gattinnen«).

Umgekehrt aber mag es nicht nur manchem Moslem, sondern auch manchem Christen als *allzu übersinnlich* erscheinen, wenn etwa nach ... Thomas von Aquin selbst die Himmelskörper in ewiger Ruhe verharren, die Menschen nicht essen und trinken und sich selbstverständlich nicht fortpflanzen; Pflanzen wie Tiere seien deshalb entbehrlich auf dieser neuen Erde, die ohne Flora, Fauna und selbst Mineralien, dafür aber mit viel Glorienschein (»aureolae« der Heiligen) ausgestattet sein wird ...

Hat man in dieser ganzen mehr platonisierenden als christlichen Tradition nicht jene Verheißungen einer *befriedeten Natur* und einer *befriedeten Menschheit* weithin vergessen, wie sie für Juden und Christen schon im *Jesaja-Buch* (Marie Luise Kaschnitz hat recht: nicht für die Gegenwart, sondern für die Zukunft!) angekündigt sind? »Dann wohnt der Wolf beim Lamm, der Panther liegt beim Böcklein. Kalb und Löwe weiden zusammen, ein kleiner Knabe kann sie hüten. Kuh und Bärin freunden sich an, ihre Jungen liegen beieinander. Der Löwe frißt Stroh wie das Rind. Der Säugling spielt vor dem Schlupfloch der Natter, das Kind streckt seine Hand in die Höhle der Schlange. Man tut nichts Böses und begeht kein Verbrechen auf meinem ganzen heiligen Berg; denn das Land ist erfüllt von der Erkenntnis des Herrn, so wie das Meer mit Wasser gefüllt ist ...«

Am Ende des Jesaja-Buches – beim Dritten Jesaja nach dem babylonischen Exil – findet sich auch jenes ... große Wort, welches wohl am umfassendsten die Vollendung ansagt, die auf keinen Fall weltflüchtig, materiefeindlich, leibabwertend verstanden werden darf, die vielmehr als *Neuschöpfung* – ob in Umgestaltung oder Neugestaltung der alten Welt –, eben als »*neue Erde und neuer Himmel*«, darum unsere beglückende Heimat, zu verstehen ist: »Denn schon erschaffe ich einen neuen Himmel und eine neue Erde. Man wird nicht mehr an das Frühere denken, es kommt niemand mehr in den Sinn. Nein, ihr sollt euch ohne Ende freuen und jubeln, über das, was ich erschaffe.« Und dann ist die Rede davon, daß die Menschen nicht mehr als Säuglinge sterben, sondern in jugendlichem Alter leben, daß sie Häuser bauen, Reben pflanzen und ihre Früchte genießen … Und neue Schöpfung: das heißt zugleich – nach Jeremia – »Neuer Bund« und – nach Ezechiel – »neue Herzen, neuer Geist«.

Dies also sind die Bilder für das Reich Gottes, für die Vollendung der Menschheitsgeschichte durch den getreuen Gott, den Schöpfer und Neuschöpfer, im Neuen Testament aufgenommen und vermehrt: Braut und Hochzeitsmahl, das lebendige Wasser, der Baum des Lebens, das neue Jerusalem. Bilder für Gemeinschaft, Liebe, Klarheit, Fülle, Schönheit und Harmonie. Aber spätestens hier haben wir uns zu erinnern: Bilder sind – Bilder. Sie dürfen wie nicht eliminiert so auch nicht verobjektiviert, verdinglicht werden. Wir haben uns an das zu erinnern, was wir im Zusammenhang mit der Auferweckung Jesu so deutlich gesagt haben: Es geht in der Vollendung von Mensch und Welt um ein neues Leben in den *unanschaulichen Dimensionen Gottes* jenseits unserer Zeit und unseres Raumes. »Der allein Unsterbliche, der wohnt in unzugänglichem Licht, den kein Mensch gesehen hat, noch zu sehen vermag«, heißt es im ersten Timotheusbrief. Wie sollten wir da unsere Bilder mit der Wirklichkeit Gottes identifizieren können? Über allem menschlichen Erfahren, Vorstellen und Denken ist Gottes Vollendung. Völlig neu, ungeahnt und unfaßlich, undenkbar und unsagbar ist die Herrlichkeit des ewigen Lebens: »Was kein Auge gesehen und kein Ohr gehört hat, was keinem Menschen in den Sinn gekommen ist: das hat Gott denen bereitet, die ihn lieben.«

Und so wird unsere Rede von der Vollendung, wenn sie weder allzu sinnenhaft-abstrus noch allzu blutleer-abstrakt sein soll, sich am besten *auf der Grenze von Bild und Begriff* bewegen. Erfahrung ist dabei als Korrelat unverzichtbar, sollen die Bilder sich nicht in Abstraktionen verflüchtigen; doch ist Erfahrung keinesfalls einziges Kriterium, sollen unsere Bilder nicht zu reinen Wunsch-Bildern ausarten. Je feiner also die Dialektik zwischen Erfahrung und Abstraktion gewahrt ist, desto geeigneter dürfte ein Bild-Begriff sein, um das auszudrücken, was mit Vollendung gemeint ist. Und sind so nicht vielleicht doch die großen symbolträchtigen Begriffe des Menschen, Leben, Gerechtigkeit, Freiheit, Liebe, Heil, wie schon in der Schrift, so auch noch heute am geeignetsten, um auf der Grenze von Begriff und Bild deutlich zu machen, um was es in der Vollendung geht?

Bild-Begriffe, die gewiß vom Ganzen der Schrift her gewonnen, im Lichte Jesu von Nazaret aber zugespitzt werden müssen. So läßt sich – vom Gekreuzigten und Auferweckten her gesehen – die *Vollendung* in dialektischer Denkbewegung umschreiben: als Leben, Gerechtigkeit, Freiheit, Liebe, Heil.

- Ein *Leben*, in das wir mit unserer ganzen Geschichte hineingenommen sind, in welchem aber Vorläufigkeit und Sterblichkeit überwunden sein werden durch Dauer und Beständigkeit; ein wahres, unvergängliches Leben in jenem Gott, der sich am Gekreuzigten als der lebendige, lebenschenkende Gott erwiesen hat: ein *ewiges* Leben!
- Eine *Gerechtigkeit*, für die wir in dieser Gesellschaft bereits kämpfen, ohne sie aber wegen der Ungleichheit, Unfähigkeit und Unwilligkeit der Menschen je zu erreichen; eine Gerechtigkeit, die – vom gerechtfertigten Jesus her – sich als das Recht seiner Gnade erweist, die Gerechtigkeit und Barmherzigkeit vereint: eine *allesübersteigende* Gerechtigkeit!
- Eine *Freiheit*, die wir auf Erden schon gespürt haben, deren Relativitäten jedoch aufgehoben sein werden durch das Absolute selbst; eine Freiheit, die – Gottes großes Geschenk in Jesus – Gesetz und Moral endgültig hinter sich gelassen hat: eine *vollkommene* Freiheit!

- Eine *Liebe*, die uns hier schon zuteil wurde, die wir hier schon gestiftet haben, deren Schwäche und Leid indessen verwandelt sein werden durch göttliche Kraft und Macht; eine ganz und gar erfüllte Liebe durch den Gott, dessen Liebe sich in Jesus als stärker denn selbst der Tod erwiesen hat: eine *unendliche* Liebe!
- Ein Heil, dessen Ahnung wir hier schon erfahren haben, dessen Gebrechlichkeit und Bruchstückhaftigkeit jedoch gänzlich aufgehoben sein werden in einem definitiven Ganz-Sein, Heil-Sein Gottes, das im Lichte der Auferweckung des Getöteten den Menschen in allen seinen leibseelischen Dimensionen erfaßt: ein *endgültiges* Heil!

Das alles also ist als das Reich der vollkommenen Freiheit, der alles übersteigenden Gerechtigkeit und der unendlichen Liebe das endgültige Heil: das *ewige Leben* – für Mensch und Welt ein Leben ohne Leid und Tod in der Fülle eines ewigen Jetzt, wie schon Boethius die *Ewigkeit* klassisch definiert hat: »… eines unbegrenzten Lebens gleichzeitig ganzer und vollkommener Besitz«. Aber diese klassische Definition der Ewigkeit neuzeitlich-dialektisch interpretiert als wirkliches Leben:

- Ewigkeit nicht rein affirmativ verstanden als linear fortgesetzte Zeit: als fortlaufende *Endlosigkeit* eines reinen Prozesses ausdehnungsloser Augenblicke;
- Ewigkeit aber auch nicht rein negativ verstanden als statische Negation aller Zeit: als pure *Zeitlosigkeit* einer unveränderlichen Identität;
- Ewigkeit vielmehr, von der Botschaft des zum Leben Erweckten her, dialektisch verstanden als die Zeitlichkeit, die »aufgehoben« ist in die Endgültigkeit: als die vollendete *Zeitmächtigkeit* eines Gottes, der gerade als der Lebendige zugleich Identität und Prozeß in sich schließt. Jüdisch-christlich-islamisches Denken (von der Wieder-

geburt zum ewigen Leben) und indisches Denken (von Wiedergeburt und Nirwana) könnten sich hier vielleicht doch finden.
- Realsymbol von unersetzlichem archetypischen Symbolwert für Gottes und so des Menschen ewiges Leben wird – nach Entmythologisierung durch Astronomie und Theologie – der *Himmel* bleiben: Zeichen der Entgrenzung und Unendlichkeit, des Hellen, Lichten, Leichten, Freien, des überirdisch Schönen, wahrhaftig nie Langweiligen, sondern ständig Neuen, unendlich Reichen, der vollkommenen Glückseligkeit.

Aber es geht hier nicht etwa um eine Schwärmerei aus lauter Hoffnungsseligkeit, sondern um eine möglichst präzise zusammenfassende Umschreibung dessen, was ewiges Leben heute bedeuten kann. Alle Vorfreude, dies muß bis zum Ende festgehalten werden, darf Christen nie diese Zeit, darf nie das Kreuz, den *Gekreuzigten*, vergessen lassen, welches nun einmal das große christliche Distinktivum bleibt gegenüber allen sonstigen Unsterblichkeitshoffnungen und Ewigkeitsideologien. Daß das Leben hier und jetzt oft genug durchkreuztes Leben ist, wer wüßte das besser als solche, denen es um die Nachfolge des gerechtfertigten Gekreuzigten ernst ist. Daher gilt: Nicht die intellektuelle Bewältigung des – im spekulativen Detail höchst komplexen – Problems des ewigen Lebens ist von uns gefordert. Auch nicht das individualistisch-spiritualistische »Rette deine Seele!«. Sondern mit den anderen zusammen, die mit uns leben – aus der Hoffnung auf ein ewiges Leben und im Einsatz für eine bessere Menschenwelt angesichts des kommenden Gottesreiches –, ein *praktisches Leben im Heute*, welches sein Maß an Jesus dem Gekreuzigten nimmt.

»Ewiges Leben« (1982), S. 274–282.

Das Ende aller Dinge

Visionen vom apokalyptischen Ende der Welt hatten und haben zu allen Zeiten Konjunktur. Als gläubiger Christ und aus theologischer Überzeugung spricht Hans Küng nicht vom »Weltenende«, sondern von »Vollendung« in Gott, auf die der Mensch hoffen darf, und die er vor dem Hintergrund physikalischer Hypothesen plausibel skizziert.

Wie schon beim Propheten Joel (2,10) ist auch im Neuen Testament davon die Rede, daß sich in der letzten Drangsal die Sonne verfinstern und der Mond seinen Schein verlieren wird, daß die Sterne vom Himmel fallen und die Himmelskräfte erschüttert werden (Mt 24,29). Sind dies im Lichte physikalischer Endzeittheorien nicht gespenstisch genaue Visionen? Doch vor theologischen Kurzschlüssen über das Weltende muß ebenso gewarnt werden wie vor Kurzschlüssen über den Weltanfang! Auch hier hat die Theologie einiges gutzumachen, was bei Naturwissenschaftlern verständliche Vorurteile entstehen ließ.

Physikalische Hypothesen vom Ende

Selbstverständlich spekulieren auch Astrophysiker über das Ende: In rund fünf Milliarden Jahren würde die Andromeda-Galaxie mit unserer Milchstraße zusammenprallen, und Milliarden Sterne würden durch das Universum gewirbelt. Zugleich würde die Sonne zu einem »Roten Riesen« anschwellen. Dann aber würde alles noch vorhandene Leben auf unserer Erde absterben. Ist das alles so sicher? Vieles, was da über die »letzten drei Minuten« des Universums physikalisch gelehrt wird, ist spekulativ. Der amerikanische Physiker *Paul*

Davies gab denn auch seinem Buch, das die futurologische Forschung gut zusammenfaßt, den sachgemäßen Untertitel »Mutmaßungen über das letzte Schicksal des Universums«.

Der Großteil der Kosmologen geht heute davon aus, daß *unsere Welt alles andere als stabil, unwandelbar, gar ewig* ist: eine »Welt zwischen Anfang und Ende« (Harald Fritzsch). Umstritten ist jedoch die Frage, die man sich nach der Entdeckung der bisher ältesten Strukturen (Fluktuationen) des Universums im April 1992 von neuem stellt, ob die Expansion des Weltalls, die mit dem Urknall begonnen hat, einmal zum Stehen kommt und danach wieder in Kontraktion übergehen wird oder ob sie dauernd weitergeht.

Die *erste Hypothese* geht aus von einem »pulsierenden« oder »schwingenden« Universum, das sich allerdings, wie wir hörten, bisher in keiner Weise verifizieren ließ: Einmal werde sich die Expansion verlangsamen; sie komme zum Stillstand und schlage in Kontraktion um, so daß das Universum sich in einem viele Milliarden Jahre dauernden Prozeß wieder zusammenzieht und die Galaxien mit ihren Sternen schließlich immer rascher aufeinander zufallen, bis es möglicherweise – man spricht von mindestens 80 Milliarden Jahren nach dem Ur-Knall – unter Auflösung der Atome und Atomkerne in ihre Bestandteile zu einem erneuten großen Knall kommt, zum *Big Crunch*, zum End-Knall. Dann könnte vielleicht in einer erneuten Explosion wieder eine neue Welt entstehen. Vielleicht – denn mehr als reine Spekulation ist ein solches zwischen Phasen der Kontraktion und der Expansion »oszillierendes« Universum nicht. Ja, es braucht schon einen starken »Glauben«, ohne alle empirische Belege anzunehmen, daß auf jeden Big Crunch ein neuer Big Bang folgen werde, der eine neue Welt mit total anderen Naturgesetzen hervorbringen würde.

Die *zweite Hypothese*, die heute die Mehrheit der Astrophysiker hinter sich scharen dürfte: Die Expansion des als sehr flach (neuestens vom französischen CNRS) vermessenen Universums schreitet ständig fort, ohne abgebremst zu werden und in Kontraktion umzuschlagen. Ja, das Universum, beschleunigt möglicherweise durch eine über das ganze *Universum* verteilte »dunkle Energie« (Vakuumfluktuationen?), *dehnt sich immer rascher aus.* Auch hier machen die Sterne ihre Entwicklung durch: Wenn ihr Energievorrat verbraucht ist, kommt es bei schweren Sternen zur Supernova-Explosion (mit einer möglicherweise eine Milliarde mal größeren Leuchtkraft als die Sonne); da stürzt der innere Teil der Masse durch Gravitation ins Zentrum, und es bildet sich ein Neutronenstern. Bei kleineren Sternen, wie etwa der Sonne, bildet sich zum Schluß ein »Weißer Zwerg«, vielleicht so groß wie unsere Erde; dieser wird durch den Druck der Elektronen gegen ein Kollabieren durch die Gravitationskraft stabilisiert. Werden sich so aus der im Inneren der Sterne umgewandelten, ausgestoßenen Materie neue Sterne und Sterngenerationen bilden, so werden auch in diesen wieder Kernprozesse vor sich gehen, bei denen die Materie im Sterninneren schließlich zu »Sternenasche« (Eisen und Nickel) verbrennt. Langsam wird Kälte im Kosmos einziehen, Tod, Stille, absolute Nacht. Aber schon lange vorher bläht sich unsere Sonne zuerst auf zu einem »Roten Riesen« und verschluckt die Erde, bis auch sie erlischt, weil ihr Wasserstoff verbraucht ist.

Auch dies alles reine Spekulation? Keineswegs, denn die ständig weitergehende Ausdehnung des Universums ist beobachtbar, und die verschiedenen Stadien von Sternentwicklung wurden von den Astronomen erstaunlich präzise verifiziert. Doch soll man sich Angst machen um etwas, was sich, wenn überhaupt, erst in 5 Milliarden Jahren ereignen wird, wenn der Wasserstoffvorrat im Inneren der Sonne erschöpft ist?

Apokalyptische Visionen vom Ende

Das drängende, bedrohliche Problem für den durchschnittlichen Zeitgenossen ist nicht so sehr das Ende unseres Universums, von dessen ungeheurer zeitlicher wie räumlicher Ausdehnung die biblischen Generationen ohnehin keine Ahnung hatten. Das Problem ist vielmehr der Untergang der Welt für uns: das Ende unserer Erde, genauer der Menschheit: Weltuntergang als *Ende der Menschheit – von Menschen gemacht*.

Viele »wiedergeborene Christen« zitieren angesichts all der Weltkatastrophen, Kriege und Hungersnöte, Erdbeben, des Tsunami und anderer Naturkatastrophen die bedrückende, furchterregende Vision aus dem Neuen Testament und schüren damit Ängste: »Ihr werdet von Kriegen hören, und Nachrichten über Kriege werden euch beunruhigen. Gebt acht, laßt euch nicht erschrecken! Das muß geschehen. Es ist aber noch nicht das Ende. Denn ein Volk wird sich gegen das andere erheben und ein Reich gegen das andere, und an vielen Orten wird es Hungersnöte und Erdbeben geben. Doch das alles ist erst der Anfang der Wehen ... Sofort nach den Tagen der großen Not wird sich die Sonne verfinstern, und der Mond wird nicht mehr scheinen; die Sterne werden vom Himmel fallen, und die Kräfte des Himmels werden erschüttert werden« (Mt 24,6–8, 29).

Nun braucht man heute keine Weltuntergangsgeschichten von *Poe* bis *Dürrenmatt* zu lesen und keine Katastrophenfilme anzusehen, um zu wissen: Wir sind seit Menschengedenken die erste Menschengeneration, die durch die Entfesselung der Atomkraft *fähig* ist, *der Menschheit ein Ende zu bereiten*! Die »kleinen« Atombomben auf Hiroshima und Nagasaki und der Reaktorunfall in Tschernobyl haben den Menschen überall gezeigt, was ein Atomkrieg großen Stils bedeuten würde: Die Erde würde unbewohnbar. Heute aber, da durch das Ende des Kalten Krieges die Gefahr eines großen Atomkrieges eher gesunken ist, fürchten noch mehr Menschen »kleine« Atomkriege zwischen nationalistisch fanatisierten Völkern oder ausgelöst von Terrorgruppen. Sie fürchten aber vor allem den Umweltkollaps, der unsere Erde ebenfalls zerstören könnte: Klimawandel, Überbevölkerung, Müllkatastrophe, Ozonloch, verdorbene Luft, vergiftete Böden, chemikalien-verseuchte Gewässer, Wasserknappheit … Selbst der hier verschiedentlich für die eher hypothetische Viele-Universen-Theorie zitierte britische Astronom und Kosmologe *Martin Rees* ergeht sich in seinem neuesten Buch unter dem Titel »Our Final Century?« – zu deutsch »Unsere letzte Stunde« – angesichts der höchst realen »manmade problems« in düsteren Prognosen, Katastrophenszenarien und Kritik an der Naturwissenschaft.

Apokalyptische Visionen, die durchaus Wirklichkeit werden können, wenn sich die Menschheit nicht energisch zu mehr Abwehr- und Reformmaßnahmen auf allen Gebieten – vom Klimaschutz bis zur Geburtenregelung – aufrafft. Doch gerade in der westlichen Führungsmacht USA steht bisher eine öko-soziale Umkehr noch aus. Vielmehr haben dort die verbrecherischen Großattentate muslimischer Fanatiker vom 11. September 2001 zu einem beispiellosen Boom der *»christlichen« Endzeit-Literatur* geführt. Der seit den ersten technischen Zukunftsromanen von *Jules Verne* in den 60er Jahren des 19. Jh. verbreitete moderne Fortschrittsglaube ist in nachmoderne Skepsis und Pessimismus umgeschlagen. Historie und Phantasie, Apokalyptik und Esoterik, Christliches und Pseudochristliches mischen sich hier. Millionenauflagen erreichte der auf elf Bände angewachsene Roman »Left Behind« eines Lutherischen Verlagshauses, der zeigt, wie »die Bösen« bei der Wiederkunft Christi verstoßen und »zurückgelassen« werden. Noch bekannter ist der verfilmte Band »*Armageddon*«, in dem Christen im Endkampf die

Kräfte des Bösen besiegen, wobei sich die Amerikaner selbstverständlich mit »den Guten« identifizieren und so vielfach auch in der Gegenwart schon ihre militaristische Politik und Präventivkriege um Öl und Hegemonie legitimieren. Bereits Präsident *Ronald Reagan*, nicht immer klar zwischen virtueller und realer Wirklichkeit unterscheidend und einen »Star War« voraussehend, glaubte wie die Zeugen Jehovas an »Armaggedon«, nach der Apokalypse (16,16) der mythische Ort, an dem die Dämonengeister »die Könige der gesamten Erde« für den großen Endkampf versammeln, aus dem die Vernichtung dieses Systems der Dinge hervorgeht.

Schlimm ist, daß manche Menschen spannend geschriebene Romane wie *Dan Browns* »The Da Vinci Code« vom »Letzten Abendmahl« und dem »Heiligen Gral« als historische Werke ansehen, ja, daß sogar ein intelligenter amerikanischer Präsident wie *Bill Clinton* einen (mit Unterstützung der neokonservativen Kreise im Pentagon reich dokumentierten) Roman über die Bedrohung der USA durch einen biologischen Angriff für bare Münze nahm und entsprechend Anweisungen an die Militärs erteilte. Alle diese Apokalyptiker mit ihrer riesigen Gefolgschaft konservativer Christen bedürfen dringend der Aufklärung über das, was die apokalyptischen Passagen der Bibel wirklich meinen.

Der Sinn der biblischen Visionen

Wer in den Berichten des Neuen Testament von der letzten Drangsal, der Verfinsterung der Erde und des Mondes, vom Herunterfallen der Sterne und der Erschütterung der Himmelskräfte exakte Voraussagen über das Ende der Welt oder zumindest unserer Erde vor sich zu haben meinte, wer sie als eine Art chronologischer »Ent-hüllung« (*Apo-kalypsis*) oder als Informationen über die »letzten Dinge« am Ende der Weltgeschichte auffassen würde, würde die Texte mißverstehen.

Wie die biblischen Erzählungen vom Schöpfungswerk Gottes der damaligen Umwelt entnommen wurden, so die von Gottes Endwerk der zeitgenössischen Apokalyptik, einer von Endzeiterwartungen geprägten Zeitströmung um die Zeitenwende in Judentum und Christentum. Die gespenstischen Visionen der Apokalypse sind eine eindringliche Mahnung an die Menschheit und den einzelnen Menschen, den Ernst der Lage zu erkennen. Aber wie die biblische Protologie keine Reportage von Anfangs-Ereignissen sein kann, so die biblische Eschatologie keine Prognose von End-Ereignissen. Die Bibel spricht deshalb auch hier *keine naturwissenschaftliche Faktensprache*, sondern eine *metaphorische Bildsprache*. Auch hier wieder gilt von der *biblischen Sprache*:
– *Bilder* sind *nicht wörtlich* zu nehmen; sonst wird der Glaube zum Aberglauben.
– Bilder sind aber auch *nicht abzulehnen*, nur weil sie Bilder sind; sonst verkommt die Vernunft zum Rationalismus.
– Bilder dürfen nicht eliminiert oder auf abstrakte Begriffe reduziert werden, sondern sind *richtig zu verstehen*: Sie haben ihre eigene Vernunft, stellen Realität mit ihrer eigenen Logik dar, wollen die Tiefendimension, den Sinnzusammenhang der Wirklichkeit aufschließen. Es gilt also, die von ihnen gemeinte Sache neu aus dem Verstehens- und Vorstellungsrahmen von damals in den von heute zu übersetzen.

Alle diese biblischen Ankündigungen können also für uns keinesfalls ein Drehbuch von der Menschheitstragödie letztem Akt sein. Denn sie enthalten keine besonderen göttlichen »Offenbarungen«, die unsere Neugierde hinsichtlich des Endes befriedigen könnten. Hier erfahren wir gerade nicht – gewissermaßen mit unfehlbarer Genauigkeit –, was im einzelnen auf uns zukommt und wie es dann konkret zugehen wird. Wie die »ersten Dinge«, so sind auch *die »letzten Dinge« direkten Erfahrungen nicht zugänglich*. Für die »Ur-Zeit« wie für die »End-Zeit« gibt es keine menschlichen

Zeugen. Und wie uns keine eindeutige wissenschaftliche Extrapolation gegeben ist, so auch keine genaue prophetische Prognose der definitiven Zukunft von Menschheit, Erde, Kosmos. Auch das biblische Bild der großen öffentlichen Gerichtsverhandlung der gesamten Menschheit, also der Milliarden und Abermilliarden von Menschen, ist eben ein Bild.

Was ist dann der *Sinn* dieser poetischen Bilder und Erzählungen vom Anfang und Ende? Sie stehen für das durch die reine Vernunft Unerforschliche, für das Erhoffte und Befürchtete. In den biblischen Aussagen über das Ende der Welt geht es um ein *Glaubenszeugnis* für die *Vollendung des Wirkens Gottes* an seiner Schöpfung: Auch am Ende der Geschichte von Welt und Mensch steht – Gott! Deshalb hat die Theologie keinen Anlaß, das eine oder andere wissenschaftliche Weltmodell zu favorisieren, wohl aber das Interesse, den Menschen Gott als Ursprung und Vollender der Welt und des Menschen verständlich zu machen. Auch hier ist nämlich jeder Mensch vor eine Option, eine Glaubensentscheidung gestellt. Nach der Botschaft der Bibel geht die Geschichte der Welt und das Leben des Menschen hin auf jenes *letzte Ziel der Ziele*, das wir Gott, eben *den Vollender-Gott* heißen. Und wenn der Mensch ihn auch wie den Schöpfergott nicht beweisen kann, so kann er ihn doch mit gutem Grund bejahen: in jenem für ihn so vernünftigen, geprüften, *aufgeklärten Vertrauen*, in dem er schon Gottes Existenz bejaht hat. Denn wenn der Gott, der existiert, wahrhaft Gott ist, dann ist er nicht nur Gott für mich jetzt und hier und heute, sondern Gott auch am Ende. Wenn Alpha, dann auch Omega: Gott, wie es in der Liturgie heißt, von Ewigkeit zu Ewigkeit.

Sterben ins Licht hinein

Ich persönlich habe *Blaise Pascals* »Wette« angenommen und setze – nicht aufgrund einer Wahrscheinlichkeitsrechnung oder mathematischer Logik, wohl aber aufgrund eines vernünftigen Vertrauens – auf Gott und Unendlich gegen Null und Nichts. Ich glaube nicht an die späteren legendarischen Ausgestaltungen der neutestamentlichen Auferstehungsbotschaft, wohl aber an ihren ursprünglichen Kern: Daß dieser Jesus von Nazaret nicht ins Nichts, sondern in Gott hinein gestorben ist. Im Vertrauen auf diese Botschaft hoffe also ich als Christ wie viele Menschen auch in anderen Religionen auf ein Sterben nicht in ein Nichts hinein, was mir höchst irrational und sinnlos vorkommt. Vielmehr auf ein Sterben in die allererste-allerletzte Wirklichkeit, in Gott hinein, was – jenseits von Raum und Zeit in der verborgenen Realdimension Unendlich – alle menschliche Vernunft und Vorstellung übersteigt. Welches Kind würde schon ohne besondere Kenntnis dem Kokon einer Raupe die freie, nicht mehr an die Erde gebundene, lichtvolle Existenz eines Schmetterlings zutrauen! Des bleibenden Risikos dieser Wette auf unbedingtes Vertrauen hin bin ich mir selbstverständlich bewußt, aber ich bin der Überzeugung: Selbst wenn ich die Wette im Tod verlöre, hätte ich für mein Leben nichts verloren, nein, ich hätte in jedem Fall besser, froher, sinnvoller gelebt, als wenn ich keine Hoffnung gehabt hätte.

Dies ist meine aufgeklärte, begründete Hoffnung: Sterben ist Abschied nach innen, ist Einkehr und Heimkehr in der Welt Urgrund und Ursprung, unsere wahre Heimat: ein Abschied – je nachdem – vielleicht nicht ohne Schmerz und Angst, aber hoffentlich doch in Gefaßtheit und Ergebenheit, jedenfalls ohne Gejammer und Wehklage, auch ohne Bitterkeit und Verzweiflung, vielmehr in hoffender Erwartung, stiller Gewißheit und (nachdem alles zu Regelnde geregelt ist) *beschämter Dankbarkeit* für all das Gute und weniger Gute, das nun endlich definitiv hinter uns liegt – Gott sei Dank.

So kann ich denn das unfaßbare Ganze der Wirklichkeit verstehen:

Gott als Alpha und Omega, der Anfang und das Ende aller Dinge.

Und deshalb ein *Sterben ins Licht hinein*:

Mit dem Wort vom Licht auf der ersten Seite der Bibel im Buche Genesis habe ich dieses Buch begonnen.

Mit dem Wort vom Licht auf der letzten Seite, der Offenbarung des Johannes, möchte ich sie beschließen:

> *»Und es wird keine Nacht mehr geben, und sie brauchen weder das Licht einer Lampe noch das Licht der Sonne. Denn der Herr, ihr Gott, wird über ihnen leuchten, und sie werden herrschen von Ewigkeit zu Ewigkeit«* (Apk 22,5).

»Der Anfang aller Dinge« (2005), S. 218–226.

Menschenwürdig sterben

Schon früh hat Hans Küng in der Sterbehilfe-Diskussion klar Stellung bezogen: Dem Menschen ist die Verantwortung für sein Leben wie für sein Sterben gegeben, und wer an ein Sterben in Gott hinein glaubt, muss das Leben nicht um jeden Preis verlängern. Der vorliegende Text ist ein entschiedenes von Spiritualität getragenes Plädoyer für ein wahrhaft »menschen-würdiges« Sterben.

Ein theologisch verantworteter Weg der Mitte

Natürlich bin auch ich mir völlig darüber im klaren, welche verderbliche Folgen ein Abweichen vom Prinzip der Unantastbarkeit des menschlichen Lebens haben kann. Ich weiß, daß es wie im gegenwärtigen unbefriedigenden System so auch in einem künftigen *Mißbräuche* geben kann und geben wird: sozialer Druck auf Patienten etwa, endlich mit ihrem Leben Schluß und damit Platz für Jüngere zu machen oder Entlastung für Verwandtschaft und Gesellschaft zu schaffen. Und ich sage ebenso klar: Aller makabren Erbschleicherei von Verwandten und allen profitorientierten Sterbenachhilfen von Krankenkassen muß von Gesetzes wegen ebenso ein Riegel vorgeschoben werden wie der Ausnützung einer vorübergehenden Depression. Solche Mißbräuche müssen mit allen auch juristischen Mitteln bekämpft und mit Strafe bedroht werden.

Folgende *Bedingungen* für die Gewährung aktiver Sterbehilfe legt der reformierte Theologe Harry M. Kuitert (Amsterdam), von dem ich mich in mancher Hinsicht in meinen Auffassungen bestätigt sehe, fest:

(1) Das Ersuchen muß vom Kranken selbst und nicht von Angehörigen oder dem Pflegepersonal stammen und dem

Arzt selber gegenüber wohlüberlegt und konsistent ausgesprochen sein (Ausdruck einer dauerhaften Todessehnsucht?).

(2) Der unerträgliche (oder als unerträglich erlebte?) Leidenszustand des Patienten muß ein solches Ersuchen rechtfertigen.

(3) Die Sterbehilfe ist allein dem Arzt vorbehalten, der zu einem sanften und nicht mißglückten oder schmerzhaften Tod verhelfen kann.

(4) Der Arzt hat sich zuerst mit einem (externen?) Kollegen (und den nächsten Angehörigen?) zu beraten bezüglich der Ernsthaftigkeit des Verlangens, der Richtigkeit der Beurteilung des Zustandes des Patienten und der verantwortungsvollen Ausführung der lebensbeendenden Maßnahme.

(5) Der Arzt hat bezüglich seiner Bedingungen ein Protokoll anzulegen (nach dem neuen niederländischen Gesetz muß vom Arzt ein Bericht an die Staatsanwaltschaft gerichtet werden, die ihrerseits aber auf Strafverfolgung normalerweise verzichtet).

Doch ist es in erster Linie Sache der Ärzte und der Juristen, die konkreten Richtlinien zur Behebung der offensichtlichen *Rechtsunsicherheit* zu erarbeiten. Das Beispiel Holland zeigt, daß dies geht. Klare gesetzliche Richtlinien für den Umgang mit dem Euthanasieproblem könnten auch in Deutschland die existentiellen Ängste so vieler Menschen abbauen und manche Gewissenskonflikte von Ärzten vermeiden helfen. Warum soll der elementare Grundsatz, daß dem Menschen ein Selbstbestimmungsrecht auch im Sterben zukommt, nicht gesetzlich festgeschrieben werden? Oder soll man vielleicht einen rechtsfreien Raum wünschen gerade für die letzte Lebensetappe des Menschen, in welcher buchstäblich und höchstpersönlich »Sein oder Nichtsein« eines Menschen auf dem Spiel steht?

Nein, eine *gesetzliche Festlegung der Verantwortlichkeiten* (bezüglich Tötung auf Verlangen, Hilfe zur Selbsttötung und Tötung ohne ausdrücklichen Wunsch des Betroffenen) scheint mir ethisch und juristisch konsequenter und angesichts der erheblichen Dunkelziffern wahrhaftiger als der Rekurs auf einen höchst vagen »übergesetzlichen Notstand«, in dem man »im Einzelfall« die aktive Sterbehilfe »tolerieren« will. Der Patient wäre ja gerade dann, wenn seine Hilflosigkeit am größten ist, der eigenmächtigen Entscheidung des Arztes und möglicherweise unerträglichem Leiden ausgeliefert. Das Sterben kann aber keinesfalls zum Freiraum ärztlichen Ermessens erklärt werden, wie manche Ärzte wünschen und einzelne Gerichtsentscheide vorauszusetzen scheinen. Wenn es schon um den »Kopf« des Patienten (und nicht des Arztes) geht, kann der Arzt nicht wohlmeinend »über den Kopf des Patienten hinweg« entscheiden, »wohlmeinend« zwar, aber möglicherweise von überkommenen, nicht kritisch genug reflektierten Denkmustern und Glaubensvorstellungen her geprägt. Zur gesetzlichen Regelung im Dienst der Rechtsklarheit gehört auch die eindeutig dokumentierte Patientenverfügung. Diese soll – Beispiel auch die Schweiz – in völliger Freiwilligkeit und unter zahlreichen Absicherungen gegen Mißbrauch geschützt erfolgen, aber dann vom Arzt, dem so ein Gewissenskonflikt erspart wird, unbedingt respektiert werden, wenn ihr der tatsächliche aktuelle Wille des Patienten nicht nachweisbar entgegensteht.

Und man bedenke auch dies: *Gefahrenbeschwörung* ist noch keine Widerlegung der Sache. Nach allem, was ich im Verlauf eines Theologenlebens in Sachen Ablehnung der Empfängnisverhütung erleben mußte, können mich Beschwörungen eines angeblichen Dammbruchs oder einer schiefen Ebene nicht mehr beeindrucken. Gewiß gibt es langfristige Schutzinteressen der Allgemeinheit, aber es gibt auch unübersehbar die erdrückende Sterbensnot des einzelnen. Gewiß ist das anempfohlene »Leben mit dem Krebs« eine Zeitlang möglich, aber es kann in bestimmten Fällen völlig unerträglich werden. Und da sollte man doch nicht immer wieder behaupten, wie das besonders Theologen, aber auch manche Ärzte tun: Im Grunde gäbe es kaum Menschen, die wirklich zu sterben wünschten; mit ihrem Sterbewunsch teilten sie nur »verhüllt« den Wunsch nach besserer Pflege und menschlicher Zuwendung mit, so daß sie »ein wörtliches Verständnis der Euthanasiebitte ... nur enttäuschen« könnte. Ohnehin könne die Medizin heute pharmakologisch alles tun, damit der Wunsch nach Abbruch erst gar nicht aufkomme.

Aber ist nicht damit der Arzt Herr über Leben und Tod geworden und der Patient entmündigt, wo er seine Gewissensentscheidung ernstgenommen sehen will? Natürlich gibt es augenblickliche depressive Stimmungen und Fälle liebloser Pflege und fehlender Besuche. Doch Gegenfrage: Haben nicht auch viele Ärzte Angst vor diesem letzten Wunsch nach aktiver Sterbehilfe? Halten sie nicht deshalb manchmal die notwendige Information zurück und vermeiden das klärende Gespräch von Mensch zu Mensch? Natürlich wird kein Sterbewilliger seinen Sterbewunsch einem für diesen Wunsch verschlossenen Arzt oder Pfarrer offenbaren, dann lieber noch – ich habe es von mehr als einer gehört – der weniger voreingenommenen Krankenschwester, die ihn in seiner Sterbezeit nicht allein läßt ...

Gewiß, es gibt angesichts von Todkranken Gewissenskonflikte von *Ärzten*. Doch es vermögen diejenigen Ärzte kaum zu überzeugen, die – es gibt auch andere – öffentlich an den traditionellen Grundsätzen festhalten und gar mit Emphase jegliche aktive Sterbehilfe ablehnen, die aber in vielen Fällen, wo die Palliativtherapie an ihre unleugbaren Grenzen gestoßen ist, dann eben doch im *Geheimen* die Dosis Morphium mehr erhöhen, als dies notwendig wäre. Keine Frage: »Salus aegroti suprema lex«, das Wohl des Kranken ist oberstes Gesetz. Aber könnte nicht gerade dieses oberste Gesetz fordern, dem Kranken einen Schrecken ohne Ende zu ersparen zugunsten eines Endes ohne Schrecken?

Gewiß, gerade *Juristen* sehen sich mit Normenkonflikten (Privatrecht – öffentliches Recht) konfrontiert und haben sich um die Auswirkungen von bestimmten Rechtsänderungen auf die gesamte Rechtsordnung zu kümmern. Aber mich vermögen diejenigen Juristen nicht zu überzeugen, die – es gibt auch andere –, ohne ihre weltanschaulichen Voraussetzungen zu reflektieren, sich formalistisch an das positive Recht (an das ius conditum ohne Blick auf das ius condendum) halten und gar nicht erkennen, daß gerade im Fall der Sterbehilfe »summum ius summa iniuria«, höchstes Recht allergrößtes Unrecht zur Folge haben kann.

Gewiß, es fordern schließlich gerade *Theologen und Kirchenmänner* eine besondere moralische Sensibilität. Doch können mich diejenigen nicht überzeugen, die – es gibt auch andere – wie in der Frage der Abtreibung so auch in der Frage der Sterbehilfe ungerührt rigorose Standpunkte vertreten, die von der Großzahl der Menschen selbst ihrer eigenen Konfession nicht verstanden werden. Gerade die Kirchen und die katholische Kirche im besonderen sind aufgefordert, einen vernünftigen Weg der Mitte zwischen moralischem Rigorismus und amoralischem Libertinismus zu gehen, um so zu einem Konsens beizutragen und nicht die Gesellschaft durch Extrempositionen zu polarisieren und zu spalten; sonst wird die Deutsche Bischofskonferenz genauso wie die holländische am Ende (wie in der Abtreibungsdebatte) als die große Verliererin dastehen, weil sie, wie die holländische, die Unterstützung nicht nur der öffentlichen Meinung, sondern auch die der anderen christlichen Kirchen, ja, der meisten eigenen Kirchenmitglieder verloren hat. Oder muß es vielleicht auch bei uns noch so weit kommen wie in Frankreich, wo nach der neuesten Meinungsumfrage 83 Prozent der Bevölkerung sich in moralischen Fragen allein nach ihrem Gewissen und nur 1 Prozent (ein Prozent!) nach der Lehre der Kirche richten?

Glücklicherweise rückt man denn auch selbst in katholischer Moraltheologie heute von solch rigoristischen Standpunkten zunehmend ab und betont, daß nicht die maximale Verlängerung des Lebens im biologischen Sinn der letzte Bewertungsmaßstab sein müsse, sondern die Verwirklichung der humanen Werte, denen das biologische Leben untergeordnet sei. So hat schon 1980 der katholische Tübinger Theologe *Alfons Auer* erklärt, die traditionelle theologische Begründung für die Unverfügbarkeit des menschlichen Lebens (»Relationalität zu Gott«) sei »letztlich nicht überzeugend«. Nicht »jede Selbsttötung des Menschen (und damit auch nicht aktive Euthanasie)« sei deshalb »von vorneherein absolut und dezisiv als unsittlich auszuschließen«. Das Problem könne »nur auf dem Weg einer verantwortlichen Güterabwägung entschieden werden«. Ja, jeder Mensch hat nach Auer »ein Recht darauf, seine Gewissensentscheidung von anderen respektiert zu sehen. Der ethischen Reflexion steht es nicht zu, persönliche sittliche Entscheidungen zu bewerten. Ihr obliegt die Aufgabe, in den verschiedenen Bereichen menschlichen Lebens Verbindlichkeiten sichtbar zu machen und auf kommunikable Formeln zu bringen.« Und noch eindeutiger in dieser Frage haben sich andere Theologen wie die evangelischen Ethiker J. Fletcher und H. Kuitert sowie die katholischen Theologen P. Sporken und A. Holderegger geäußert. Doch schon *Karl Barth* hatte als »Grenzfall« bejaht, »daß *nicht jede* Selbst*tötung* an sich und als solche auch Selbst*mord* ist«: »Selbsttötung muß ja nicht notwendig ein Nehmen des eigenen Lebens sein. Ihr Sinn und ihre Absicht könnte ja auch eine bestimmte, allerdings extremste Form der dem Menschen befohlenen *Hingabe* seines Lebens sein.«

Von daher fühle ich mich als Christ und Theologe ermutigt, nach langer »Güterabwägung« nun meinerseits öffentlich für einen *theologisch und christlich verantworteten Weg der Mitte* einzutreten: zwischen einem antireligiösen Libertinismus ohne Verantwortung (»unbeschränktes Recht auf Freitod«) und einem reaktionären Rigorismus ohne Mitleid (»auch Unerträgliches ist als gottgegeben gottergeben zu ertragen«). Und ich tue dies, weil ich als Christ und Theologe der Meinung bin: Der allbarmherzige *Gott, der dem Menschen Freiheit geschenkt und Verantwortung für sein Leben zugemutet hat, hat gerade auch dem sterbenden Menschen die Verantwortung und Gewissensentscheidung für Art und Zeitpunkt seines Todes überlassen*. Eine Verantwortung, die weder der Staat noch die Kirche, weder ein Theologe noch ein Arzt dem Menschen abnehmen kann.

Diese Selbstbestimmung ist *kein Akt hybriden Trotzes gegen Gott*; wie sich Gnade Gottes und Freiheit des Menschen nicht ausschließen, so auch nicht Gottes Vorherbestimmung und des Menschen Selbstbestimmung. Selbstbestimmung in diesem Sinn ist *Abgrenzung gegenüber anderen Menschen*: Wie kein Mensch einen anderen zum Sterben drängen, nötigen oder zwingen darf, so auch keiner zum Weiterleben. Und gibt es denn eine persönlichere Entscheidung als die des Todkranken über die Beendigung oder Nicht-Beendigung seines Leidens? Wenn das ganze Leben von Gott in die Verantwortung eines Menschen gestellt ist, dann gilt diese Verantwortung auch für die letzte Phase seines Lebens, ja, sie gilt erst recht für den eigentlichen Ernstfall seines Lebens: wenn es ans Sterben geht. Warum sollte gerade diese letzte Phase des Lebens von der Verantwortung ausgenommen sein?

Wie sterben?

Kein falscher Trost, wahrhaftig nein! Doch gibt es nicht auch einen echten, wahren Trost? Es gibt nicht nur eine Lebens-, es gibt auch eine Sterbenszeit, und diese soll man nicht künstlich und krampfhaft hinauszögern wollen. »Jedes Ding hat seine Zeit … Geborenwerden hat seine Zeit, und Sterben hat seine Zeit« heißt es bei Kohelet, dem Prediger der Vergänglichkeit. Die Wahrheit in Wahrhaftigkeit – darum geht es mir auch in dieser Frage. Ich wollte hier nichts von oben herab lehramtlich verkünden, sondern nur meinen persönlichen Standpunkt klarmachen. Ich wollte berechtigte *Fragen zum Überdenken* stellen, welche hoffentlich den anhebenden großen Streit etwas entkrampfen und die bereits sich abzeichnenden Fronten nicht erstarren lassen. Denn nicht zuletzt deswegen nehme ich gerade in diesem Zeitpunkt der eben erst angelaufenen politischen Diskussion Stellung, daß wir in dieser so ernsten Frage zumindest in Deutschland die partei- und kirchenpolitischen Polarisierungen dieses Mal vermeiden sollten, welche die Abtreibungsfrage so sehr fanatisiert haben. Das aber geht nur, wenn wir die Debatte auf ein anderes Niveau heben. Auf ein anderes Niveau?

Ja, und damit komme ich zurück auf den für mich entscheidenden Punkt: *Gerade weil ich davon überzeugt bin, daß mit dem Tod nicht alles aus ist,* ist mir nicht so sehr an einer endlosen Verlängerung meines Lebens gelegen – schon gar nicht unter nicht mehr menschenwürdigen Bedingungen. Gerade weil ich davon überzeugt bin, daß mir ein anderes, neues Leben bestimmt ist, sehe ich mich als Christ von Gott selber in die Freiheit versetzt, über mein Sterben, über Art und Zeitpunkt meines Todes – soweit mir dies geschenkt wird – mitzubestimmen. Gewiß: Die Frage nach dem menschenwürdigen Sterben darf auf keinen Fall auf die Frage der aktiven Sterbehilfe reduziert werden; aber sie darf auch nicht davon losgekoppelt bleiben. Zum menschenwürdigen Sterben gehört auch eine menschenwürdige Verantwortung für das Sterben – nicht aus Mißtrauen und Überheblichkeit gegenüber Gott, sondern *aus unerschütterlichem Vertrauen in Gott,* der kein Sadist ist, sondern der Barmherzige, dessen Gnade ewig währt.

Wer nämlich auf Gott vertraut, vertraut zugleich darauf, daß mit dem Tod nicht alles aus ist. Im Licht des einen Ewigen, der allein »tiefe, tiefe Ewigkeit« zu gewähren vermag, wird der Tod des sterblichen Lebens zur Transzendenz in Gottes ewiges Leben. »Vita mutatur, non tollitur«, heißt es im alten Totengebet der Eucharistiefeier: Das Leben wird verwandelt, nicht genommen. Soll ich mich also gar sehr besorgt darum kümmern, wie kurz oder lang dieses sterbliche Leben schließlich und endlich andauern soll?

Dabei bin ich mir aufgrund meines Glaubens meines Sterbens um keinen Deut »sicherer« als andere Menschen; Selbstsicherheit ist angesichts der Majestät des Todes am allerwenigsten angebracht. Niemand weiß, wann und wie *sein* Tod erfolgen wird – und jeder Mensch stirbt in einem letzten Alleinsein seinen ureigenen Tod. Niemand weiß, was im entscheidenden Moment geschieht, ob man stirbt in Ruhe und Frieden oder in Panik, mit Ängsten, Schmerzen und Schreien. Deshalb: Nicht meiner selbst, allein der Vergebung und Gnade Gottes darf ich im Glauben an Jesus Christus gewiß sein. Doch die Hoffnung auf diesen Gott müßte mein Sterben anders sein lassen, als wenn ich keine Hoffnung hätte.

Und genau darauf zielten letztlich und endlich diese Ausführungen: auf eine andere, serenere, ja, *menschenwürdigere* Einstellung zum Sterben aus einer anderen Einstellung zu Gott. Viele Menschen haben uns dies vorgelebt. Wenn wir also einmal alle Beziehungen zu Menschen und Dingen abbrechen müssen, gewiß gestützt und geholfen von allen

Künsten der Ärzte, und getröstet (für die, die es wünschen) von den Sakramenten der Kirche, dann bedeutet dies für den glaubenden Menschen einen Abschied von den Mitmenschen, einen Abschied nach innen, eine Einkehr und Heimkehr in seinen Urgrund und Ursprung, seine wahre Heimat: ein Abschied vielleicht nicht ohne Schmerz und Angst, aber doch in Gefaßtheit und Ergebenheit, jedenfalls ohne Gejammer und Wehklage, auch ohne Bitterkeit und Verzweiflung, vielmehr in hoffender Erwartung, stiller Gewißheit und (nachdem alles zu Regelnde geregelt ist) *beschämter Dankbarkeit* für all das Gute und weniger Gute, das nun endlich definitiv hinter uns liegt – Gott sei Dank. Ein solches Sterben in Gott hinein, im Bewußtsein beschämter Dankbarkeit – das schiene mir das zu sein, was wir vertrauensvoll erhoffen dürfen: ein wahrhaft menschen-würdiges Sterben.

»Menschenwürdig sterben« (1995), S. 66–75.

7. Weltreligionen – Horizont und Herausforderung

Lebensmodelle der Weltreligionen

*Hans Küng wollte die Weltreligionen immer so verstehen,
wie sie sich selber verstehen. Dass ihm dies gelingt,
zeigt er eindrücklich in vorliegendem Gedankenspiel:
»Was wäre, wenn ich anderswo geboren wäre?«*

»Wenn Gott gewollt hätte, hätte Er euch zu einer einzigen
Gemeinde gemacht. Doch Er will euch in dem prüfen,
was Er euch gegeben hat. Wetteifert darum im Guten.«
(Koran, Sure 5,48.)

Ein Lebensweg mit Lebenssinn, getragen von einer Lebensmacht – aber nach welchem Lebensmodell?

Als ich im Jahre 1964 meine erste Reise um die Welt machte und mit staunenden Augen Asien erlebte, war ich ganz fasziniert von der Vielfalt der Gesichter: indische, thailändische, chinesische, japanische Frauen, Männer und Kinder. Beinahe langweilig kam es mir vor, als ich in San Francisco dann wieder überwiegend weiße Gesichter sah.

Religionen im Wettstreit

Nachdem wir auf unserer geistigen Bergtour die Steilwand zur Transzendenz überwunden haben, stellen wir fest, daß es verschiedene Wege zum Gipfel gibt. Die Vielfalt der Völker und Kulturen kommt schon am Anfang des ersten Buches der Hebräischen Bibel gewichtig zum Ausdruck. Nach der Sintflutzählung werden »die Sippen der Söhne Noahs nach ihrer Abstammung in ihren Völkerschaften« namentlich aufgeführt; von ihnen aus hätten sich die Völker auf der Erde verzweigt. Allerdings seien sie aufgrund ihres hochmütigen Einheitswahns beim Turmbau zu Babel über die ganze Erde zerstreut und ihre Sprachen verwirrt worden (Gen 10–11).

Im Neuen Testament gibt die Pfingsterzählung der Apostelgeschichte (Kap. 2) eine Antwort auf die Sprachverwirrung: Die verschiedenen Völker mit ihren unterschiedlichen Sprachen – ausdrücklich auch Araber – werden genannt. In ihren verschiedenen Sprachen verstehen sie durch das Wirken des Geistes ein und dieselbe Botschaft.

Aber besonders der Koran anerkennt ausdrücklich die verschiedenen Religionen und sieht sie in einem Wettstreit für das Gute begriffen. Religionen sind wesentlich dafür verantwortlich, daß die Menschen sehr verschiedene Heilswege beschreiten. Die verschiedenen Kontinente stehen in einem globalen Wettbewerb und haben sehr unterschiedliche kulturelle und religiöse Profile ausgeprägt, die sich heute mehr denn je vergleichen lassen. Eine Einheitsreligion ist bei allen wirtschaftlichen und politischen Verflechtungsprozessen nicht in Sicht.

Wenn ich mich in anderen Kontinenten aufhielt, überlegte ich mir oft, was wohl aus mir geworden wäre, wenn ich nicht in Europa, sondern in einem anderen Kulturkreis geboren worden wäre. Vermutlich würde ich dann nach einem ganz anderen Modell, einem ganz anderen Muster des Empfindens, Denkens und Handelns, mein Leben gestalten. Zum Beispiel nach dem Hindu-Modell:

Das Hindu-Modell

Angenommen, ich wäre als einer der fast 1,2 Milliarden Menschen in Indien geboren. Dann wäre ich mit größter Wahrscheinlichkeit ein Hindu. Ursprünglich waren »Hindus« und »Inder« dasselbe. Heute aber bezeichnet »Hinduismus« die indische Religion, zu deren verschiedenen Strömungen rund vier Fünftel aller Inder gehören. Indische Kultur, Lebensart und Vorstellungswelt sind davon bestimmt. Wenn ich Hindu wäre, würde ich ganz selbstverständlich – wie übrigens auch die indischen Reformbewegungen des Buddhismus und Jainismus – an die uralte Lehre vom Kreislauf der Wiedergeburten glauben. An einen Kreislauf in den Abläufen der Natur und in den verschiedenen Weltperioden, einen Kreislauf auch in der Wiederverkörperung des Menschen. Und ich würde bestimmt glauben, daß das moralisch richtige oder falsche »Handeln« (Sanskrit: »karma«) in meinem vorausgegangenen Leben mein jetziges Leben bestimmen würde, und mein positives oder negatives Handeln im jetzigen Leben meinen Stand im nächsten Leben. Ein zyklisches Zeit- und Geschichtsverständnis also.

Studiert hätte ich vermutlich auch die alten heiligen Schriften, den Veda (das heilige »Wissen«) und die Schriften, die sie interpretieren. Aber auch wenn nicht, wäre ich gewiß der Überzeugung, daß in allem eine »ewige Ordnung« (»Sanatana dharma«) herrscht: eine allumfassende kosmische und moralische Ordnung, die alles Leben bestimmt und an die sich alle Menschen halten sollen, unabhängig davon, in welche Klasse oder Kaste sie hineingeboren sind. Dabei wären für mich allerdings nicht definierte Dogmen und formale Rechtgläubigkeit wichtig; denn der Hinduismus kennt kein verbindliches Lehramt. Wichtig wäre vielmehr das richtige Tun: der richtige Ritus, die Sitte, die gelebte Religiosität. Und es ginge mir auch nicht in erster Linie um bestimmte Rechte des Menschen, sondern um meine Bestimmung und insofern um Pflichten und Verantwortlichkeiten, die ich gegenüber Familie, Gesellschaft, den Göttern oder Gott habe.

Möglicherweise würde ich mich in einer Religion des ewigen Dharma wohlfühlen. Warum? Weil diese Ordnung kos-

misch begründet ist. Deshalb ist sie raum- und zeitübergreifend und mit oft Jahrhunderte überdauernden Riten äußerst stabil. Zugleich aber zeigt sich diese ewige Ordnung flexibel genug, um verschiedenste auch gegensätzliche religiöse Formen und Gestaltungen aufzunehmen und zu akzeptieren. Und unterschiedliche Wege zum Heil zu zeigen:
- den Weg des Tuns (»karmamarga«);
- den Weg der Erkenntnis (»jñanamarga«);
- den Weg der Hingabe (»bhaktimarga«).

Alle sind Wege der Läuterung, moralisch, spirituell, religiös.

Ich spinne den Gedanken weiter: Wie im Christentum wäre ich, falls entsprechend gebildet, auch im Hinduismus vermutlich mit manchen Riten und Lehren, Vorschriften und Praktiken unzufrieden. Ich würde zu den heutigen Hindu-Kritikern gehören. Sie prangern die akuten gesellschaftlichen Mißstände an, die alten indischen Idealen oft widersprechen. Ich hätte wohl kaum etwas übrig für die durch die »ewige Ordnung« bevorzugten sozialen Eliten, die allzugern – mit Berufung auf das kosmische Gesetz – auf ihre von jeher gegebenen Rechte und Privilegien pochen und soziales Engagement vermissen lassen. Ohne alle Neigung zum Fundamentalismus würde ich bestimmt zu den kritischen Denkern und Reformern Indiens gehören, welche das offiziell abgeschaffte, aber praktisch noch immer funktionierende Kastensystem bekämpfen und sich für eine verbesserte Stellung der Frau und der rund 150 Millionen Kastenlosen einsetzen.

Aber vielleicht hätte ich mich auch, wie viele Inder in früheren Jahrhunderten, aber auch noch im 20. Jahrhundert, gerade wegen der unüberwindbar scheinenden Kastenordnung vom Hinduismus abgewandt und dem Buddhismus zugewandt – nach dem Vorbild von B. R. Ambedkar, dem noch heute in Indien hochangesehenen ersten Justizminister des unabhängigen Indien, der 1956 eine Massenkonversion von rund einer halben Million »Unberührbarer« zum Buddhismus anführte.

Das Buddha-Modell

Wäre ich in Sri Lanka, Thailand, Burma oder Japan geboren, Länder, die ich kenne und bewundere, wäre ich wahrscheinlich einer der vielen Hundert Millionen Buddhisten auf der Welt. Ich würde dann mit Hindus zwar die zyklische Weltsicht vom Kreislauf der Geburten und der Weltperioden teilen, ebenfalls die Vorstellung der Bestimmung durch das Karma, die vorausgegangenen Taten. Doch als Buddhist würde ich die Autorität der Veden ablehnen und damit die Herrschaft der Brahmanen, die blutigen Opfer und die Kastenordnung der Hindus.

Meine Religion wäre nicht wie seit vier Jahrtausenden der Hinduismus einfach mit dem organisch dahinfließenden Ganges zu vergleichen. Vielmehr wäre sie bestimmt von jener epochalen indischen Orientierungsgestalt Siddhartha Gautama, genannt der *Buddha*, der »Erwachte«, der »Erleuchtete«. Seit dem 7. Jahrhundert vor unserer Zeit bietet er den Menschen einen Weg der Vergeistigung, Verinnerlichung, Versenkung an. Durch seine Lehre (»dharma«) gibt er den Menschen Antworten auf die vier Urfragen, die »Vier edlen Wahrheiten«: Was ist Leiden? Das ganze Leben. Wie entsteht es? Durch »Lebensdurst«, Gier, Haß, Verblendung. Wie kann es überwunden werden? Durch Nicht-Anhaften und dadurch Versiegen des Lebensdurstes. Welches ist der Weg, dies zu erreichen? Der »achtfache Pfad« des Buddha.

Der Buddha will keine Welterklärung bieten, sondern eine Heilslehre und einen Heilsweg: Wie soll der leidende Mensch Befreiung und Erlösung finden, wie die Lebenskrisen überwinden, wie das Leid bewältigen und sich mit seiner Beschränktheit, Endlichkeit, Sterblichkeit abfinden? In der

Meditation soll der Mensch nach innen gehen. Wenn er die Erleuchtung erfahren darf, dann vermag er die Unbeständigkeit der Dinge zu entlarven und zu durchschauen, daß alles, was er sieht, nicht stabil ist, daß nichts in der Welt Bestand hat, daß alles veränderlich, ja, daß sogar mein eigenes Ich, an das ich mich so sehr klammere, ohne Wesenskern ist und somit vergänglich. Vom Buddha kann ich lernen, vom eigenen Ich frei zu werden: daß ich von der Selbstbefangenheit in Gier, Haß und Verblendung, von der Ichbezogenheit und Ichverflochtenheit den Weg finde zur Selbstlosigkeit. Der achtfache Pfad des Buddha ist ein Weg der vernünftigen Mitte, weder Genußsucht noch Selbstzüchtigung. Vielmehr rechtes Denken und rechte Gesinnung (Wissen), rechte Rede, rechtes Handeln und rechtes Leben (Sittlichkeit, Ethos), rechte Anstrengung, rechte Achtsamkeit und rechte Sammlung. Das achtspeichige Rad ist das Symbol für den Dharma, Buddhas Lehre vom achtfachen Pfad.

Für mich ist nun wichtig: Aus dem Wissen heraus ist ein moralisches Verhalten, ein Ethos möglich, wie es von jedem Buddhisten, nicht nur von den Mönchen und Nonnen, erwartet wird. Es umfaßt vier elementare Grundforderungen: nicht töten, nicht lügen, nicht stehlen, sich nicht sexueller Ausschweifung hingeben. Vielleicht wäre ich daher auch als Buddhist auf die Idee eines gemeinsamen Menschheitsethos gestoßen, das ja nach der Erklärung des Parlaments der Weltreligionen von Chicago 1993 ebenfalls auf diesen vier ethischen Konstanten aufbaut; nur die fünfte buddhistische Weisung, sich aller Rauschmittel zu enthalten, findet keinen Konsens der Religionen und kann deshalb nicht Bestandteil eines Weltethos sein.

Ich stelle mir vor und denke den Gedanken zu Ende: Als Buddhist hätte ich zweifellos in dem Fall etwas mehr Schwierigkeiten gehabt, wenn ich (wie im Theravada-Buddhismus) hätte Mönch werden müssen, um durch Geistesschulung zur meditativen Sammlung zu gelangen. Nur sie ermöglicht mir ja den Ausstieg aus dem Kreislauf der Geburten, nur sie den Eingang ins »Nirwana«, ins »Erlöschen«, wo Gier, Haß und Verblendung enden und vielleicht nicht das Nichts, sondern Glückseligkeit auf mich wartet. Ebensowenig wie zum christlichen Mönchtum hätte ich mich wohl zum buddhistischen hingezogen gefühlt. Beide fordern ja dasselbe: Absonderung von der Welt, ein streng geregeltes Leben in Besitzlosigkeit und sexueller Enthaltsamkeit. Allerdings steht im Christentum das Mönchtum eher am Rand, im Buddhismus aber steht es im Zentrum. Doch so wenig wie einem christlichen Bettelorden wäre ich wohl dem Sangha, der buddhistischen Mönchsgemeinschaft, beigetreten. Statt abgeschieden von der Welt sehe ich nun einmal meinen Platz ganz und gar in der Welt. Näher als bei der buddhistischen stehe ich diesbezüglich bei der ursprünglichen chinesischen Tradition.

Das konfuzianische Modell

Wenn ich in China geboren wäre als einer der anderthalb Milliarden Chinesen, wäre ich wahrscheinlich Konfuzianer geworden. Erst relativ spät bin ich im Zusammenhang mit Reisen quer durch China und Dialogvorlesungen an der Universität Tübingen mit meiner chinesischen Kollegin und Freundin Julia Ching in den 80er Jahren zu der Einsicht gekommen: Die Unterscheidung zwischen West und Ost, Orient und Okzident ist oberflächlich. Neben den prophetischen Religionen nahöstlicher Herkunft, Judentum, Christentum und Islam, und den mystischen Religionen indischer Provenienz, vor allem Hinduismus und Buddhismus, bilden die Religionen chinesischen Ursprungs, Konfuzianismus und Daoismus, ein drittes eigenständiges und kulturhistorisch gleichwertiges religiöses Stromsystem. Ihr

Prototyp ist weder der Prophet noch der Guru, sondern der Weise. Gegenüber der indischen Religion mit ihrem Mystizismus, mit überquellenden Mythologien und streng zyklisch ausgerichtetem Denken ist die chinesische Kultur von nüchterner Rationalität und historischem Denken geprägt. Die Geschichtsschreibung hat sich dort anders als in Indien schon sehr früh entwickelt.

Ich hätte mich zwar nicht mit dem (aus dem Westen stammenden) chinesischen Marxismus und Maoismus identifizieren können. Sehr wohl aber mit dem chinesischen Humanismus, der sich schon zur Zeit der griechischen Vorsokratiker im 6. Jahrhundert v. Chr. zu entwickeln beginnt. Ein Übergang von der magischen Religiosität der alten chinesischen Kultur zur Rationalität: Dem Menschen und seiner Vernunft wird der Vorrang eingeräumt vor den Geistern und Göttern. So vollzieht sich schließlich ein geistiger Aufbruch: ein großes Interesse an Geschichte, Kunst und Literatur, so daß die Gelehrten, Literaten und Intellektuellen zur obersten Gesellschaftsschicht Chinas avancieren.

Für Konfuzius oder Kung-futse, zunächst ein Lehrer unter vielen, sind weniger die traditionellen Orakelsprüche von Bedeutung als die ethischen Entscheidungen der Menschen selbst. Nicht die magischen Kräfte der Natur will er wecken, sondern die moralischen Kräfte im Menschen. Kaum sympathisch freilich wäre mir die konfuzianische Orientierung nach rückwärts, an einer besseren Vergangenheit: sein Interesse an der Wiederherstellung der ursprünglichen, von moralischen Prinzipien getragenen Gesellschaftsordnung, die auf dem Einhalten der alten »Riten«, Sitten, Verhaltensnormen beruht. Diesen allen ist freilich schon bei Konfuzius selber der »Himmel« als wirkende Macht, Ordnung, Gesetz übergeordnet, weswegen es dabei nicht nur um eine simple Morallehre geht. Den »Willen des Himmels« soll der Mensch, besonders der Herrscher, zu verstehen und zu erfüllen trachten. Tut er das nicht, verliert er die Legitimität – ein Motiv für nicht wenige chinesische Revolutionen.

Aber sehr sympathisch wäre mir zweifellos die humanistische Weisheit der Lehre des Meisters Kung. Der Mensch soll eine harmonische Beziehung zu den Menschen und zur Natur anstreben und allen Menschen im Rahmen der äußeren Verhaltensnormen *Menschlichkeit* (»ren«) entgegenbringen: menschliche Güte, Zuwendung, Wohlwollen. Und in diesem Sinn soll die innere Erneuerung des einzelnen Menschen wie auch der äußeren Verfassung des Staates angestrebt werden.

Das Wort, das mir ein ganzes Leben lang als Richtschnur des Handelns dienen soll, ist nach Konfuzius die *Gegenseitigkeit* (»shu«). Sie ist Abkürzung für die von ihm zum ersten Mal in der Menschheitsgeschichte formulierte Goldene Regel: »Was du selbst nicht wünschest, das tue auch nicht anderen!« Menschlichkeit könnte sehr wohl auch heute Basis sein für ein Grundethos – nicht nur in China, sondern in der Menschheit als ganzer. Menschlichkeit anstelle der allenthalben so oft praktizierten Unmenschlichkeit.

Die erst später entstandene konfuzianische Staatsreligion, die mit dem letzten Kaiser 1912 untergegangen ist, will heute freilich niemand zurückhaben. Jene permanente Dominanz der Eltern über die Kinder, der Männer über die Frauen und überhaupt eine patriarchale Gesellschaftsordnung haben keine Zukunft. Bedeutung aber haben nach wie vor die humanen Werte des Konfuzianismus: die Gemeinschaft, die vor dem einzelnen kommt, doch den einzelnen respektiert und unterstützt; die Familie als Grundbaustein der Gesellschaft; die Lösung der Probleme durch Konsens und nicht durch Konfrontation und die ethisch-religiöse Harmonie als Ideal für den einzelnen wie die Gesellschaft.

Aber so nahe der europäischen Aufklärung und auch mir persönlich dieser chinesische Humanismus steht: Ich bin nun einmal nicht im chinesischen religiösen Stromsystem und auch nicht im indischen geboren worden, sondern im nahöstlich-prophetischen. Vieles schließt sich gegenseitig nicht aus. Wir denken heute im interreligiösen Gespräch weniger konfrontativ als komplementär! Aber klar ist auch, daß die Wege der Religionen verschieden sind und nicht alle gleichzeitig gegangen werden können. Ich bin als Christ geboren. Und insofern liegt mir nach dem christlichen das jüdische Lebensmodell am nächsten.

Das jüdische Modell

In meiner Jugend war mir dies nicht bewußt, obwohl gegenüber von meinem Elternhaus eine mit uns befreundete jüdische Familie lebte: Das Christentum wurzelt im Judentum. Doch man sprach nicht über Religion. Die Kirchen und viele Gläubige hatten es weithin vergessen: Jesus von Nazaret, auf den sich das Christentum als seinen Messias, seinen Christus beruft, war Jude. Auch seine Jünger und Jüngerinnen waren Juden. Erst mit dem Zweiten Vatikanischen Konzil in den frühen 60er Jahren ist mir dies so ganz bewußt geworden. Und in all dem selbstverständlich auch des Volkes Israel Grundüberzeugung: »Jahwe (in den ersten Jahrhunderten als Gottesname noch ausgesprochen) ist der Gott Israels und Israel sein Volk.«

Seither sind mir die *bleibenden Gemeinsamkeiten* von größter Bedeutung: Sie zeigen mir, daß das jüdische Lebensmodell in zentralen Perspektiven auch das christliche geworden ist. Trotz der vor allem seit der Kreuzzugszeit grauenhaft-konfliktreichen Geschichte, zuerst des kirchlichen Antijudaismus, dann des rassistisch-biologistischen Antisemitismus, die im Holocaust ihren katastrophalen Tiefpunkt erreichte, hat sich eine bis heute andauernde Gemeinsamkeit erhalten:

Wie die Juden glaube ich als Christ an den einen Gott Abrahams, Isaaks und Jakobs, dem der Mensch als dem Schöpfer, Erhalter und Vollender von Welt und Geschichte glaubendes Vertrauen entgegenbringen darf.

Wie die Juden verwenden wir Christen im Gottesdienst viele Elemente (Psalmen), viele Grundvollzüge (Gebete, Lesungen) und inhaltlich-religiöse Momente aus dem Judentum.

Wie die Juden akzeptieren wir Christen die Sammlung der Heiligen Schriften (die Hebräische Bibel, den Tenach oder das »Alte Testament«), welche die Urkunde des gemeinsamen Glaubens und zahlreicher gemeinsamer Werte und Denkstrukturen sind.

Wie die Juden sind wir Christen einem Ethos der Gerechtigkeit, der Wahrhaftigkeit und der Friedfertigkeit auf der Grundlage der Gottes- und der Nächstenliebe verpflichtet …

An jener Stelle in Tel Aviv, wo der frühere israelische Ministerpräsident und Friedensnobelpreisträger Itzhak Rabin, der für den Frieden mit den vertriebenen und unterdrückten Palästinensern eingetreten war, von einem jüdischen Fanatiker 1995 ermordet worden war, habe ich in einem Statement für den »Spurensuche«-Film über das Judentum das religiöse und ethische Erbe dieser Religion hervorgehoben: »Es gibt kaum ein anderes Volk, das etwas so Substantielles und Markantes für ein kommendes gemeinsames Menschheitsethos zu bieten hat, wie gerade das Judentum mit seinen Zehn Geboten. Diese sind, wie der deutsche Schriftsteller Thomas Mann nach den Schrecken des Nationalsozialismus erklärt hat, ›Grundweisung und Fels des Menschenanstands‹, ja das ›ABC des Menschenbenehmens‹.«

Die jüdischen Quellen eines Menschheitsethos hat der Rabbiner und Leiter des Potsdamer Abraham-Geiger-Kollegs, Walter Homolka, in dem mit mir gemeinsam verfaßten Buch »Weltethos aus den Quellen des Judentums« (2008)

hervorragend dargestellt. Und das »Weltethos – christlich verstanden« hatte ich bereits 2005 im gleichnamigen Buch gemeinsam mit der Mainzer Pfarrerin Angela Rinn-Maurer herausgearbeitet. Doch – was heißt nun spezifisch christliche Spiritualität? Zuerst ist eine Abgrenzung vonnöten:

Verfälschte christliche Spiritualität

»Spiritualität«, oft unterschieden von »Religiosität«, kann heute allerlei bedeuten. Christliche Spiritualität, Geistigkeit, sollte nicht, wie heute für manche »spirituelle« Personen und Bewegungen, primär auf frommen Impulsen, Gefühlen und Massenveranstaltungen gründen, sondern auf vernünftigem Glauben, soliden Kenntnissen und erprobten Einsichten. Ich möchte jedenfalls nicht einfach alles Mögliche glauben und selbst Widersprüchliches zu meiner persönlichen Spiritualität zusammenmischen. Weil ich gläubig bin, bin ich nicht abergläubisch. Ich glaube weder an die Sterne des Horoskops, noch habe ich je Stars in den Medien, im Sport oder in der Politik vergöttert. Nicht eine oberflächliche »Patchwork«-Religion ist mein Ideal, sondern eine Religiosität mit solidem Fundament und klarem Profil.

Christliche Spiritualität gründet sich ja nicht nur auf Beteuerungen und Behauptungen, sondern auf plausiblen Argumenten. Nichts ist für mich nur deshalb wahr, weil ich es für wahr halte, und auch von anderen kann ich nicht verlangen, daß sie Glaubensaussagen ungeprüft akzeptieren. Weil ich gläubig bin, möchte ich auch vernünftig begründen können, warum ich es bin. Deshalb glaube ich weder an romanhafte Konstruktionen wie den »Da Vinci Code« noch an sonstige Verschwörungstheorien von unterdrückten Evangelien und der Verheimlichung skandalträchtiger Urkunden um Jesus durch den Vatikan. Weil ich die im Neuen Testament gesammelten Originaldokumente des Christentums gründlich studierte, habe ich kein Bedürfnis nach religiösen Sensationsromanen und pseudowissenschaftlichen Abhandlungen, um als informiert und »aufgeklärt« zu gelten.

Jemand wie ich, der vieles hat kommen und gehen sehen, wundert sich immer wieder darüber, wie viele Menschen, darunter auch ernsthafte Christen, sich leichtgläubig beeindrucken lassen von dreisten Erfindungen, etwa: Jesus, der nicht gekreuzigt worden sei, habe Maria Magdalena geheiratet, Nachkommen gezeugt und sei friedlich in Indien oder Kaschmir verstorben. Von Verschwörungsklischees um mordende Geheimbünde mit Gralskulten ganz zu schweigen. Leichtgläubigkeit nicht zuletzt deshalb, weil die Kirchenleitungen (nicht nur die römisch-katholische) die notwendige *Aufklärungsarbeit* versäumten, ja zum Teil sogar verhinderten. Allzulange hat man in der offiziellen Lehre, in Enzykliken, Katechismen, Hirtenbriefen und Predigten dem »Volk« die Resultate der historischen Bibelkritik vorenthalten und es zum Beispiel über die Entstehung der Evangelien und die unterschiedlichen Genres biblischer Erzählungen im Dunkeln gelassen. Bis heute fehlt es vielen Menschen an – unterdessen leicht verfügbarem – Grundlagenwissen über die christliche Botschaft und Tradition. So hat man sie oft hilflos den Produzenten von Sakralthrillern und dem Infotainment der postmodernen Gesellschaft ausgesetzt.

Ob man sich in den christlichen Kirchen nicht endlich *kritisch-selbstkritisch auf die Grundlage christlicher Spiritualität besinnen* sollte? Und zwar mit dem Ziel, dem statistisch nachgewiesenen ungeheuren Vertrauensverlust der Kirchen offensiv entgegenzutreten. Klagen über den Werteverfall und den geistigen Beliebigkeitspluralismus der Zeit genügen nicht!

Aber auch umgekehrt gefragt: Kann das *Christentum* überhaupt noch eine *Orientierung* bieten? Muß man angesichts der kirchlichen Wirklichkeit nicht eher am Christentum verzweifeln? Hat das Christentum, zumindest in den europäischen Ländern, vielleicht sogar weltweit, nicht an Plausibilität und Glaubwürdigkeit verloren? Ist es nicht eher Teil der Probleme als Teil der Lösung?

Mehr denn je gibt es *Trends weg vom Christentum*, hin zum Faszinosum fernöstlicher Religionen, hin zu esoterischen Bewegungen oder zu Ersatzreligionen aller Art im Rahmen einer »Erlebnis- und Spaßgesellschaft«. Und damit auch hin zur religiösen Gleichgültigkeit. »Fit for fun« ist das Gegenwartsmotto, »fit for faith«, Fitsein für und im Glauben scheint zumeist »out« zu sein.

Daran sind die *Kirchen nicht unschuldig*. Bedrückende Erfahrungen machen ungezählte Menschen noch immer mit der katholischen Amtskirche: Autoritarismus, Frauendiskriminierung, Sexualkomplexe, Dialogverweigerung, Intoleranz gegenüber Andersdenkenden. Aber auch Enge, Provinzialismus und Profillosigkeit in den evangelischen Kirchen sind mitverantwortlich dafür, daß Jahr für Jahr Tausende aus den Kirchen austreten, Millionen ohnehin in die innere Emigration gehen und weitere Millionen, etwa in den neuen Bundesländern, erst gar nicht in die Kirchen eintreten. Da stellt sich die bedrängende Frage, ob das Licht des Christentums im 21. Jahrhundert überhaupt noch Orientierung sein kann.

Andererseits aber fragen sich auch viele, die mit den Kirchen nichts mehr anfangen können: Sollen die *Ideale des Christentums* einfach verschwinden? Ja, wie würde eine Welt aussehen, die nichts mehr wüßte von den Zehn Geboten und dem Gebot der Nächsten- und Feindesliebe, von der Bergpredigt und den Gleichnissen Jesu? Etwa so wie unsere Städte ohne ihre Kathedralen und Kirchen! Viele Menschen möchten deshalb keineswegs mit den Kirchen auch das Christentum abschreiben. Und viele bezeugen ja nach wie vor inner- und außerhalb der Kirchen, daß sie am Christentum keineswegs verzweifelt sind; bezeugen, daß sie die Hoffnung nicht aufgegeben haben, daß Christ sein für sie nach wie vor eine große Lebensoption darstellt.

Aber dann müssen wir uns angesichts der weltlichen und kirchlichen Verfälschungen des Christentums wieder neu ehrlich fragen: Was heißt überhaupt »*christlich*«? Wie sollen wir heutzutage christliche Spiritualität verstehen? Wie uns als Christen verstehen? Was bedeutet *Christ sein ursprünglich*, eigentlich, wesentlich? Für mich als Theologen hat es Jahre gedauert, bis mir völlig deutlich wurde, daß die Grundlage christlicher Spiritualität nicht in oft unverständlichen Dogmen oder hehren Moralgeboten besteht, nicht eine große Theorie oder Weltanschauung meint, nicht ein kirchliches System ist, sondern – ja, was?

Das christliche Modell

Wie ungezählte andere Katholiken vor dem Vatikanum II bin ich aufgewachsen mit dem traditionellen Christusbild des Glaubensbekenntnisses, der hellenistischen Konzilien und byzantinischen Mosaiken: Jesus Christus als thronender »Gottessohn«, ein menschenfreundlicher »Heiland« und früher für die Jugend der »Christkönig«. Im Katechismusunterricht lernten wir dogmatische Formeln, ohne sie zu verstehen: Jesus Christus sei die »zweite Person der allerheiligsten Dreifaltigkeit«, sei »eine göttliche Person in zwei Naturen«, einer menschlichen und einer göttlichen. Darüber hörte ich dann in Rom eine ganzsemestrige Vorlesung über »Christologie«, mit all den Häresien, gegen die die Konzilien vorgegangen waren, und mit all den Antworten auf die schon damals und auch heute noch angemeldeten Schwierigkeiten. Zwar bestand ich all die nicht ganz einfachen lateinischen Examina problemlos – aber meine Spiritualität? Das war eher etwas anderes, das blieb unbefriedigt. Lange Zeit interessierte mich am meisten die geistreiche paulinische Theologie, die Evangelien kamen mir dagegen zu vertraut und eher langweilig vor. Richtig interessant wurde für mich die Christusfigur erst, als ich sie nach meinen römischen Jahren aufgrund der modernen Bibelwissenschaft als reale Gestalt der Geschichte kennenlernen durfte. Das gründliche Studium der katholischen wie evangelischen exegetischen Literatur im Zusammenhang meiner Vorlesungen, Seminare und Publikationen war angetrieben durch meine ungeheure Wißbegierde nach diesem »unbekannten Jesus«.

Denn das Wesen des Christentums ist ja nichts abstrakt Dogmatisches, ist keine allgemeine Lehre, sondern ist seit eh und je eine lebendige *geschichtliche Gestalt*: Jesus von Nazaret. Jahre hindurch habe ich mir so das einzigartige Profil des Nazareners aufgrund der überreichen biblischen Forschung der letzten zweihundert Jahre erarbeitet, habe alles in leidenschaftlicher Anteilnahme durchdacht, präzise begründet und systematisch dargeboten. Aufgerüttelt hat mich bei der Arbeit am Buch »Die Kirche« (1967), daß ich zwar ständig von der Kirche »Jesu Christi« sprach, aber keine genaue Antwort auf die Frage wußte, was dieser Jesus eigentlich wollte, sagte, tat. Vertieft hat sich meine Fragestellung, als ich auf eigenen Vorschlag auf dem Internationalen Theologischen Kongreß in Brüssel (1970) die elementare Frage zu beantworten versuchte: »Was ist die christliche Botschaft?« Und umfassend dargestellt habe ich Verkündigung, Verhalten und Geschick Jesu schließlich im klein geplanten, doch groß geratenen Buch »Christ sein« (1974). Alles in allem ein hochspannendes Unternehmen! In diesem Zusammenhang habe ich sogar über das ganze Markusevangelium vom ersten bis zum letzten Vers gepredigt und anschließend auch über die Bergpredigt.

Seither weiß ich, wovon ich rede, wenn ich ganz elementar sage: Das christliche *Lebensmodell* ist schlicht dieser Jesus von Nazaret als der Messias, Christós, Gesalbte und Gesandte. *Jesus Christus* ist das Fundament echter christlicher Spiritualität. Ein herausforderndes Lebensmodell für unsere Beziehung zum Mitmenschen wie auch zu Gott selbst, das für Millionen Menschen in aller Welt Orientierung und Maßstab wurde.

Wer also ist ein Christ? Nicht derjenige, der nur »Herr, Herr« sagt und einem »Fundamentalismus« huldigt – sei er biblizistisch-protestantischer, autoritär-römisch-katholischer oder traditionalistisch-östlich-orthodoxer Prägung. Christ ist vielmehr, wer auf seinem ganz persönlichen Lebensweg (und jeder Mensch hat einen eigenen) sich bemüht, sich an diesem Jesus Christus praktisch zu orientieren. Mehr ist nicht verlangt.

Diese echt christliche Spiritualität ist mir noch selten so deutlich geworden wie nach meinem Gottesdienst in den Slums von San Salvador in der Kirche, wo Erzbischof Oscar Romero, engagierter Verteidiger der Rechte seines Volkes, am 24. März 1980 direkt aus einem Auto heraus am Altar erschossen wurde. Dort habe ich im »Spurensuche«-Film über das Christentum auch des evangelischen Widerstandskämpfers Dietrich Bonhoeffer gedacht (von den Nazis 1945 hingerichtet), des amerikanischen Bürgerrechtlers Martin Luther King (1968 erschossen) und des polnischen Priesters Jerzy Popieluszko (vom polnischen Staatssicherheitsdienst 1984 ermordet). Allesamt haben sie der Welt und mir gezeigt, daß eine solche Spiritualität sich sogar bis in den gewaltsamen Tod hinein durchhalten läßt.

Auch mein eigenes und so manches andere weniger dramatische Leben mit seinen Höhen und Tiefen und auch meine *Kirchenloyalität* und *Kirchenkritik* kann man nur von daher verstehen. Gerade meine Kirchenkritik kommt zutiefst aus dem Leiden an der Diskrepanz zwischen dem, was dieser geschichtliche Jesus war, verkündete, lebte, erkämpfte, erlitt, und dem, was heute die institutionelle Kirche mit ihrer Hierarchie repräsentiert. Diese Diskrepanz ist oft unerträglich groß geworden. Jesus beim Pontifikalamt im Petersdom? Oder im Gebet mit Präsident George W. Bush und dem Papst im Weißen Haus? Nicht auszudenken. Mit Dostojewskis Großinquisitor würde man ihn wohl fragen: »Warum kommst du, uns zu stören?«

Am allerdringendsten und befreiendsten für unsere christliche Spiritualität ist es folglich, uns für unser Christsein theologisch wie praktisch nicht so sehr an traditionellen dogmatischen Formulierungen und kirchlichen Reglementierungen zu orientieren, sondern wieder mehr an der einzigartigen Gestalt, die dem Christentum seinen Namen gegeben hat. Sie kann gewiß nur über den »garstigen Graben der Geschichte« (Lessing) erkannt werden, aber gerade so kann sie immer wieder in einem neuen Kontext gesehen werden.

Maßstab für diese Orientierung darf aber nicht ein erträumter, sondern nur der wirkliche, geschichtliche Christus sein. Ihn können wir aus dem Neuen Testament trotz mancher Legenden und unhistorischer Weiterführungen durchaus erkennen.

Ein einzigartiges Leben

Ich kann hier die Geschichte Jesu von Nazaret nicht erzählen; ich habe sie ausführlich erforscht und dargelegt. Über viele Details in den allesamt von Menschen erst im Kontext der ersten christlichen Gemeinden verfaßten neutestamentlichen Zeugnissen kann man gewiß streiten, insbesondere darüber, was authentisches Jesus-Wort ist und was nicht.

Doch aufs Ganze gesehen tritt Jesu Profil im Neuen Testament ganz und gar unverwechselbar hervor. Ich habe die großen Leitfiguren auch der anderen Weltreligionen studiert und jeder ein einfühlsames Portrait gewidmet; denn jede hat und ist ihre eigene Größe, die zumindest den Respekt auch der Andersgläubigen oder Ungläubigen verdient. Es war mir deshalb unbegreiflich, wie im Jahr 2006 ein sensationslüsterner Opernregisseur in Berlin die großartige Mozartoper »Idomeneo« mißbrauchen konnte, um am Schluß ohne jeden Anhalt in Text oder Musik die abgeschlagenen Köpfe der Religionsstifter zu präsentieren, und wie er dafür auch noch Beifall mancher einfältiger Politiker und Publizisten erhielt. Ebensowenig war mir begreiflich, wie man einen Karikaturisten und eine Zeitung loben konnte, die im selben Jahr 2006 aus kommerziellen und populistischen Gründen verleumderische Karikaturen des Propheten Muhammad publizierte, als ob die Pressefreiheit nicht auch für dänische Politiker Presseverantwortung einschlösse. Angehörige anderer Religionen wundern sich oft, wie weit man es im früher einmal christlichen Europa gebracht hat, in dem heute nichts Heiliges mehr heilig zu sein scheint.

Leben, Lehren und Wirken Jesu von Nazaret treten für mich im Vergleich mit anderen Religionsstiftern deutlich hervor. Jesus war kein am Hof Gebildeter wie anscheinend Mose, war kein Fürstensohn wie der Buddha. Aber er war auch kein Gelehrter und Politiker wie Kung-futse und kein reicher und weltläufiger Kaufmann wie Muhammad. Gerade weil seine Herkunft so unbedeutend war, ist seine bleibende Bedeutsamkeit so erstaunlich. Er vertritt keine unbedingte Geltung des immer mehr ausgebauten geschriebenen Gesetzes (Mose), keinen mönchischen Rückzug in asketische Versenkung innerhalb der geregelten Gemeinschaft eines Ordens (Buddha), keine Erneuerung der traditionellen Moral und der etablierten Gesellschaft gemäß einem ewigen Weltgesetz (Kung-futse), keine gewaltsamen revolutionären Eroberungen durch Kampf gegen die Ungläubigen und Errichtung eines theokratischen Staates (Muhammad).

Auch im zeitgeschichtlichen Koordinatenkreuz erscheint mir Jesus unverwechselbar. Er läßt sich weder bei den Herrschenden noch bei den Rebellierenden einordnen, weder bei den Moralisierenden noch bei den Stillen im Land. Er erweist sich als provozierend – aber nach rechts und links. Von keiner Partei gedeckt, ist er herausfordernd nach allen Seiten: »Der Mann, der alle Schemen sprengt« (Eduard Schweizer). Er ist kein Priester, aber Gott anscheinend näher als die Priester. Er ist kein politischer oder sozialer Revolutionär, aber erscheint revolutionärer als die Revolutionäre. Er ist kein Mönch, doch erscheint er der Welt gegenüber freier als die Asketen. Er ist kein Moralkasuist, aber ist moralischer als die Moralisten. Immer neu zeigen die Evangelien: Jesus ist anders! Bei allen Parallelen im einzelnen erweist sich der geschichtliche Jesus von Nazaret als im Ganzen völlig unverwechselbar – damals wie heute.

Für unsere *Lebenspraxis* ist das Entscheidende der Botschaft Jesu vom Reich und Willen Gottes völlig eindeutig: Es ist in Sprüchen, Gleichnissen und entsprechenden Taten eine frohe, erfreuliche Botschaft von einer neuen Freiheit. Dies bedeutet für mich hier und heute:

– sich gerade in Zeiten von Börsenfieber und Shareholder-Value nicht beherrschen zu lassen von der Gier nach Geld und Prestige,

– sich gerade in Zeiten einer neu aufgelebten imperialistischen Politik nicht beeindrucken zu lassen vom Willen zur Macht,

– sich gerade in Zeiten einer beispiellosen Enttabuisierung und eines hemmungslosen Konsumismus nicht versklaven zu lassen vom Trieb zum Sex und der Sucht nach Genuß und Vergnügen,

– sich gerade in Zeiten, da allein Leistung den Wert des Menschen auszumachen scheint, für die Menschenwürde der Schwachen, »Unproduktiven« und Armen einzusetzen.

Es geht um eine *neue Freiheit*: Frei werden von der größeren Wirklichkeit Gottes her, die nicht nur mich, sondern alle Menschen umfängt und durchdringt und die Jesus mit dem Namen »Vater« bezeichnet. Und von Gott her und letztlich ihm allein verpflichtet, werden wir frei für die Menschen. Ich brauche dabei nicht zum Asketen zu werden; auch Jesus hat bekanntlich Wein getrunken und an Gastmählern teilgenommen. Aber ich soll auch nicht in einem egoistischen Lebensstil nur meine eigenen Interessen pflegen und Bedürfnisse befriedigen. Vielmehr gilt es, im Alltag das Wohl des Nächsten, der uns gerade braucht, im Auge zu behalten. Und dies heißt: ihn nicht beherrschen wollen, sondern ihm, soviel wir eben können, zu dienen versuchen. Und in allem Güte praktizieren und wo nötig Verzeihen und Verzichten üben. Ich gebe zu: eine stets neue Herausforderung – auch für mich persönlich in einem langen Leben.

Für Jesus selber ist das Einhalten von elementaren Geboten der Menschlichkeit sozusagen selbstverständlich. Gottes Gebote halten heißt auch für ihn: nicht morden, nicht lügen, nicht stehlen, nicht Sexualität mißbrauchen. Darin stimmt er mit den sittlichen Forderungen der anderen Religionsstifter überein – Grundlage für ein Weltethos. Aber zugleich radikalisiert er sie. In der Bergpredigt geht er weit über sie hinaus: statt nur die pflichtmäßige »eine Meile« mitzugehen, solle man gegebenenfalls »zwei Meilen« mitgehen: Dies allerdings nicht als allgemeines Gesetz verstanden, das gar nicht zu erfüllen wäre; das wäre unrealistisch, wie viele jüdische Kritiker zu Recht geltend machen. Jesu »Forderungen« sind Einladung, Herausforderungen, von Fall zu Fall ein großzügiges Engagement für den Mitmenschen zu wagen, ganz nach dem Beispiel des (für Juden häretischen) Samariters angesichts des Fremden, der unter die Räuber gefallen war. Im konkreten Leben also eine kreative Liebe üben, die von keinem Gesetz gefordert werden kann. »Liebe«: ein Wort, das Jesus kaum gebraucht, die aber praktisch seine – ebenso universale wie radikale – Spitzenforderung ist: eine Liebe ohne Sentimentalität, die jeden, selbst den Gegner, respektiert und den Feind nicht ewig Feind sein läßt.

Für mich und ungezählte andere alles in allem eine erfreuliche, befreiende Spiritualität der Gewaltlosigkeit, der Gerechtigkeit, der Barmherzigkeit und des Friedens. Sogar eine Spiritualität der Freude, die nicht unnötige moralische Lasten auf die Schultern der Menschen legt. Eine Spiritualität, die zusammenführt und nicht spaltet. Aber eine Spiritualität, die ihren Preis hat. [...]

Das muslimische Modell

Aus der ursprünglich einfachen christlichen Botschaft war im Laufe eines halben Jahrtausends eine höchst komplexe griechisch-hellenistische Dogmatik im Rahmen eines staatskirchlichen byzantinischen Systems geworden – mit nicht wenigen »häretischen« Abspaltungen. Nichts, was die Wüstenbewohner, die Beduinen und Handelsleute der arabischen Halbinsel so leicht angezogen hätte. Es brauchte schon einen von Judentum und Judenchristentum beeinflußten arabischen Propheten, um diese polytheistischen Stämme vom Glauben an den einen Gott und von der Notwendigkeit sozialer Gerechtigkeit zu überzeugen.

Sieben Jahrhunderte nach Christus entwickelte sich so überraschenderweise – und zwar mit ungeheurer Geschwindigkeit – eine neue, die neueste Weltreligion: der Islam. Und wenn ich irgendwo in dem »grünen Gürtel« zwischen Marokko und Indonesien, zentralasiatischem Usbekistan und afrikanischem Mosambik geboren wäre, so wäre ich wohl einer der 1,3 Milliarden Muslime in der Gefolgschaft des Propheten Muhammad.

Als Muslim würde ich mit Juden und Christen an den einen und einzigen Gott Abrahams, den gnädigen und barmherzigen Schöpfer, Bewahrer und Vollender aller Menschen glauben. Aber während für das jüdische Lebensmodell Israel als Gottes Volk und Land zentral ist und für die Christen Jesus Christus als Gottes Messias und Sohn, so wäre es für mich als Muslim der *Koran* als *Gottes Wort und Buch*.

Ich hätte wohl wenig Schwierigkeiten, den Koran als ursprünglich arabisches, aber zugleich für Muslime auf der ganzen Welt lebendiges und heiliges Buch anzunehmen. Allerdings hätte ich wie manche Muslime auch schon früherer Jahrhunderte Schwierigkeiten, im Koran ein wortwörtlich geoffenbartes, quasi von Gott diktiertes Buch zu verstehen. Und ich würde wohl fragen, ob der Koran als Wort Gottes nicht doch auch Wort des Menschen, Wort des Propheten Muhammad sei. Auch so könnte ja der Koran für mich Wahrheit, Weg und Leben offenbaren.

Der Koran ist die Basis für das *muslimische Lebensmodell*: für Recht, Riten und Theologie, die Inspiration für die gesamte islamische Kunst und Kultur. Dazu gehören die fünf Grundpfeiler des Islam: neben dem Glaubensbekenntnis zum einen Gott und seinem Gesandten Muhammad das tägliche Pflichtgebet, die Armen- oder Sozialabgabe, der Fastenmonat Ramadan und einmal im Leben die Wallfahrt nach Mekka.

Als Muslim würde ich aus dem Koran zweifellos eine ganz große Hochachtung vor Jesus lernen: Er ist einer der drei Gesandten Gottes, die vor Muhammad eine Offenbarung erhalten haben: wie Mose die Tora und David die Psalmen, so Jesus das Evangelium. Er darf Messias und Wort Gottes genannt und seine Wundertaten können anerkannt werden. Andererseits hätte ich als Muslim Schwierigkeiten anzuerkennen, was in den Evangelien und in den Briefen des Apostels Paulus übereinstimmend und eindeutig bezeugt ist, nämlich Jesu Kreuzestod. Für den Koran erscheint ein solcher Tod allzu schmählich für einen so großen Propheten. Daher sagt der Koran: Ein anderer sei an Jesu Stelle gekreuzigt worden, Jesus aber sei direkt zu Gott erhöht worden.

Jesu Erhöhung zu Gott könnte ich als Muslim also nachdrücklich bejahen. Mit dem Christusverständnis der Judenchristen, wie es der Prophet Muhammad offensichtlich noch kannte, könnte ich mich wohl relativ leicht identifizieren. Angenommen, die Judenchristenheit, aus der ja das Christentum herausgewachsen ist, wäre auf dem ersten ökumenischen Konzil von Nikaia im 4. Jahrhundert bei der Festlegung des Glaubensbekenntnisses repräsentiert gewesen: Sicher hätten sie einige hellenistische Formeln, wie später auch der Prophet Muhammad, nicht akzeptiert. »Eines Wesens mit dem Vater (›homo-ousios‹)« – diese vom Kaiser eingebrachte christologische Formel hätte wohl kein Judenchrist unterschrieben, wie sie bis heute auch kein Muslim und kein Jude akzeptieren kann.

Einwände also hätte ich wie jeder Muslim und Jude gegen eine Erhöhung von Jesus zu Gott, die ihn, der der Sohn Gottes ist, einfach zum Gott schlechthin (griech.: »ho théos«) macht, den Jesus selber seinen und unseren Vater genannt hat. Das Neue Testament selber redet von einer ermächtigenden »Einsetzung« und »Inthronisierung« Jesu – aufgrund seiner Auferweckung durch Gott selbst – als »Messias« (gesalbter König) »in Macht« (Röm 1,3–4; Apg 2,36). Dies kann auch ein Muslim mitvollziehen.

Mit dem scharfen Koranwort »Ungläubig sind diejenigen, die sagen: ›Gott ist Christus, der Sohn der Maria‹« (Sure 5,27) ist der Prophet Muhammad zu einem »Warner« für die hellenistisch gebildete Christenheit geworden, in welcher das Christusverständnis der alten Judenchristen angesichts der hellenistischen Neuinterpretationen kaum noch Chancen hatte. Kein Judenchrist hätte wohl etwas gegen die Vorstellung gehabt, daß Jesus der Sohn Gottes im Sinne der Repräsentanz Gottes ist: »Es sprach der Herr zu meinem Herrn, setze Dich zu meiner Rechten« (Ps 110,1; Apg 2,33–35). In christlicher Interpretation wird daraus eine der wichtigsten christologischen Aussagen: Jesus ist Gottes Stellvertreter, und der Stellvertreter kann, in der Tradition Israels richtig verstanden, auch Sohn genannt werden: »Mein Sohn bist Du. Heute habe ich Dich gezeugt« (Ps 2,7; Apg 13,33). Das ist so zu verstehen, wie es in der Bibel – für den Tag der Inthronisation des Königs – heißt: Gott habe den König von Israel »gezeugt«.

So könnte man das islamische Modell auch als ein Korrektiv des Paradigmas der hellenistischen Christus-Dogmatisierung verstehen. Der Koran weist faktisch auf das ursprüngliche judenchristliche Modell zurück, wie ich dies zuletzt in meinem Buch »Der Islam« (2004) darlegte. Aufgabe kirchlicher Verkündigung wäre es, zentrale Begriffe christlichen Glaubens, die mit spätantikem griechischem und dann lateinischem Vokabular ausgedrückt wurden, in die heutige Denk- und Sprachwelt zu übersetzen.

»Was ich glaube« (2009), S. 202–230.

Die Religionen – mögliches Fundament des Ethos

> *Eine der Grundfragen von »Projekt Weltethos« ist die Frage der Letztbegründung des Ethos, der Begründung der Unbedingtheit ethischen Sollens. Hans Küng plädiert für ein Miteinander von Philosophie und Religion, betont die Möglichkeiten rationaler philosophischer Konzepte, sieht aber auch deren Grenzen und das »Mehr« von Religion.*

Woher die Verbindlichkeit?

Es ist hocherfreulich, daß besonders seit den 80er Jahren auch die deutsche *Philosophie*, ob sie nun mehr von der analytischen Sprachphilosophie (Karl-Otto Apel) oder von der Frankfurter Kritischen Theorie (Jürgen Habermas) oder von der Geschichtstheorie (Rüdiger Bubner) herkommt, sich wieder mehr um die Praxis und damit um die rationale Begründung einer verbindlichen Ethik kümmert. Freilich tut sich Philosophie ganz allgemein schwer mit der Begründung einer für größere Bevölkerungsschichten praktikablen und vor allem einer unbedingt und allgemein verbindlichen Ethik. Nicht wenige Philosophen (von Alastair MacIntyre und Richard Rorty bis zu Michel Foucault und Rüdiger Bubner) verzichten deshalb lieber auf universale Normen und ziehen sich auf die Üblichkeiten der verschiedenen Lebenswelten und Lebensformen zurück. Aber ob alle nur regionalen Rationalitäten und Plausibilitäten, Vorschriften und Gesetze nicht zu kurz greifen und Fixierungen auf regionale oder nationale Belange um des großen Ganzen willen nicht immer wieder aufgebrochen werden müssen?

Doch gerade für eine »Diskursethik« (Apel, Habermas), die mit Recht die Bedeutung des rationalen Diskurses und

Konsenses betont, stellt sich das Problem: Warum Diskurs und Konsens bevorzugen und nicht die gewaltsame Auseinandersetzung? Und impliziert der Diskurs wirklich Moral und nicht nur Taktik? Soll die Vernunft nicht die *Unbedingtheit* und *Universalität* ihrer Normen begründen? Wie aber kann sie das, nachdem sie nicht mehr auf einen quasi angeborenen »kategorischen Imperativ« (Kant) zurückgreifen kann? Bisher, so scheint es, sind philosophische Begründungen unbedingt verbindlicher und allgemeingültiger Normen kaum über problematische Verallgemeinerungen und transzendental-pragmatische oder utilitaristisch-pragmatische Modelle hinausgekommen. Sie berufen sich zwar (mangels einer übergreifenden Autorität) auf eine ideale Kommunikationsgemeinschaft, bleiben jedoch nicht nur für den Durchschnittsmenschen in der Regel abstrakt und unverbindlich. Trotz behaupteter transzendentaler »Letztverbindlichkeit« scheinen sie keine allgemein einleuchtende unbedingte Verbindlichkeit aufzuweisen. Warum schon soll ich unbedingt, und warum soll gerade ich? Wer auf ein transzendentes Prinzip verzichten will, muß einen weiten Weg horizontaler Kommunikation gehen, um am Ende möglicherweise festzustellen, er sei nur im Kreis herum gegangen.

Und was die konkrete Lebenserfahrung betrifft: Philosophische Modelle versagen leicht gerade dort, wo von Menschen im konkreten Fall – und gar so selten ist dies ja nicht – ein Handeln gefordert ist, das keineswegs seinem Nutzen, dem Lebensglück oder der Kommunikation dient, das von ihm vielmehr ein Handeln gegen seine Interessen, ein »Opfer«, im äußersten Fall sogar einmal das Opfer seines Lebens verlangen kann? Philosophie ist mit dem »Appell an die Vernunft« rasch am Ende, wo ethische Selbstverpflichtung existentiell »weh« tut: Wie kann man *das* ausgerechnet von *mir* verlangen? Ja, es gibt eine Frage, auf die selbst Sigmund Freud, für seine Ethik auf Vernunft schwörend, keine Antwort wußte: »Wenn ich mich frage, warum ich immer gestrebt habe, ehrlich, für den anderen schonungsbereit und womöglich gütig zu sein, und warum ich es nicht aufgegeben, als ich merkte, daß man dadurch zu Schaden kommt, zum Amboß wird, weil die anderen brutal und unverläßlich sind, dann weiß ich allerdings keine Antwort.« Ob man also mit der reinen Vernunft jeglicher Gefahr geistiger Heimatlosigkeit und sittlicher Beliebigkeit begegnen kann? Natürlich helfen sich angesichts ausbleibender Hilfe von Seiten der Naturwissenschaften, der Technologie und auch der Philosophie viele Menschen auf ihre je eigene Weise: Das für astronomisch Informierte unbegreifliche Interesse vieler Zeitgenossen an Horoskopen entspringt ebenso diesem Bedürfnis nach Grundorientierung für zukünftige wichtige Entscheidungen wie der weitverbreitete Drang nach aller Art von mehr oder weniger seriösen psychologischen »Lebenshilfen«.

Aber es geht ja, wie wir sehen, nicht nur um die privaten, persönlichen Entscheidungen: Die großen *ökonomisch-technologischen* Probleme unserer Zeit sind immer mehr zu *politisch-moralischen* Problemen geworden (was man auch im Club of Rome eingesehen hat), und diese übersteigen und überfordern auch jegliche Psychologie, Soziologie und vielleicht auch Philosophie. Wer kann uns heute, wo wir mehr können, als wir dürfen, sagen, was wir tun sollen? Vielleicht die Religionen, vielgelobt, vielgeschmäht? Die Religionen, deren Existenzberechtigung philosophisch grundsätzlich in Frage gestellt wird? [...]

Kann menschlich Bedingtes unbedingt verpflichten?

Wir halten daran fest: Auch der Mensch ohne Religion kann ein echt menschliches, also humanes und in diesem Sinn moralisches Leben führen; eben dies ist Ausdruck der innerweltlichen Autonomie des Menschen. Doch eines kann der Mensch ohne Religion nicht, selbst wenn er faktisch für sich unbedingte sittliche Normen annehmen sollte: die *Unbedingtheit und Universalität* ethischer Verpflichtung *begründen*. Ungewiß bleibt: Warum soll ich unbedingt, also in jedem Fall und überall, solche Normen befolgen – selbst da, wo sie meinen Interessen völlig zuwiderlaufen? Und warum sollen dies alle tun? Denn was ist ein Ethos letzthin wert, wenn es nicht alle tun? Was ist ein Ethos letzthin wert, wenn es nicht ohne alles Wenn und Aber gilt: bedingungslos, nicht »hypothetisch«, sondern »kategorisch« (Kant)?

Aus den endlichen Bedingtheiten des menschlichen Daseins, aus menschlichen Dringlichkeiten und Notwendigkeiten läßt sich nun einmal ein unbedingter Anspruch, ein »kategorisches« Sollen nicht ableiten. Und auch eine verselbständigte abstrakte »Menschennatur« oder »Menschenidee« (als Begründungsinstanz) dürfte kaum zu irgend etwas unbedingt verpflichten. Selbst eine »Überlebenspflicht der Menschheit« ist rational kaum schlüssig zu erweisen. Zu Recht stellt Hans Jonas angesichts des apokalyptischen Potentials der Atom- oder Gentechnik die metaphysische Frage, mit der die Ethik bisher nicht konfrontiert war: Ob und warum es denn eine Menschheit geben, ihr genetisches Erbe respektiert werden, ja warum es überhaupt Leben geben soll? Mit Vernunftgründen ließe sich wohl ebenso begründen, daß die Menschheit, wie sie sich nun faktisch entwickelt hat, keine Zukunft hat, sondern aus moralischen Gründen reif zum Untergang ist (und wer weiß, was Adolf Hitler am Ende noch alles getan hätte, wenn ihm nicht nur die V2, sondern das heutige atomare Vernichtungspotential einer Supermacht zur Verfügung gestanden hätte). Und was den Appell an die Vernunft des einzelnen im konkreten Fall betrifft: Ein »Überleben der Menschheit« ist durch den je einzelnen als einzelnen (etwa wenn er, wie heute nicht wenige

junge Paare, Fortpflanzungsboykott übt) ja nicht gefährdet
– warum sollte es dann im konkreten Fall kategorisch gefordert werden?

Ja, warum soll – vorausgesetzt man geht selber kein Risiko ein – ein Verbrecher seine Geiseln nicht töten, ein Diktator sein Volk nicht vergewaltigen, eine Wirtschaftsgruppe ihr Land nicht ausbeuten, eine Nation einen Krieg nicht anfangen, ein Machtblock nicht notfalls gegen die andere Hälfte der Menschheit die Raketen steigen lassen, wenn das eben im ureigensten Interesse liegt und es keine transzendente Autorität gibt, die unbedingt für alle gilt? Warum sollen sie alle unbedingt anders handeln? Reicht da ein »Appell an die Vernunft«, mit deren Hilfe man so oft das eine wie dessen Gegenteil begründen kann?

Nur Unbedingtes kann unbedingt verpflichten

Um hier nur kurz die grundsätzliche Antwort zu geben: Mit einem allen Menschen quasi eingeborenen »kategorischen Imperativ«, sich das Wohl *aller* Menschen zum Maßstab des *eigenen* Handelns zu machen, kann man heute – nach Nietzsches Verherrlichung des »Jenseits von Gut und Böse« – nicht mehr rechnen. Nein, das Kategorische des ethischen Anspruchs, die Unbedingtheit des Sollens, läßt sich nicht vom Menschen, vom vielfach bedingten Menschen her, sondern nur von einem *Unbedingten* her begründen: von einem Absoluten her, das einen übergreifenden Sinn zu vermitteln vermag und das den einzelnen Menschen, auch die Menschennatur, ja, die gesamte menschliche Gemeinschaft umfaßt und durchdringt. Das kann nur die letzte, höchste Wirklichkeit selbst sein, die zwar nicht rational bewiesen, aber in einem *vernünftigen Vertrauen* angenommen werden kann – wie immer sie in den verschiedenen Religionen genannt, verstanden und interpretiert wird.

Zumindest für die prophetischen Religionen – Judentum, Christentum und Islam – ist es das *einzig Unbedingte* in allem Bedingten, das die Unbedingtheit und Universalität ethischer Forderungen begründen kann, jener Urgrund, Urhalt, jenes Urziel des Menschen und der Welt, das wir *Gott* nennen. Dieser Urgrund, dieser Urhalt und dieses Urziel bedeuten für den Menschen keine Fremdbestimmung. Im Gegenteil: Solche Begründung, Verankerung und Ausrichtung eröffnen die Möglichkeit zu einem wahren Selbst-Sein und Selbst-Handeln des Menschen, ermöglichen Selbst-Gesetzgebung und Selbst-Verantwortung. Richtig verstanden ist Theonomie also nicht Heteronomie, sondern Grund, Garantie, allerdings auch Grenze menschlicher Autonomie, die ja nie zu menschlicher Willkür entarten darf. Nur die Bindung an ein Unendliches schenkt Freiheit gegenüber allem Endlichen. Insofern kann man verstehen, daß man nach den Unmenschlichkeiten der Nazizeit in der Präambel des Grundgesetzes der Bundesrepublik Deutschland die doppelte Dimension der Verantwortung (vor wem und für wen?) festgehalten hat: die »Verantwortung vor Gott und den Menschen«.

Aber wie immer die Unbedingtheit der ethischen Forderung in den verschiedenen Religionen begründet wird, ob sie ihre Forderungen mehr direkt von einem geheimnisvollen Absoluten oder einer Offenbarungsgestalt, ob von einer alten Tradition oder einem heiligen Buch ableiten, sicher ist das eine: Religionen können ihre ethischen Forderungen mit einer ganz anderen Autorität vorbringen als eine bloß menschliche Instanz.

Grundfunktionen der Religion

Religionen sprechen mit absoluter Autorität, und sie bringen diese nicht nur mit Worten und Begriffen, Lehren und Dogmen, sondern auch mit Symbolen und Gebeten, Riten und Festen – also rational und emotional – zum Ausdruck. Denn Religionen besitzen Mittel, um nicht nur für eine intellektuelle Elite, sondern auch für breite Bevölkerungsschichten die ganze Existenz des Menschen zu formen – und dies geschichtlich erprobt, kulturell angepaßt und individuell konkretisiert. Nein, Religion kann nicht alles, doch vermag sie ein gewisses »Mehr« im Menschenleben zu eröffnen und zu schenken:

- Religion vermag eine spezifische Tiefendimension, einen umfassenden Deutungshorizont angesichts auch von Leid, Ungerechtigkeit, Schuld und Sinnlosigkeit und einen letzten Lebenssinn auch angesichts des Todes zu vermitteln: das *Woher und Wohin unseres Daseins*.
- Religion vermag oberste Werte, unbedingte Normen, tiefste Motivationen und höchste Ideale zu garantieren: das *Warum und Wozu unserer Verantwortung*.
- Religion vermag durch gemeinsame Symbole, Rituale, Erfahrungen, Ziele ein Zuhause des Vertrauens, des Glaubens, der Gewißheit, Ich-Stärke, Geborgenheit und Hoffnung zu schaffen: eine *geistige Gemeinschaft und Heimat*.
- Religion vermag Protest und Widerstand gegen Unrechtsverhältnisse zu begründen: die schon jetzt wirksame, unstillbare *Sehnsucht nach dem »ganz anderen«*.

Echte Religion, die sich auf das eine Absolute (Gott) bezieht, *unterscheidet sich wesentlich von jeder Quasi- oder Pseudoreligion*, die etwas Relatives verabsolutiert, vergöttlicht: sei es die atheistische »Göttin Vernunft« oder den »Gott Fortschritt« mit all seinen (lange Zeit ebenfalls nicht hinterfragten) »Untergöttern« im Pantheon der Moderne: Wissenschaft (Naturwissenschaft), Technologie (»High Tech«) und Industrie (»Kapital«). Sie alle erscheinen jetzt in der Postmoderne weitgehend entmythologisiert und entideologisiert, das heißt: relativiert. Wir sollten sie in dieser neuen Weltkonstellation auch nicht durch einen neuen Götzen, etwa den »Weltmarkt«, dem alle Werte unterzuordnen wären, ersetzen, sondern durch den erneuerten Glauben an den einen wahren Gott. *Echte Religion*, die sich so auf das eine und einzige Absolute bezieht, hat in der Postmoderne wieder eine *neue Chance* – nicht mehr und nicht weniger. Doch: Wo immer man in dieser oder anderer Weise von der Religion spricht, wird man den Einwand vernehmen, die Religionen seien sich ja selber keineswegs einig, ihre Aussagen nicht nur über das Absolute, sondern auch über das Ethos des Menschen seien verschieden, ja widersprüchlich.

»Projekt Weltethos« (1990), S, 64–66. 75–79.

Ethische Perspektiven der Weltreligionen

Der thematische Kern von »Projekt Weltethos« ist die Frage nach dem Beitrag der Weltreligionen zu einem Weltethos. Kompakt und präzise wie in keinem anderen Text umreißt Hans Küng hier das ethische Potential der Weltreligionen und verortet es zugleich in den unterschiedlichen religiösen Traditionen.

Das Wohl des Menschen

Gewiß, Religionen waren und sind immer in Versuchung, zum Zwecke des Machterhalts ihrer Institutionen, Konstitutionen und Hierarchien nur um sich selber zu kreisen. Und doch vermögen sie, wo sie wollen, mit noch anderer moralischer Kraft als viele internationale Organisationen der Welt glaubwürdig zu machen, daß es ihnen um das *Wohl des Menschen* geht. Denn alle großen Religionen bieten ja mit Autorität eine *religiöse Grundorientierung* an – Halt, Hilfe und Hoffnung angesichts der Eigenmechanik aller menschlichen Institutionen, angesichts des Eigeninteresses der verschiedenen Individuen und Gruppen und angesichts der Überinformation durch die Medien.

Konkret: Gerade wer in der prophetischen Tradition an Gott wahrhaft glaubt, dem sollte es in der Praxis konsequenterweise um das Wohl des Menschen gehen. So das jüdische Doppelgebot von Gottes- und Nächstenliebe und dessen Radikalisierung (bis hin zur Feindesliebe) in der jesuanischen Bergpredigt, so auch die unablässige Forderung des Koran nach Gerechtigkeit, Wahrhaftigkeit und guten Werken. Aber auch die buddhistische Lehre von der Überwindung menschlichen Leids ist hier zu nennen, ebenso das hinduistische Streben nach Erfüllung des »dharma« und die konfuzianische Forderung, die kosmische Ordnung und damit das Humanum zu bewahren. Hier überall werden mit unbedingter Autorität – wie es eben nur die Religionen können und dürfen – das Wohl und die Würde des Menschen als Grundprinzip und Handlungsziel des menschlichen Ethos herausgestellt. Das heißt: des Menschen Leben, Integrität, Freiheit und Solidarität im ganz konkreten Fall. Menschenwürde, Menschenfreiheit, Menschenrechte lassen sich so nicht nur positivistisch statuieren, sondern in einer letzten Tiefe begründen, religiös begründen.

Maximen elementarer Menschlichkeit

Gewiß, Religionen waren und sind immer in Versuchung, sich auf spezielle Traditionen, mysteriöse Dogmen und rituelle Vorschriften zu fixieren und sich abzukapseln. Und doch können sie, wo sie wollen, mit noch anderer Autorität und Überzeugungskraft als Politiker, Juristen und Philosophen grundlegende *Maximen elementarer Menschlichkeit* zur Geltung bringen. Denn alle großen Religionen fordern ja bestimmte »non-negotiable standards«: ethische Grundnormen und handlungsleitende Maximen, die von einem Unbedingten, einem Absoluten her begründet werden und deshalb für Hunderte von Millionen Menschen auch unbedingt gelten sollen.

Konkret: Fünf große Gebote der Menschlichkeit, die zahllose Applikationen auch in Wirtschaft und Politik haben, gelten in *allen* großen Weltreligionen: (1) nicht töten; (2) nicht lügen; (3) nicht stehlen; (4) nicht Unzucht treiben; (5) die Eltern achten und die Kinder lieben. Diese Gebote mögen für viele allgemein klingen. Aber wieviel müßte sich ändern und sollte sich auch ändern, wenn etwa nur das Gebot »Du sollst nicht stehlen« wieder mehr ins allgemeine Bewußtsein träte und angewandt würde auf das (leider immer mehr auch in früher diesbezüglich intakten Staaten grassierende) Übel der Korruption?

Solche unbedingt geltenden Normen wehren einem *prinzipienlosen Libertinismus*, der allein aus dem Augenblick lebt und sich ausschließlich nach der Situation richtet. Umgekehrt allerdings dürfen solche Normen auch nicht im Geist eines *unfreien Legalismus* angewendet werden, der sich völlig unbekümmert um die konkrete Situation an den Buchstaben des Gesetzes halten will. In komplexen Fragen wie Empfängnisverhütung, Schwangerschaftsabbruch oder Sterbehilfe kann man Lösungen nicht einfach in der Bibel oder einem anderen heiligen Buch nachschlagen.

Hier ist immer zu bedenken: Ethik ist weder Thetik noch Taktik. Weder soll allein das Gesetz (Gesetzesethik) noch allein die Situation (Situationsethik) herrschen. Denn: Normen ohne die Situation sind leer; die Situation aber ohne Norm ist blind. Vielmehr: Die Normen sollen die Situation erhellen, und die Situation die Normen bestimmen. Gut, sittlich ist also nicht einfach das abstrakt Gute oder Richtige, sondern das konkret Gute oder Richtige: das Angemessene. Mit anderen Worten: Nur in der bestimmten Situation wird die Verpflichtung konkret. Aber in einer bestimmten Situation, die freilich nur der Betroffene selber zu beurteilen vermag, kann die Verpflichtung durchaus unbedingt werden. Das heißt: Unser Sollen ist immer situationsbezogen, aber in einer bestimmten Situation kann das Sollen kategorisch werden: ohne Wenn und Aber. In jeder konkreten sittlichen Entscheidung ist also die allgemeine normative Konstante zu verbinden mit der besonderen situationsbedingten Variablen.

Vernünftiger Weg der Mitte

Gewiß, Religionen waren und sind immer in Versuchung, in der Individual- wie in der Sozialethik, in der Sexual- wie in der Wirtschafts- und Staatsethik legalistisch auf irgendwelchen rigoristischen Extrempositionen herumzureiten. Und doch können sie, wo sie wollen, Hunderte von Millionen Menschen auf dieser Erde für einen *vernünftigen Weg der Mitte zwischen Libertinismus und Legalismus* gewinnen. Denn alle großen Religionen fördern ja Handlungsbilder, die einen Weg der Mitte weisen – so wichtig im Blick auf die Komplexität individueller und kollektiver Neigungen, Emotionen und Interessen.

Konkret: Es ist ein Weg der Mitte zwischen Besitzgier und Besitzverachtung, Hedonismus und Asketismus, Sinnenlust und Sinnenfeindlichkeit, Weltverfallenheit und Weltverneinung. Seien es die kultisch-sozialen Pflichten, die das gesamte Leben eines Hindu strukturieren, sei es die buddhistische »Gelassenheit« im Umgang mit der Welt oder die auf Weisheit zielende Lehre des Konfuzius, seien es die Gebote von Tora und Talmud, die den Menschen vor Gott auf seine Pflichten in der Welt hinweisen, sei es die weder legalistische noch asketische Verkündigung Jesu oder die vielen vernünftigen, an den Erfordernissen des Alltags orientierten Anweisungen des Koran: gefordert ist in allen Fällen ein verantwortungsbewußtes Handeln – sich selbst und der Umwelt gegenüber. Alle Religionen fordern nicht nur bestimmte Spielregeln, sondern bestimmte *Dispositionen*, *Haltungen*, »*Tugenden*«, die das Verhalten des Menschen von innen zu steuern vermögen, all das, was gesetzliche Vorschriften eben nicht in gleicher Weise zu leisten vermögen. In die gegenwärtige gesellschaftliche Situation hinein übersetzt, würde der vernünftige Weg der Mitte bedeuten: ein Weg zwischen ignorantem Rationalismus und larmoyantem Irrationalismus, zwischen Wissenschaftsgläubigkeit und Wissenschaftsverteufelung, zwischen Technikeuphorie und Technikfeindlichkeit, zwischen bloßer Formaldemokratie und totalitärer Volksdemokratie.

Goldene Regel

Gewiß, Religionen waren und sind immer in Versuchung, sich in einem unendlichen Gestrüpp von Geboten und Vorschriften, Kanones und Paragraphen zu verlieren. Und doch können sie, wo sie wollen, mit ganz anderer Autorität als jede Philosophie begründen, daß die Anwendung ihrer Normen nicht von Fall zu Fall, sondern kategorisch gilt. Religionen können Menschen eine oberste Gewissensnorm geben, jenen für die heutige Gesellschaft immens wichtigen *kategorischen Imperativ*, der in ganz anderer Tiefe und Grundsätzlichkeit verpflichtet. Denn alle großen Religionen fordern ja so etwas wie eine »*Goldene Regel*« – eine nicht nur hypothetische, bedingte, sondern eine kategorische, apodiktische, *unbedingte Norm* –, durchaus praktikabel angesichts der höchst komplexen Situation, in der einzelne oder auch Gruppen oft handeln müssen.

Diese »Goldene Regel« ist schon bei Konfuzius bezeugt: »Was du selbst nicht wünschst, das tue auch nicht anderen Menschen an« (Konfuzius ca. 551–489 v. Chr.); aber auch im Judentum: »Tue nicht anderen, was du nicht willst, das sie dir tun« (Rabbi Hillel 60 v. Chr.–10 n. Chr.), und schließlich auch im Christentum: »Alles, was ihr wollt, das euch die Menschen tun, das tut auch ihr ihnen ebenso.« Kants kategorischer Imperativ könnte als eine Modernisierung, Rationalisierung und Säkularisierung dieser Goldenen Regel verstanden werden: »Handle so, daß die Maxime deines Willens jederzeit zugleich als Prinzip einer allgemeinen Gesetzgebung gelten könne«, oder: »Handle so, daß du die

Menschheit, sowohl in deiner Person, als in der Person eines jeden anderen ... jederzeit zugleich als Zweck, niemals bloß als Mittel brauchst.«

Sittliche Motivationen

Gewiß, Religionen waren und sind immer in Versuchung, Menschen autoritär zu kommandieren, blinden Gehorsam zu fordern und die Gewissen zu vergewaltigen. Und doch können sie, wo sie wollen, überzeugende *sittliche Motivationen* bieten. Denn gegenüber so viel Frustration, Lethargie und Apathie besonders in der jungen Generation heute können sie aus uralter Tradition in zeitgemäßer Form überzeugende *Motive des Handelns* bieten: nicht nur wie die Philosophie ewige Ideen, abstrakte Prinzipien und allgemeine Normen, sondern auch die lebendige Verkörperung einer neuen Lebenseinstellung und eines neuen Lebensstils.

Konkret: Bis heute wirken diejenigen Lebensmodelle motivierend, die sich in Leben und Lehren der großen Leitfiguren der Weltreligionen darstellen: im Buddha, in Jesus Christus, in Kon-futse oder Lao-tse, im Propheten Muhammad. Das Wissen um das Gute, seine Normen, Modelle, Zeichen werden dem einzelnen nun einmal sozial vermittelt. Und da macht es einen alles entscheidenden Unterschied, ob man Menschen einen neuen Lebensstil abstrakt vordoziert oder ob man sie mit Verweis auf ein verpflichtendes konkretes Lebensmodell zu einem solchen Lebensstil einladen kann: zur Nachfolge Buddhas, Jesu Christi, Kon-futses, Laotses oder des Propheten Muhammad.

Sinnhorizont und Zielbestimmung

Gewiß, Religionen waren und sind immer in Versuchung einer doppelten Moral, nämlich die ethischen Forderungen nur anderen zu predigen und nicht selbstkritisch zuerst auf sich selber anzuwenden. Doch können sie, wenn sie wollen, auch heute noch – oder heute wieder neu – mit einzigartiger Überzeugungskraft gegen Leere und Sinnlosigkeit für Hunderte von Millionen Menschen in Lehre, Ethos und Ritus glaubwürdig einen *Sinnhorizont* auf dieser Erde selber aufscheinen lassen – und auch eine letzte *Zielbestimmung*.

Konkret: Alle Religionen beantworten die Frage nach dem *Sinn des Ganzen*, des Lebens, der Geschichte mit dem Blick auf eine schon hier und jetzt sich auswirkende allerletzte Wirklichkeit – ob diese nun mit dem klassischen Judentum als »Auferweckung«, mit dem Christentum als »Ewiges Leben«, mit dem Islam als »Paradies«, mit dem Hinduismus als »Moksha«, mit dem Buddhismus als »Nirvana« oder mit dem Taoismus als »Unsterblichkeit« umschrieben wird. Gerade angesichts vieler Frustrationen und vieler Erfahrungen des Leidens und Scheiterns können Religionen helfend und weiterführend ein Sinnangebot über den Tod hinaus und eine Sinngebung schon hier und jetzt vermitteln, und dies nicht zuletzt dort, wo moralisches Handeln erfolglos blieb.

»Projekt Weltethos« (1990), S. 81–86.

8. Weltethos – Orientierung für die Menschheit

Moral ohne Religion?

Das »Projekt Weltethos« ist kein explizit religiöses Projekt. Es plädiert für eine Koalition von Glaubenden und Nicht-Glaubenden. Für Hans Küng schließt Religionsfreiheit auch die Entscheidung gegen Religion mit ein, zumal ethisch engagierte Menschen nicht selten der Religion kritisch oder distanziert gegenüber stehen.

Auch gläubige Menschen müßten zugeben, daß ohne Religion ein moralisches Leben möglich ist. Inwiefern?

(1) Es gibt *biographisch-psychologisch* genügend Gründe, warum aufgeklärte Zeitgenossen auf Religion, die zu Obskurantismus, Aberglaube, Volksverdummung und »Opium« verkommen war, verzichten wollen.

(2) Es läßt sich *empirisch* nicht bestreiten, daß nichtreligiöse Menschen faktisch auch ohne Religion über eine ethische Grundorientierung verfügen und ein moralisches Leben führen, ja, daß es in der Geschichte nicht selten religiös Nichtgläubige waren, die einen neuen Sinn für Menschenwürde vorgelebt und sich oft mehr als religiös Gebundene für Mündigkeit, Gewissensfreiheit, Religionsfreiheit und die übrigen Menschenrechte eingesetzt haben.

(3) Es läßt sich *anthropologisch* nicht leugnen, daß viele nichtreligiöse Menschen auch grundsätzlich Ziele und Prioritäten, Werte und Normen, Ideale und Modelle, Kriterien für Wahr und Falsch entwickelt haben und besitzen.

(4) Es läßt sich *philosophisch* nicht wegdiskutieren, daß dem Menschen als Vernunftwesen eine wirkliche menschliche Autonomie zukommt, die ihn auch ohne Gottesglauben ein Grundvertrauen in die Wirklichkeit realisieren und seine

Verantwortung in der Welt wahrnehmen läßt: eine Selbstverantwortung und Weltverantwortung.

Entscheidungsfreiheit für oder gegen Religion

Es ist somit unbestreitbar: Von vielen säkularen Menschen wird heute eine Moral vorgelebt, die sich an der Würde eines jeden Menschen ausrichtet; und zu dieser Menschenwürde gehören nach heutigem Verständnis Vernunft und Mündigkeit, Gewissensfreiheit, Religionsfreiheit und die übrigen Menschenrechte, wie sie sich im Laufe einer langen Geschichte – mühselig genug oft gegen die etablierten Religionen – durchgesetzt haben. Und es ist für den Frieden unter den Völkern, ist für die internationale Zusammenarbeit in Politik, Wirtschaft und Kultur und ist auch für internationale Organisationen wie UNO und UNESCO von allergrößter Bedeutung, daß religiöse Menschen – seien sie nun Juden, Christen oder Muslime, Hindus, Sikhs, Buddhisten, Konfuzianer, Taoisten oder was immer – es Nichtreligiösen, die sich »Humanisten« nennen oder »Marxisten«, zugestehen: auch sie können auf ihre Weise *Menschenwürde und Menschenrechte*, auch sie können ein humanes Ethos vertreten und verteidigen. Wird doch in der Tat von Gläubigen und Ungläubigen vertreten, was als Artikel 1 in der – nach dem Zweiten Weltkrieg und dem Holocaust am 10. Dezember 1948 verabschiedeten – Menschenrechtserklärung der Vereinten Nationen steht: »Alle Menschen werden frei und gleich an Würde und Rechten geboren. Sie sind mit Vernunft und Gewissen begabt und sollen sich zueinander im Geiste der Brüderlichkeit verhalten.«

Von daher ergibt sich auch das Recht auf *Religionsfreiheit*, und zwar – was fanatische Gläubige gern unterschlagen – im doppelten Sinn: Freiheit für Religion einerseits, aber auch Freiheit von Religion andererseits. Das Recht auf Religionsfreiheit schließt also konsequenterweise auch das Recht auf *Religionslosigkeit* ein: »Jeder hat das Recht auf Gedanken-, Gewissens- und Religionsfreiheit; dieses Recht enthält die Freiheit, die Religion oder den Glauben zu wechseln, und die Freiheit, die Religion oder den Glauben allein oder in Gemeinschaft mit anderen sowie öffentlich oder privat durch Lehre, Ausübung, Gottesdienst und Erfüllung religiöser Vorschriften zu bekennen« (Artikel 18).

Dies alles läßt sich, scheint es, ganz leicht ohne alle Glaubenssätze mit der menschlichen Vernunft allein begründen. Warum also soll der Mensch nicht, wie dies Immanuel Kant in seiner Programmschrift »Was ist Aufklärung?« forderte, seine »selbstverschuldete Unmündigkeit«, das »Unvermögen, sich seines Verstandes ohne Leitung eines anderen zu bedienen«, überwinden und seinen Verstand auch zur Begründung einer Ethik der Vernunft gebrauchen? Dieses Unvermögen liegt ja nach Kant nicht in einem »Mangel des Verstandes, sondern des Mutes« begründet: »Habe Mut, dich deines eigenen Verstandes zu bedienen!« Von daher vertreten und verteidigen denn heute auch viele philosophische und theologische Ethiker eine echte menschliche Autonomie bei allen praktischen Entscheidungen des Menschen, eine *sittliche* Autonomie, die auch der christliche Glaube nicht einfach aufheben kann. Gegenseitiger Respekt – das Mindeste – ist gefordert, gegenseitiger Respekt von Glaubenden und Nichtglaubenden.

»Projekt Weltethos« (1990), S. 59–61.

Ethik im dritten Jahrtausend

Dieser Text ist einer der Schlüsseltexte des Projekts Weltethos. Hans Küng zeigt darin erstmals programmatisch auf, warum wir uns weltweit auf kulturübergreifende ethische Standards verständigen sollen und welche Bedeutung ein solches gemeinsames Menschheitsethos, ein Weltethos, für unsere Gesellschaften hat.

An der Schwelle zum dritten Jahrtausend stellt sich also dringlicher denn je die ethische Kardinalfrage: *Unter welchen Grundbedingungen* können wir überleben, *als Menschen auf einer bewohnbaren Erde überleben* und unser individuelles und soziales Leben menschlich gestalten? Unter welchen Voraussetzungen kann die menschliche Zivilisation ins dritte Jahrtausend hinübergerettet werden? Welchem Grundprinzip sollen die Führungskräfte der Politik, der Wirtschaft, der Wissenschaft und auch der Religionen folgen? Unter welchen Voraussetzungen kann aber auch der einzelne Mensch zu einer geglückten und erfüllten Existenz kommen?

Ziel und Kriterium: der Mensch

Antwort: *Der Mensch* muß mehr werden, als er ist: er *muß menschlicher werden*! Gut für den Menschen ist, was ihn sein Menschsein bewahren, fördern, gelingen läßt – und dies noch ganz anders als früher. Der Mensch muß sein menschliches Potential für eine *möglichst humane Gesellschaft und intakte Umwelt* anders ausschöpfen, als dies bisher der Fall war. Denn seine aktivierbaren Möglichkeiten an Humanität sind größer als sein Ist-Stand. Insofern gehören das realistische Prinzip Verantwortung und das »utopische« Prinzip Hoffnung (Ernst Bloch) zusammen.

Nichts also gegen die heutigen »*Selbst-Tendenzen*« (Selbstbestimmung, Selbsterfahrung, Selbstfindung, Selbstverwirklichung, Selbsterfüllung) – solange sie nicht abgekoppelt sind von *Selbstverantwortung* und *Weltverantwortung*, von der Verantwortung für die Mitmenschen, für die Gesellschaft und die Natur, solange sie nicht zur narzißtischen Selbstbespiegelung und autistischen Selbstbezogenheit verkommen. Selbstbehauptung und Selbstlosigkeit brauchen sich nicht auszuschließen. *Identität und Solidarität* sind zur Gestaltung einer besseren Welt gefordert.

Aber welche Projekte man auch plant für eine bessere Zukunft der Menschheit, das ethische Grundprinzip muß sein: Der Mensch – das ist seit Kant eine Formulierung des kategorischen Imperativs – darf *nie* zum *bloßen Mittel* gemacht werden. Er muß letzter Zweck, muß *immer Ziel und Kriterium* bleiben. Geld und Kapital sind Mittel, wie auch Arbeit ein Mittel ist. Wissenschaft, Technik und Industrie sind ebenfalls Mittel. Auch sie sind an sich keineswegs »wertfrei«, »neutral«, sondern sollen in jedem Einzelfall danach beurteilt und eingesetzt werden, inwieweit sie dem Menschen zu seiner Entfaltung dienen. Genmanipulation am menschlichen Keimgut etwa ist demnach nur erlaubt, insofern sie dem Schutz, der Bewahrung und Humanisierung des menschlichen Lebens dient; verbrauchende Embryo-Forschung ist ein Humanexperiment, das als inhuman strikt abzulehnen ist.

Und was die Wirtschaft betrifft: »Gewinn ist nicht ein Ziel, sondern ein Resultat«, hörte ich einmal vom amerikanischen Management-Guru Professor Peter Drucker, der vor kurzem die Ablösung der »Business Society« durch die »Knowledge Society« ankündigte, in welcher Erziehung und Bildung eine Schlüsselstellung haben würden. Doch wir wissen es schon jetzt: Auch Computer und Maschinen,

Kybernetik und Management, Organisation und System sind für den Menschen da und nicht umgekehrt. Oder anders gesagt: Der Mensch soll immer Subjekt bleiben und nie Objekt werden. Wie für die große Politik, so gilt dies (und gerade Wirtschaftspsychologen und Betriebswissenschaftler sagen uns das) auch für den Alltag der Betriebsführung: »Der ›menschliche Faktor‹ ist das *zentrale* treibende oder hemmende Element im betrieblichen wie globalen Geschehen« (Roland Müller). Oder wie es Knut Bleicher in einer kulturvergleichenden Managementanalyse (USA–Europa–Japan) ausdrückt: »Es sind nicht Maschinen, die Inventionen und Innovationen hervorbringen, sondern Menschen, die motiviert ihren Intellekt dazu einsetzen, Chancen zu erkennen, Risiken zu vermeiden und durch ihre Aktivitäten neue ökonomische, soziale und technische Verhältnisse zu schaffen. Statt des *Sachkapitals*, das in Zeiten stabiler Entwicklungen für den Erfolg von Unternehmen entscheidend war, wird es nun das *Humankapital*, das den Zukunftserfolg eines Unternehmens bestimmt.« In der Tat: Nicht der Computer, sondern der Mensch wird den Menschen retten.

Ethik als öffentliches Anliegen

Von daher versteht sich programmatisch als Forderung: *Ethik*, die in der Moderne zunehmend als Privatsache angesehen wurde, muß in der Postmoderne – um des Wohles des Menschen und des Überlebens der Menschheit willen – wieder zu einem *öffentlichen Anliegen* von *erstrangiger Bedeutung* werden. Dabei genügt es nicht, in den verschiedenen gesellschaftlichen Institutionen für den Einzelfall ethische Experten hinzuzuziehen. Nein, angesichts der ungeheuren Komplexität der Probleme und der Spezialisierung von Wissenschaft und Technik bedarf die Ethik selber der *Institutionalisierung*, wie sie in Nordamerika schon weiter fortgeschritten ist als in Europa und in Japan: Ethikkommissionen, Ethiklehrstühle und Ethikcodes besonders in den Bereichen Biologie, Medizin, Technik und Ökonomie (z.B. ein Verhaltenskodex, Code of Business Ethics, der sich etwa dezidiert gegen die zunehmende Korruption wendet).

Man vergesse nicht: Auch wirtschaftliches Denken und Handeln sind nicht wertfrei oder wertneutral. Die Meinung etwa, ausschließliche Aufgabe eines Unternehmens sei es, Gewinne zu erzielen, und Gewinnmaximierung sei der beste und einzige Beitrag eines Unternehmens zum Wohlergehen der Gesellschaft, gilt auch unter Ökonomen und Betriebsfachleuten zunehmend als überholter Standpunkt. Auch Ökonomen besinnen sich heute darauf, daß die *großen europäischen Wirtschafts- und Gesellschaftstheoretiker* von Aristoteles und Platon über Thomas von Aquin bis zum Moralphilosophen und Begründer der modernen Ökonomie Adam Smith Wirtschaft und Politik in einem ethischen Gesamtzusammenhang gesehen haben.

Wer aber *ethisch* handelt, handelt deshalb *nicht unökonomisch*, er handelt krisenprophylaktisch. Manche Großunternehmen mußten erst schmerzhafte Verluste erleiden, bevor sie lernten, daß nicht dasjenige Unternehmen ökonomisch am erfolgreichsten ist, das sich weder um ökologische noch um politische oder ethische Implikationen seiner Produkte kümmert, sondern dasjenige, welches diese – gegebenenfalls unter kurzfristigen Opfern – einbezieht und so empfindliche Strafen und gesetzliche Einschränkungen von vornherein vermeidet.

Wie die soziale und ökologische Verantwortung von den Unternehmen nicht einfach auf die Politiker abgeschoben werden kann, so die moralische, ethische Verantwortung nicht einfach auf die Religion. Dabei gibt es Unternehmer, die schon am Familientisch von ihren kritischen Söhnen und Töchtern darauf angesprochen werden, ob eine solche Aufspaltung von Ökonomie und Moral, von rein profitbezogenem Geschäftsgebaren draußen und ethischem Privatleben daheim überhaupt glaubwürdig sei. Nein, ethisches Handeln soll nicht nur ein privater Zusatz zu Marketingkonzepten, Wettbewerbsstrategien, ökologischer Buchhaltung und Sozialbilanz sein, sondern soll den selbstverständlichen Rahmen menschlich-sozialen Handelns bilden. Denn auch Marktwirtschaft, soll sie sozial funktionieren und ökologisch geregelt werden, bedarf der Menschen, die von sehr bestimmten Überzeugungen und Haltungen getragen sind. Ja, generell kann man sagen:

Keine Weltordnung ohne Weltethos

Denn eines ist sicher: Der Mensch kann nicht durch immer mehr Gesetze und Vorschriften verbessert werden, freilich auch nicht nur durch Psychologie und Soziologie. Im Großen wie im Kleinen ist man ja mit derselben Situation konfrontiert: Sachwissen ist noch kein Sinnwissen, Reglementierungen sind noch keine Orientierungen, und *Gesetze sind noch keine Sitten.* Auch das Recht braucht ein moralisches Fundament! Die ethische Akzeptanz der Gesetze (die vom Staat mit Sanktionen versehen und mit Gewalt durchgesetzt werden können) ist Voraussetzung jeglicher politischer Kultur. Was nützen den einzelnen Staaten oder Organisationen, ob der EG, den USA oder der UNO, immer neue Gesetze, wenn ein Großteil der Menschen gar nicht daran denkt, sie auch einzuhalten, und ständig genügend Mittel und Wege findet, um verantwortungslos die eigenen oder kollektiven Interessen durchzusetzen. In den nächsten fünf Jahren etwa müßten in den USA wegen der neuen Drogenwelle (so schätzt der National Council on Crime and Delinquency) für 460.000 neue Gefangene neue Zellen gebaut und insgesamt 35 Milliarden Dollar ausgegeben werden. Schon aus wirtschaftlichen Gründen also kann die Forderung nach mehr Überwachung, Polizei, Gefängnissen und schärferen Gesetzen nicht die einzige Lösung sein, um mit solch schwerwiegenden Problemen unserer Zeit fertig zu werden. Neben der Frage der zu finanzierenden Umstellung der Kokainanpflanzung in Südamerika geht es doch offensichtlich zugleich um ein Grundproblem der Erziehung (Familie, Schule, Gruppe, Öffentlichkeit) in Nordamerika (und Europa). »Quid leges sine moribus«, heißt ein römisches Dictum: was sollen Gesetze ohne Sitten!?

Gewiß: Alle Staaten der Welt haben eine Wirtschafts- und Rechtsordnung, aber in keinem Staat der Welt wird sie funktionieren ohne einen ethischen Konsens, ohne ein Ethos ihrer Staatsbürger/innen, aus dem der demokratische Rechtsstaat lebt. Gewiß: auch die internationale Staatengemeinschaft hat bereits transnationale, transkulturelle, transreligiöse Rechtsstrukturen geschaffen (ohne die internationale Verträge ja purer Selbstbetrug wären); was aber ist eine Weltordnung ohne ein – bei aller Zeitgebundenheit – *verbindendes und verbindliches Ethos* für die gesamte Menschheit, ohne ein *Weltethos*? Nicht zuletzt der Weltmarkt erfordert ein Weltethos! Räume mit schlechthin unterschiedlicher oder gar in zentralen Punkten widersprüchlicher Ethik wird sich die Weltgesellschaft weniger denn je leisten können. Was nützen ethisch fundierte Verbote in dem einen Land (man denke an bestimmte Finanz- und Börsenmanipulationen oder an aggressive gentechnologische Forschungen), wenn sie durch Ausweichen in andere Länder unterlaufen werden können? Ethik, wenn sie zum Wohle aller funktionieren soll, muß unteilbar sein. Die ungeteilte Welt braucht zunehmend das ungeteilte Ethos! Die postmoderne Menschheit braucht gemeinsame Werte, Ziele, Ideale, Visionen.

»Projekt Weltethos« (1990), S. 53–57.

Nicht nur Rechte, auch Pflichten

Auf Grundlage der Weltethos-Erklärung des Parlaments der Weltreligonen (1993) hat der InterAction Council ehemaliger Staats- und Regierungschefs den Entwurf einer »Allgemeinen Erklärung der Menschenpflichten« vorgelegt. Hans Küng zeigt auf, wie Rechte und Verantwortlichkeiten einander bedingen, und daß das Ethos das Recht stützt.

Menschenpflichten stärken Menschenrechte

1. Einzelne Menschenrechts-Aktivisten, die von der neuen Problematik und Aktualität der Menschenpflichten offensichtlich überrascht wurden, reagierten zunächst verwirrt auf den Vorschlag einer Pflichtenerklärung. Ich spreche hier nicht von jenen One-issue-people, die mit Jeremiaden und Untergangsszenarios sämtliche Weltprobleme unter einen einzigen Gesichtspunkt zwingen (etwa dem an sich berechtigten der Ökologie oder was immer sie als Summierung und Erlösung aller Weltprobleme ansehen) und die ihre monodimensionale, oft monokausale Weltsicht (Carl Amerys »biosphärische Perspektive«) der ganzen Welt aufdrängen wollen, statt, wie dies in der Pflichtenerklärung geschieht, die Vielschichtigkeit und Vieldimensionalität des menschlichen Lebens und der gesellschaftlichen Wirklichkeit ernst zu nehmen. Ich spreche vielmehr von differenziert argumentierenden Menschenrechts- Aktivisten wie etwa dem deutschen Generalsekretär von Amnesty international, Volkmar Deile. Er bejaht im Prinzip »ein notwendiges Minimum an gemeinsamen ethischen Werten, Grundhaltungen und Maßstäben, auf die sich alle Religionen, Nationen und Interessengruppen verpflichten können«, doch hat er Bedenken gegenüber einer

eigenen Erklärung der Menschenpflichten. Diese scheinen mir überlegenswert, auch wenn ich sie letztlich nicht teilen kann. Der Hauptgrund ist: Eine Erklärung über Menschenpflichten fügt der Erklärung der Menschenrechte nicht den geringsten Schaden zu. Die hier zitierten UN-Kommissionen und andere internationale Gremien jedenfalls sind derselben Meinung: Eine Besinnung auf die Menschenpflichten schadet der Realisierung der Menschenrechte nicht. Im Gegenteil: Sie fördert sie. Doch sehen wir genauer zu:

2. Eine Menschenpflichten-Erklärung *unterstützt und untermauert die Menschenrechte-Erklärung vom Ethos her*, wie es programmatisch schon in der Präambel heißt: »Wir ... erneuern und verstärken hiermit die schon durch die Allgemeine Erklärung der Menschenrechte proklamierten Verpflichtungen: die volle Akzeptanz der Würde aller Menschen, ihrer unveräußerlichen Freiheit und Gleichheit und ihrer Solidarität untereinander.« Wenn die Menschenrechte vielerorts, wo sie durchgesetzt werden könnten, nicht realisiert werden, fehlt es ja zumeist am politischen und ethischen Willen. Läßt sich doch nicht bestreiten, daß »die Herrschaft des Rechts und die Förderung der Menschenrechte abhängen von der Bereitschaft von Männern wie Frauen, gerecht zu handeln«. Dies wird auch kein Kämpfer für Menschenrechte bestreiten.

3. Selbstverständlich wäre es falsch zu meinen, die rechtliche Gültigkeit der Menschenrechte sei abhängig von der faktischen Realisierung der Pflichten. »Menschenrechte – Belohnung für menschliches Wohlverhalten«: Wer wollte denn solchen Unsinn behaupten? Dies würde ja bedeuten, daß Rechte nur dem zukämen, der sich durch Pflichterfüllung gegen die Gemeinschaft als ihrer würdig erwiesen hätte. Dies verstieße eindeutig gegen die voraussetzungslose *Würde der menschlichen Person*, welche ihrerseits Voraussetzung sowohl der Rechte wie der Pflichten ist. Kein Mensch hat

behauptet, es müßten *zuerst* bestimmte Menschenpflichten erfüllt werden, vom einzelnen oder von einer Gemeinschaft, bevor man Menschenrechte beanspruchen könne. Diese sind mit der menschlichen Person gegeben, die freilich immer *zugleich Trägerin von Rechten und von Pflichten* ist: »Alle Menschenrechte sind qua Definition mit der Pflicht zu ihrer Einhaltung direkt verbunden« (V. Deile). Rechte und Pflichten sind gewiß sauber zu unterscheiden, aber auch nicht voneinander zu trennen. Ihr Verhältnis ist differenziert zu beschreiben. Es geht nicht um äußerlich zu addierende oder substrahierende Quantitäten, sondern um *zwei untereinander in Beziehung stehende Dimensionen* des Menschseins im individuellen wie gesellschaftlichen Bereich.

4. *Keine Rechte ohne Pflichten*: Das Anliegen als solches ist keineswegs neu, sondern geht auf die »Gründerzeit« der Menschenrechte zurück. Schon in der Menschenrechtsdebatte des französischen Revolutionsparlaments von 1789 wurde die Forderung erhoben: Wenn man eine Deklaration der *Rechte* des Menschen proklamiere, so müsse man damit eine Deklaration der *Pflichten* des Menschen verbinden. Sonst hätten am Ende alle Menschen nur Rechte, die sie gegeneinander ausspielen würden, aber niemand würde mehr die Pflichten kennen, ohne welche diese Rechte nicht funktionieren können. Und wir 200 Jahre nach der Großen Revolution? Wir leben in der Tat weitgehend in einer Gesellschaft, in der einzelne Gruppen nur zu oft *Rechte gegen andere* geltend machen, ohne für sich selber irgendwelche *Pflichten* zu erkennen. Dies liegt gewiß nicht an den kodifizierten Menschenrechten als solchen, wohl aber an bestimmten Fehlentwicklungen, die durchaus mit ihnen zu tun haben und die im Bewußtsein vieler zu einem Übergewicht der Rechte gegenüber den Pflichten geführt haben. Statt der angestrebten Kultur der Menschenrechte vielfach eine Unkultur überzogener Rechtsansprüche, welche die Intentionen

der Menschenrechte ignoriert. Das »Gleichgewicht von Freiheit, Gleichheit und Teilhabe« ist eben nicht einfach »vorhanden«, sondern muß immer wieder neu verwirklicht werden. Leben wir doch unbestreitbar in einer Anspruchsgesellschaft, die sich oft auch als »Rechtsanspruchsgesellschaft«, ja »Rechtsstreitgesellschaft« präsentiert und – so hat man die Bundesrepublik Deutschland genannt – den Staat zu einem« Justizstaat« macht (so der Rechtshistoriker S. Simon). Ob sich also nicht vielleicht gerade in unseren überentwickelten Rechtsstaaten bei allem berechtigten Insistieren auf Rechten eine neue Konzentration auf die Pflichten nahelegt?

5. Die »weltumspannende Realität schwerer Menschenrechtsverletzungen« (V. Deile) sollte es gerade professionellen Menschenrechts-Kämpfern und -Kämpferinnen, die die Menschenrechte »bedingungslos« verteidigen wollen, deutlich machen, wie sehr eine Deklaration und Explikation der Menschenrechte dort ins Leere stößt, wo Menschen und besonders Machthaber ihre humanen Pflichten ignorieren (»Was geht das mich an!«), vernachlässigen (»Ich habe nur die Interessen meiner Firma zu vertreten!«), gar nicht wahrnehmen (»Dafür sind Kirchen und Caritas zuständig!«) oder ihre Erfüllung verlogen schlicht vortäuschen (»Wir, die Regierung, die Konzernleitung, tun alles, was wir tun können!«). Die »Schwäche der Menschenrechte« liegt in der Tat nicht im Konzept selbst begründet, »sondern im fehlenden politischen [und – würde ich hinzufügen – sittlichen] Willen der verantwortlichen Akteure« (V. Deile). Das heißt im Klartext: Es *bedarf zur effektiven Realisierung der Menschenrechte des ethischen Impulses und der normativen Motivation*! Das haben viele Menschenrechts-Kämpferinnen und -Kämpfer an den Fronten dieser Welt, die ihr »Ja zum Weltethos« bekennen, bereits ausdrücklich bekräftigt. Deshalb gilt: Wer effektiv für die Menschenrechte eintreten will, sollte einen neuen moralischen Impuls und ethischen

Orientierungsrahmen begrüßen und ihn nicht zu eigenem Nachteil abwehren.

6. Der *ethische Orientierungsrahmen* der Menschenpflichten-Erklärung greift in mancher Hinsicht über die Menschenrechte hinaus, die nun einmal nur für ganz bestimmte Bereiche »klar sagen, was geboten und verboten ist« (V. Deile). Die Menschenrechte-Erklärung erhebt auch gar nicht ausdrücklich einen solchen umfassenden moralischen Anspruch. Eine Menschenpflichten-Erklärung muß da sehr viel weiter ausgreifen und tiefer ansetzen. Und schon die beiden Grundprinzipien der Menschenpflichten-Erklärung bieten eine ebenso umfassende wie grundlegende ethische Orientierung für den Alltag: die Grundforderung »Jeder Mensch muß menschlich behandelt werden« und die Goldene Regel »Was du nicht willst, das man dir tut, das tu auch nicht den anderen«. Von den konkreten Forderungen der Pflichten-Erklärung nach Wahrhaftigkeit, Gewaltlosigkeit, Fairneß, Solidarität, Partnerschaft usw. ganz zu schweigen. Wo die Menschenrechte-Erklärung offen lassen muß, was sittlich erlaubt ist und was nicht, in der Menschenpflichten-Erklärung wird es – nicht als Gesetz, sondern als moralischer Imperativ – gesagt. Deshalb: Die Pflichten-Erklärung »eröffnet die Möglichkeit zu einer – demokratischen – Selbstverständigung darüber, was richtig und falsch, was erlaubt und verboten, ja sogar was gut und was böse ist. Die Verantwortung, sich überhaupt für diese wesentlichen Fragen zu interessieren, gibt das Manifest an den einzelnen zurück. Damit ist es nicht paternalistisch, sondern – was denn sonst? – politisch« (S. Gaschke).

7. Wenn die Menschenrechte-Erklärung zumeist »anonym« formuliert, da sie ja weniger auf das (zu schützende) Individuum als auf den (in seiner Macht zu beschränkenden) Staat zielt, wendet sich die Menschenpflichten-Erklärung zwar auch an Staat und Institutionen, aber doch in erster

Linie und sehr *direkt an die verantwortlichen Personen*: Immer wieder heißt es: »Jeder Mensch« oder »jede Person«, ja, es werden bestimmt Berufsgruppen, denen in unserer Gesellschaft eine besondere Verantwortung zukommt (Politiker, Beamte, Wirtschaftsführer, Schriftsteller, Künstler, Ärzte, Juristen, Journalisten, Religionsführer ...) ausdrücklich angesprochen, aber niemand ausgesondert. Es sei nicht bestritten, daß eine solche Pflichtenerklärung eine Herausforderung bedeutet im Zeitalter des Beliebigkeitspluralismus, zumindest für die »Individualisierungsgewinner« auf Kosten anderer und für alle jene, die als einzige »moralische« Norm anerkennen »Wenn es nur Spaß macht« oder »meiner Selbstverwirklichung dient«. Doch geht es in der Erklärung nicht um eine neue »Gemeinschaftsideologie«, wie man sie den Kommunitariern um Amitai Etzioni zu Unrecht vorwirft; diese wollen jedenfalls keine »Tyrannei des Gemeinsinns« aufrichten und die Menschen gar von individueller Verantwortung entlasten. Letzeres tun vielmehr deren oberflächlich-moralische Gegenspieler, die unter fataler Verkennung der Krise der Gegenwart ein »Bekenntnis zur egoistischen Gesellschaft« oder die »Tugend der Orientierungslosigkeit und Bindungslosigkeit« als Weg in die Zukunft propagieren zu müssen meinen.

8. Wie die Menschenrechte-Erklärung, so ist also auch die Menschenpflichten-Erklärung primär ein *moralischer Appell*. Er besitzt als solcher ebenfalls keine direkt völkerrechtliche Verbindlichkeit, proklamiert aber vor der Weltöffentlichkeit einige Grundnormen für kollektives und individuelles Verhalten, die für jedermann gelten. Dieser Appell soll sich natürlich auch in der rechtlichen und politischen Praxis auswirken, strebt aber keine Verrechtlichung der Moral an. Die Pflichtenerklärung ist keine »Blaupause für einen rechtlich verbindlichen Pflichtenkanon mit weltweitem Geltungsanspruch«, wie man ihr unterstellt hat. Man sollte doch keine

Gespenster an die Wand malen in einer Zeit, da selbst Papst und Kurialapparat auch in ihrem ureigenen Bereich (von der Welt außerhalb zu schweigen) ihre vergesetzlichten autoritären Moralauffassungen nicht mehr durchsetzen können. Entscheidend: Die Menschenpflichten-Erklärung zielt also gerade *nicht auf rechtliche Kodifizierung*, die bezüglich sittlicher Haltungen wie Wahrhaftigkeit oder Fairneß ohnehin nicht möglich ist. Sie *zielt auf freiwillige Selbstverpflichtung*. Eine solche kann natürlich in einzelnen Fällen oder etwa institutionenbezogen zu rechtlichen Regelungen führen, aber von einer grundsätzlichen *rechtlichen* Verbindlichkeit sollte bei einer Erklärung der Menschenpflichten nicht die Rede sein, wohl aber von einer *moralischen*.

Die »Pflicht«, aber auch das »Recht« kann mißbraucht werden

1. Gerade wenn man eine Revision der Erklärung der Menschenrechte ablehnt (und eine solche wird sicher auch vom IAC abgelehnt), sollte man sich für eine Erklärung der Menschenpflichten einsetzen. Das Eintreten vieler Asiaten für Pflichten – in Konfuzianismus, Hinduismus, Buddhismus und Islam traditionell – von vornherein als Autoritarismus und Paternalismus zu diskreditieren, ist wirklichkeitsblind und eurozentrisch-arrogant. Daß dabei die Einklage von Pflichten oft von politischen Interessen gesteuert ist, liegt auf der Hand. Das aber macht die Forderung nach *Pflichten* ebensowenig pauschal unglaubwürdig, wie die Forderung nach *Freiheit* schon deshalb diskreditiert ist, weil sie von Raubritterkapitalisten oder Sensationsjournalisten mißbraucht wird. Zu meinen, autoritäre Systeme würden gerade auf eine Pflichtenerklärung warten und würden auch in Zukunft auf eine Pflichtenerklärung angewiesen sein, um ihr autoritäres System aufrechtzuerhalten, ist lächerlich.

Vielmehr können autoritäre Systeme in Zukunft eindringlicher als bisher etwa auf ihre – in keinem Menschenrecht enthaltene – Pflicht zur Wahrhaftigkeit und Toleranz kritisch angesprochen werden. Und dies kann durchaus Wirkungen haben. Autoritäre Systeme wie das Polens, der DDR, der Tschechoslowakei, der Sowjetunion, der Philippinen oder Südafrikas sind ja nicht zuletzt aufgrund moralischer Argumentationen und Demonstrationen ohne Blutvergießen gestürzt worden, mit Forderungen nach »Wahrheit«, »Freiheit«, »Gerechtigkeit«, »Solidarität«, »Menschlichkeit«, Parolen, die über die Menschenrechte vielfach hinausgingen. Man soll also Menschenrechte und Menschenpflichten im Zusammenhang sehen. Eine Menschenpflichten-Erklärung kann ebenso wie die Menschenrechte-Erklärung ungezählten Menschen als Referenzdokument dienen – was nicht zuletzt für Erziehung und Schule von Bedeutung sein kann.

2. Natürlich wird es Europäern, und Deutschen besonders, eine Warnung sein müssen: Der Begriff *Pflicht* ist in seiner jüngeren Geschichte *schändlich mißbraucht* worden. Von totalitären, autoritären, hierarchischen Ideologien aller Art wurde die »Pflicht« (gegenüber Vorgesetzten, dem Führer, dem Volk, der Partei, auch dem Papst) eingehämmert. Von daher lassen sich die Angstprojektionen (»autoritärer Staat«, »Paternalismus« …) verstehen, die zur politischen und psychologischen, ja sogar moralischen und letztlich auch sprachlichen Tabuisierung des Wortes »Pflicht« geführt haben. Aber sollen uns Mißbräuche hindern, einen Begriff positiv aufzunehmen, der seit Cicero und Ambrosius eine lange Geschichte hat, durch Kant zu einem *Schlüsselbegriff der Moderne* wurde und auch heute unersetzlich erscheint? Keine Angst also vor dem Ethos: Pflicht drängt zwar moralisch, aber zwingt nicht. Sie folgt primär aus der nicht rein technischen oder ökonomischen, sondern *ethischen Vernunft, die den Menschen*, dem es eigen ist, sich *in Freiheit*

entscheiden zu können, *zu moralischem Handeln anhält* und drängt. Und dabei bedenke man:

3. Nicht nur Pflichten, *auch Rechte lassen sich mißbrauchen*: dann nämlich wenn sie *erstens* konstant ausschließlich zum eigenen Vorteil gebraucht und wenn sie, *zweitens*, ständig maximal bis hin zu ihren äußersten Möglichkeiten ausgenützt werden. Wer seine Pflichten vernachlässigt, untergräbt schließlich auch die Rechte. Selbst der Staat würde gefährdet, wenn seine Bürger von diesen keinen sinnvollen Gebrauch machen und sie zu purem Eigennutz gebrauchten. Ja, nicht einmal Amnesty international könnte überleben, wenn sie statt von ethisch motivierten Aktivisten von solchen egoistischen »Rechthabern« geleitet und getragen würde. Man hüte sich also vor falschen Alternativen:

4. Befreiende Rechte (im Westen) contra knechtende Pflichten (im Osten): dies ist eine Konstruktion, gegen die entschieden Widerspruch angemeldet werden muß. Die Pflichten- Erklärung, welche die Rechte-Erklärung stärkt, könnte hier eine ergänzend-vermittelnde Funktion wahrnehmen – ohne die Allgemeingültigkeit, die Unteilbarkeit und den Sinnzusammenhang der Menschenrechte zu bedrohen! Im Gegenteil: Sie könnte eine Hilfe sein, das Potential für einen »clash of civilizations« zu verringern, der nur für Ahnungslose »längst widerlegt« ist.

5. Die Liebe zur *Freiheit* teile ich, und Isaiah Berlin ist gewiß recht zu geben, daß es bei der Freiheit primär um Abwesenheit von Zwang geht mit dem »negativen« Ziel, Einmischung abzuwehren: also Freiheit *von*. Aber als ehemaliger Isaiah Berlin-Lecturer in Cambridge darf ich vielleicht bescheiden anmerken, daß sich eine pure »Freiheit von« ohne eine »Freiheit zu« destruktiv und bisweilen gemeingefährlich auswirken kann; der britische Soziologe Anthony Giddens bestätigt hier eine alte theologische Weisheit. Damit ist gewiß keine »gemeinschaftsdienliche« Ausübung der Freiheit ge-

fordert, was leicht zur Knechtschaft führen kann, wohl aber Freiheit in Verantwortung, ohne welche die *Libertas zum Libertinismus* wird, der Menschen, die allein für ihr Ego leben, am Ende innerlich ausgebrannt zurückläßt. Solcher Libertinismus wird aber in dem Moment ein gesellschaftliches Problem, wo die Zahl der Menschen dramatisch zunimmt, die egoistisch ihre Interessen und die private »Ästhetisierung« ihres Alltagslebens pflegen, jedoch nur insofern zu irgendeinem Engagement bereit sind, als dies ihren Bedürfnissen und Lustgefühlen dient. Das merken langsam auch politische Wochenmagazine oder -zeitungen, die erst kürzlich große kritische Artikel über »Die schamlose Gesellschaft« oder »die neue Unverschämtheit« (»Ego ist Trumpf, Frechheit siegt, Entblößung ist die Norm«) publiziert haben.

6. Keine Sorge: *Moral und Gemeinschaft* lassen sich pflichtmäßig gar »nicht verordnen«. Und die beste Gewährleistung des Friedens ist in der Tat ein funktionsfähiger Staat, der seinen Bürgern »Rechtssicherheit« garantiert. Menschenrechte sind dabei »Leitstern« (nicht »Sprengsatz«) einer solchen Gesellschaft. Aber gerade weil sich Gemeinschaft und Moral nicht verordnen lassen, ist die Selbstverpflichtung seiner Bürgerinnen und Bürger unerläßlich. Der demokratische Staat ist, so sahen wir, auf einen Werte-, Normen- und Pflichtenkonsens angewiesen, gerade weil er ihn weder schaffen noch verordnen kann und soll.

7. Leider haben die Deutschen nicht das Glück der Angloamerikaner, die für »*Pflichten*« drei unterschiedlich akzentuierte Begriffe besitzen: »*duties*«, »*obligations*«, »*responsibilities*«. Es war spannend mitzuerleben, wie man sich unter Fachleuten sowohl in Paris (UNESCO) wie in Wien (Inter-Action Council) und in Davos (World Economic Forum) jeweils rasch auf den Begriff der »*responsibilities*« einigte. Warum? Weil dieser Begriff mehr als die anderen Worte statt das äußerliche Gesetz eben diese innere Selbstverpflichtung

betont, worauf eine Pflichten-Erklärung, die ein Ethos keinesfalls zu erzwingen vermag, letztlich zielen muß. Und so hätte man denn am liebsten auch im Deutschen (im Wissen um die Problematik des Wortes »Pflicht«) von einer Allgemeinen Erklärung der »*Verantwortlichkeiten*« gesprochen, wenn dieser Sprachgebrauch bei uns üblich wäre. Immerhin, einmal, wurde dies in der deutschen Fassung des Dokuments zur Verdeutlichung gewagt: »Pflichten oder Verantwortlichkeiten (responsibilities)«. Und man spreche also, wenn man will, ruhig von einer »Erklärung der Verantwortlichkeit« oder »der Verantwortlichkeiten«.

8. Gerade Menschenrechtler müßten es wissen: Schon die *Menschenrechte-Erklärung selber im Artikel 29* enthält eine – freilich noch höchst vage – Bestimmung über »Pflichten eines jeden Menschen gegenüber der Gemeinschaft«. Daraus ergibt sich mit zwingender Logik, daß eine Menschenpflichten-Erklärung keinesfalls im Widerspruch zur Menschenrechte-Erklärung stehen kann. Und wenn Konkretisierungen politischer, sozialer und kultureller Menschenrechte-Artikel durch internationale Abkommen in den 60er Jahren möglich und notwendig waren, warum soll dann eine Entfaltung des Artikels 29 durch eine Ausformulierung dieser Pflichten in den 90er Jahren illegitim sein? Im Gegenteil: Gerade von daher wird deutlich, daß Menschenrechte und Menschenpflichten sich für die Gesellschaft *nicht gegenseitig begrenzen, sondern* – jeder Menschenrechtler sollte dies als eine Verstärkung seiner Position erkennen! – *fruchtbar ergänzen*. Nicht umsonst ist in diesem Artikel 29 von »den gerechten Anforderungen der Moral, der öffentlichen Ordnung und der allgemeinen Wohlfahrt in einer demokratischen Gesellschaft« die Rede. Doch muß in der Verhältnisbestimmung von Rechten und Pflichten die asymmetrische Struktur beachtet werden.

Nicht alle Pflichten folgen aus Rechten

1. Die entscheidende Frage, ob ausgesprochen oder unausgesprochen, lautet, warum es überhaupt neben einer Inanspruchnahme von Rechten auch die Besinnung auf Pflichten braucht. Darauf ist zu antworten: Alle Rechte implizieren Pflichten, aber *nicht alle Pflichten folgen aus Rechten*! Drei Beispiele:

a. Die *Pressefreiheit* einer Zeitung oder eines Journalisten wird vom modernen Rechtsstaat garantiert und geschützt; der Journalist, die Zeitung haben das *Recht* der freien Berichterstattung. Dieses Recht muß der Staat aktiv schützen und zur Not auch mit Gewalt durchsetzen. Deshalb haben Staat und Bürger die *Pflicht*, dieser Zeitung oder diesem Journalisten Recht auf freie Berichterstattung zu respektieren. Aber: Mit diesem Recht ist noch keineswegs die (seit dem Tod der Prinzessin Diana weltweit diskutierte) *Pflicht des Journalisten oder der Medien selber* angesprochen, die Öffentlichkeit wahrheitsgemäß zu informieren und Sensationsberichte zu unterlassen, welche die Würde der menschlichen Person erniedrigen (vgl. Art. 14 der Pflichtenerklärung). Daß sich hingegen aus der Meinungsfreiheit, wie vom Kritiker behauptet, eine Verpflichtung, »andere nicht zu beleidigen«, ableite, ist eine Behauptung, die kaum ein Jurist unterschreiben wird.

b. Auch das *Recht auf Eigentum* eines jeden Menschen wird vom modernen Rechtsstaat garantiert. Es enthält die rechtliche *Pflicht* für andere (den Staat oder einzelne Bürger), dieses Eigentum zu respektieren und sich nicht daran zu vergreifen. Aber: Mit diesem Recht ist keineswegs auch schon die *Pflicht des Eigentümers selber* angesprochen, das Eigentum nicht unsozial, sondern sozial zu gebrauchen (im deutschen Grundgesetz als Pflicht festgeschrieben), die offensichtlich unstillbare Gier des Menschen nach Geld,

Macht, Prestige und Konsum zu zügeln und ökonomische Macht im Dienst wirtschaftlicher Gerechtigkeit und sozialer Ordnung zu gebrauchen (vgl. Art. 11).

c. Die *Gewissensfreiheit* eines jeden Menschen, nach seinem ureigenen Gewissen entscheiden zu dürfen, enthält die rechtliche *Pflicht* für ihn selbst und für andere (Individuen wie Staat), jede freie Gewissensentscheidung zu respektieren; die Schutzwürdigkeit des individuellen Gewissens ist in Demokratien verfassungsmäßig garantiert. Aber: Mit diesem Recht ist keineswegs die ethische *Gewissenspflicht des einzelnen selber* festgehalten, in jedem Fall seinem ureigenen Gewissen zu folgen, auch und gerade dann, wenn ihm dies unangenehm oder zuwider ist.

2. Daraus folgt: Rechte beinhalten auch gewisse Pflichten, *rechtliche Pflichten* nämlich. Aber keineswegs folgen alle Pflichten aus Rechten. Es gibt auch eigenständige *ethische Pflichten*, die direkt in der Würde der menschlichen Person gründen. Schon früh in der theoretischen Debatte hierüber wurden *zwei Pflichtentypen* unterschieden: Pflichten im engeren Sinn, »vollkommene«, eben *rechtliche Pflichten* und andererseits Pflichten im weiteren Sinn, »unvollkommene«, eben *ethische Pflichten* wie Gewissens-, Liebes- und Humanitätspflichten. Diese beruhen auf der eigenen Einsicht und können vom Staat per Gesetz gerade nicht erzwungen werden.

3. Das Ethos erschöpft sich somit nicht im Recht. Die zusammenhängenden *Ebenen des Rechts und des Ethos sind grundsätzlich zu unterscheiden*, was besonders für die Menschenrechte von Bedeutung ist:

– Menschen haben fundamentale Rechte, wie sie in den Menschenrechtserklärungen ausformuliert sind. Ihnen entsprechen die rechtlichen Pflichten sowohl des Staates wie der einzelnen Bürger, diese Rechte zu achten und zu schützen. Hier sind wir auf der *Ebene des Rechts*, der Gesetze, der Paragraphen, der Justiz, der Polizei … Das äußere, gesetzeskonforme

Verhalten ist überprüfbar, das Recht ist im Prinzip einklagbar und zur Not erzwingbar (»Im Namen des Gesetzes«).
– Aber zugleich haben Menschen originäre Pflichten, die schon mit ihrem Personsein gegeben sind und die nicht in irgendwelchen Rechten gründen: Es sind dies rechtlich nicht fixierbare ethische Pflichten. Hier sind wir auf der *Ebene des Ethos*, der Sitten, des Gewissens, des »Herzens« … Die innere, moralisch gute Gesinnung oder schon nur die Wahrhaftigkeit ist nicht direkt überprüfbar; sie ist deshalb auch nicht rechtlich einklagbar und erst recht nicht staatlich erzwingbar (»Gedanken sind frei«). Die »Sanktionen« des Gewissens sind nicht rechtlicher Art, oft aber – bis in Traum und Schlaflosigkeit hinein fühlbar – moralischer Art. Daß Unmoral sich auch in Politik und Gesellschaft auf die Dauer selten auszahlt und oft zu Konflikten mit dem Strafgesetz führt, folgt nicht direkt aus dem ethischen Imperativ.

4. Wo *Recht und Ethos auseinanderklaffen*, funktioniert auch das Recht nicht. Ob die Menschenrechte in concreto realisiert werden, hängt nicht nur allgemein vom ethischen Willen der Verantwortlichen ab, sondern oft von der moralischen Energie eines einzelnen oder einiger weniger. Selbst die Realisierung des grundlegenden Prinzips des Völkerrechts »pacta sunt servanda«, Verträge sind zu halten, hängt, wie das Beispiel des früheren Jugoslawien erneut demonstriert hat, ganz entscheidend am ethischen Willen der Vertragspartner. Und muß nicht Wahrhaftigkeit, gesetzlich nicht überprüfbar, bei jedem Vertragsabschluß vorausgesetzt werden, ohne sie rechtlich erzwingen zu können? »Moral ist gut, Rechte sind besser« (N. Greinacher) ist ein einfältiger Satz. Denn was nützen alle Rechte und Gesetze, wenn keine Sitten, keine sittliche Gesinnung, keine Gewissensverpflichtung dahinterstehen? Mit anderen Worten: Das *Recht braucht ein moralisches Fundament*! Und so heißt es denn in der Pflichten-Erklärung, eine bessere Weltordnung könne

mit Gesetzen, Konventionen und Verordnungen allein nicht geschaffen werden. In der Tat: Das Recht hat ohne Ethos auf Dauer keinen Bestand. Und deshalb ist es sinnvoll und geboten, einer Erklärung über Menschenrechte eine über Menschenpflichten an die Seite zu stellen. Wie gesagt: Beide begrenzen sich nicht gegenseitig, sondern stützen einander.

5. Ein letztes: Die 19 Artikel der Pflichten-Erklärung sind alles andere als ein beliebiger »Cocktail«, sondern – von jedem Kenner leicht erkennbar – eine in unsere Zeit hinein übersetzte *Ausformung der vier elementaren Imperative der Menschlichkeit* (nicht töten, stehlen, lügen, Unzucht treiben), die sich trotz aller Glaubensunterschiede schon bei Patanjali, dem Begründer des Yoga, in der Bhagavadgita und im buddhistischen Kanon und natürlich auch in der Hebräischen Bibel, im Neuen Testament, im Koran, ja in allen großen religiösen und ethischen Traditionen der Menschheit finden. Nicht ein »Kulturrelativismus« wird dadurch gefördert, vielmehr wird dieser durch die Integration kulturspezifischer Werte in einen universal ausgerichteten ethischen Orientierungsrahmen überwunden! Ihren Bezugsort, ihre Mitte und ihren Kern, so sahen wir, haben diese fundamentalen Menschenpflichten, wie die Menschenrechte auch, in der Anerkennung der *Menschenwürde*, die im allerersten Satz der Menschenpflichten- wie der Menschenrechte-Erklärung im Zentrum steht. Aus ihr folgt der grundlegende ethische Imperativ, jeden Menschen wahrhaft menschlich zu behandeln, konkretisiert durch die Goldene Regel, die auch kein Recht, sondern eine Pflicht ausdrückt. So ist die Pflichten-Erklärung ein Appell an die Institutionen, aber auch an das moralische Bewußtsein der einzelnen, in allem Handeln ausdrücklich die ethische Dimension zu beachten.

»Allgemeine Erklärung der Menschenpflichten.
Ein Vorschlag« (1998, hrsg. v. H. Schmidt), S. 78–94.

Politik und Ethos

Auf der Linie von »Projekt Weltethos« plädiert Hans Küng für ein neues Paradigma von Politik und internationalen Beziehungen, das nicht auf realpolitischem Kalkül nationaler Eigeninteressen basiert, sondern auf Werten, Kooperation und Verständigung. Der vorliegende Text fasst die wesentlichen Argumente zusammen.

Spätestens seit dem Zweiten Weltkrieg hatte sich – allen nur zu offenkundigen Widerständen zum Trotz – langsam und mühselig ein neues nachmodernes Paradigma von Politik durchgesetzt. Es ist nicht mehr eurozentrisch, sondern polyzentrisch bestimmt und zielt postkolonialistisch und postimperialistisch auf wahrhaft vereinte Nationen. Sicher ist, dass es angesichts dieser Entwicklung und einer neuen Epoche kaum noch geopolitische Machtstrategen alten Stils braucht. Vielmehr braucht es authentische und integre Staatsmänner, wie die großen des unmittelbaren Nachkriegs-Europa, die ein hohes Maß an Intelligenz, Entscheidungskraft und Stehvermögen aufweisen, aber gleichzeitig auch über eine ethisch bestimmte Vision und konkrete Konzepte verfügen, die sie in hohem Verantwortungsbewusstsein zu realisieren verstehen.

Das heißt: Es gibt, wenn auf hoher Warte angesiedelt, durchaus einen *Mittelweg zwischen Realpolitik und Idealpolitik*, der nichts mit Mittelmäßigkeit zu tun hat. Es ist dies der Weg einer Politik im Geist der Verantwortungsethik im Sinne von Max Weber und Hans Jonas. Was die Außenpolitik betrifft, so ergeben sich daraus zunächst zwei negative Abgrenzungen:

Keine rücksichtslose Realpolitik

Nicht tauglich für eine neue Weltordnung ist die *bloße Erfolgsethik der Realpolitiker*, für die der politische Zweck alle Mittel, auch unmoralische wie Lug, Betrug, Verrat, Folter, politischen Mord und Krieg, »heiligt«. Weder die Diplomatie noch die Geheimdienste, noch die Polizei stehen über der Moral. Solcher Machiavellismus, der von Machiavelli nur die amoralischen Ratschläge übernimmt, hat unendlich viel Leid, Blut und Tränen über die Völker gebracht. Und man denke da nicht nur an Horrorgestalten wie Hitler und Stalin, Pol Pot (Kambodscha) und Idi Amin (Uganda). Man denke auch nicht nur an Geheimpolizei und Geheimdienste verschiedener Staaten, die (wie der KGB der Sowjetunion, die Stasi der DDR, aber auch die CIA der Vereinigten Staaten) Mordkomplotte schmiedeten und Rechtsbrüche begingen, ja, Erpressung, Entführung, Folter und Morde mit Erfolg auch andere lehrten. Man denke schließlich auch an die vielen Politiker, die weniger Staatsmänner als charakterlose Opportunisten waren, deren einzige politische Konstante in Innen- oder Außenpolitik die Förderung ihrer eigenen Macht und Wiederwahl war und die gerade so keine Wiederwahl verdient hätten. Trotzdem:

Aber auch keine moralisierende Gesinnungsethik

Nicht tauglich für eine neue Weltordnung ist auch die *bloße Gesinnungsethik der Idealpolitiker*, für die eine rein moralische Motivation und der gute Zweck ausreichen, die sich aber um reale Machtverhältnisse, konkrete Durchsetzbarkeit wie um mögliche negative Folgen allzu wenige Gedanken machen. »Gut gemeint« ist auch in der Weltpolitik oft »das Gegenteil von gut«. Apokalyptiker können ebenso Schaden anrichten wie Verharmloser. Nein, gute Motive garantieren noch keine gute Politik. Wer gute Intentionen hat, kann sich zwar selber gut vorkommen und anderen gut erscheinen, doch gute Resultate erbringt seine Politik deshalb noch keineswegs. Zur Kunst der Politik gehört die Abschätzung nicht nur der beabsichtigten Folgen, sondern auch der keineswegs beabsichtigten, aber oft höchst schwerwiegenden Nebenfolgen. Wer nur gut handeln möchte ohne Rücksicht auf die möglichen üblen Folgen und Nebenfolgen, handelt letztlich unverantwortlich, gar schuldhaft, auch wenn er bei Mißerfolgen gerne den anderen oder den Umständen die Schuld gibt. Auch falscher Idealismus hat manchmal ganze Völker irregeführt und in ein unrealisierbares »Nirgend-wo«, in eine »U-topie« gelockt. Und dies nicht nur in den Kreuzzügen und den sogenannten Religionskriegen, sondern auch in den modernen Kriegen der Nationen und Ideologien. Nicht nur auf die Motive, sondern auf die Resultate kommt es an, deshalb bedarf die institutionenorientierte politische Ethik der Ergänzung durch eine *resultatorientierte Ethik* (A. Riklin). Das positive Fazit deshalb:

Ein Mittelweg der verantworteten Vernunft

Tauglich für eine neue Weltordnung ist nur eine *Ethik der Verantwortung*. Dieser Mittelweg bedeutet alles andere als Mittelmäßigkeit! Die Ethik der Verantwortung setzt eine Gesinnung voraus, fragt aber realistisch nach den voraussehbaren, besonders auch negativen Folgen einer bestimmten Politik und übernimmt dafür auch die Verantwortung. Die Kunst der Politik im nachmodernen Paradigma besteht darin, das politische Kalkül (der modernen Realpolitik) und das ethische Urteil (der Idealpolitik) überzeugend zu verbinden, immer neu miteinander abzuwägen und immer wieder neu zu suchen. Verantwortungsethik, wie ich sie verstehe, meint also nicht eine modern-autonome »Politik ohne Normen«, aber auch nicht eine quasi mittelalterlich-heteronome »Politik nach Normen«. Vielmehr plädiere ich auch hier für einen *Mittelweg der verantworteten Vernunft* zwischen zwei Extremen:

Das eine Extrem ist ein *unverantwortlicher Machiavellismus und Libertinismus* (exemplarisch der frühere italienische Ministerpräsident Silvio Berlusconi), der in der Politik wie im persönlichen Leben meint, auf alle ethischen Grundsätze, Maßstäbe und Maximen verzichten zu können, der sich einfach nach der gerade gegebenen und ja auch immer wieder wechselnden Situation orientieren will: eine Entscheidung nur auf den anstehenden Fall ausgerichtet, rein aus dem gegenwärtigen Moment heraus. Auch Versprechungen und Verträge gelten in solcher Sicht nur »rebus sic stantibus«, solange die Dinge sind, wie sie sind. Bei veränderter Situation ist Vertragsbruch selbstverständlich. Loyalitäten und Allianzen sind ohnehin wechselnd.

Das andere Extrem ist ein *unvernünftiger Legalismus und Dogmatismus*, der sich in Politik wie persönlichem Leben unbekümmert um die betreffende Situation unflexibel einfach an den Buchstaben des angeblich göttlichen Gesetzes halten will (Exempel liefern die Restaurationspäpste Wojtyla und Ratzinger). Kirchenpolitische Grundsätze, Maßstäbe und früher vielleicht sinnvolle Maximen wurden – bezüglich Empfängnisverhütung, Kondomgebrauch und Bevölkerungspolitik bis hin zu Abtreibung und Sterbehilfe – zu unfehlbaren, ausnahmslosen, in jeder Situation bedingungslos geltenden kirchlichen Gesetzesparagraphen.

Statt Thetik oder Taktik eine verantwortete Gewissensentscheidung

Die Verantwortung hat mehrere Dimensionen: Ich bin verantwortlich anderen Menschen gegenüber, verantwortlich gegenüber mir selber, meinem Gewissen gegenüber, als religiöser Mensch verantwortlich gegenüber Gott. Auch für den Politiker gibt es Situationen, in denen Luthers »Hier stehe ich und kann nicht anders!« gilt, eben eine ganz persönliche *Gewissensentscheidung* fällig ist. Prinzipiell ist der ethische Imperativ zweifellos immer situationsbezogen. Doch in einer bestimmten Situation kann er durchaus kategorisch sein, eine Gewissensverpflichtung ohne jegliches Wenn und Aber, nicht hypothetisch, sondern unbedingt. Für die politische Ethik bedeutet dies alles:

– Politische Ethik meint nicht die unflexible *doktrinäre Thetik* von Dogmatikern, die jeden Kompromiß ablehnen: Ethische Normen ohne Berücksichtigung der politischen Situation sind kontraproduktiv; ethische Entscheide sind immer konkret.

– Politische Ethik meint nicht die gewiefte *clevere Taktik* von Opportunisten, die für alles eine Entschuldigung haben. Wenn eine politische Situation nicht mehr an ethischen Normen gemessen wird, hat dies Gewissenlosigkeit zur Folge. Taktisch-strategische Überlegungen auf Kosten ethischer Prinzipien können auch politisch teuer zu stehen kommen.

– Politische Ethik meint statt dessen eine *Gewissensverpflichtung*, die nicht auf das abstrakt Gute oder Richtige, sondern auf das konkret Gute oder Richtige zielt: eben das in einer bestimmten Situation Angemessene, in dem sich eine allgemeine normative Konstante mit einer besonderen situationsbedingten Variablen verbindet. Verantwortungsethik und Prinzipienethik, die sich von Machiavellismus und Prinzipienreiterei fernhalten, können kooperieren. Nur so ist Gewähr gegeben, dass die drei Qualifikationen, die Max Weber vom Politiker verlangt – Leidenschaft, Verantwortungsgefühl und Augenmaß –, richtig zur Anwendung kommen.

Doch politische Ethik bezieht sich keineswegs allein auf politisch handelnde Individuen, sondern auch auf die institutionellen und kollektiven Akteure der Politik, und dies nicht nur auf der lokalen und nationalen Ebene, sondern in der globalen Perspektive. Denn:

Keine globale Politik ohne globales Ethos

Auch in der »realistischen« Politikwissenschaft wird man immer mehr auf das Problem der *globalen ethischen Verantwortung* aufmerksam, die selbstverständlich nicht nur für die Führungselite gilt. Als ich im Jahre 1990 das Buch »Projekt Weltethos« veröffentlichte, konnte ich kaum auf Dokumente von Weltorganisationen zu globalen ethischen Prinzipien verweisen. Schon drei Jahre nach Erscheinen von »Projekt Weltethos« kam es zur Proklamation der *Weltethos-Erklärung des Parlaments der Weltreligionen* (1993). Und wiederum vier Jahre später, als ich eine realistische zukunftsweisende Gesamtschau unter dem Titel »*Weltethos für Weltpolitik und Weltwirtschaft*« entwickelte, existierten, wie bereits erwähnt, drei weitere wichtige internationale Dokumente, die programmatisch ein globales Ethos fordern und es sogar schon zu konkretisieren versuchen. Denn gerade im Zeitalter der Globalisierung ist ein globales Ethos unabdingbar, und die Menschheit bezahlte teuer dafür, daß ihre Staatsmänner es oft so wenig beachteten. Es sei hier nur knapp auf folgende Dokumente hingewiesen:
– der Bericht der von der UNO eingesetzten Kommission für Weltordnungspolitik (The Commission on Global Governance),
– der Bericht der Welt-Kommission für Kultur und Entwicklung (World Commission on Culture and Development),
– der Vorschlag des *InterAction Councils* (IAC) früherer Staats- und Regierungschefs für eine Allgemeine Erklärung der Menschenpflichten/Universal Declaration of Human Responsibilities.

Schon im Jahr 2000, lange vor dem Ausbruch der Weltfinanz- und Wirtschaftskrise, hatte der damalige Chef des Internationalen Währungsfonds, Dr. Horst Köhler, in seiner Antrittsrede in Prag zur Bewältigung der globalen Probleme auch eine Globalisierung des Ethos angemahnt: »Indeed, the global economy needs a global ethic as Hans Küng says.«

Das Statement, das ich selber als Mitglied der von UN-Generalsekretär Kofi Annan einberufenen »*Gruppe herausragender Persönlichkeiten*« im Anschluß an die Debatte über den »*Dialog der Kulturen*« am 9. November 2001 vor der UN-Generalversammlung abgeben durfte, bleibt meine Überzeugung: »Viele Menschen fragen sich angesichts der heutigen Irrungen und Wirrungen: Wird das 21. Jahrhundert wirklich besser sein als das 20. Jahrhundert voll von Gewalt und Kriegen? Werden wir eine neue Weltordnung, eine bessere Weltordnung wirklich erreichen? … Unsere Gruppe legt eine solche Vision eines neuen Paradigmas internationaler Beziehungen vor, welches auch neue Akteure in der globalen Szene in Betracht zieht.

In unseren Tagen treten die Religionen wieder als Akteure in der Weltpolitik in Erscheinung. Es ist wahr, viel zu oft haben die Religionen im Lauf der Geschichte ihre zerstörerische Seite gezeigt. Sie haben Haß, Feindschaft, Gewalt, ja, Kriege angeregt und legitimiert. Aber in vielen Fällen haben sie Verständigung, Versöhnung, Zusammenarbeit und Frieden angeregt und legitimiert. In den letzten Jahrzehnten sind überall auf der Welt verstärkt Initiativen des interreligiösen Dialogs und der Zusammenarbeit der Religionen entstanden. In diesem Dialog entdeckten die Religionen der Welt wieder, daß ihre eigenen ethischen Grundaussagen jene säkularen ethischen Werte unterstützen und vertiefen, die in der Allgemeinen Erklärung der Menschenrechte enthalten sind.

Auf dem Parlament der Weltreligionen 1993 in Chicago erklärten über 200 Vertreter und Vertreterinnen aus allen

Weltreligionen zum ersten Mal in der Geschichte ihren Konsens über einige gemeinsame ethische Werte, Standards und Haltungen als Basis für ein Weltethos, die dann in den Bericht unserer Gruppe für den Generalsekretär und die Vollversammlung der Vereinten Nationen aufgenommen wurden ...

Gerade im Zeitalter der Globalisierung ist ein solch globales Ethos absolut notwendig ...: Die Globalisierung braucht ein globales Ethos nicht als zusätzliche Last, sondern als Grundlage und Hilfe für die Menschen, für die Zivilgesellschaft. ... Einige Politologen sagen für das 21. Jahrhundert einen ›Zusammenprall der Kulturen‹ voraus. Dagegen setzen wir unsere andersgeartete Zukunftsvision; nicht einfach ein optimistisches Ideal, sondern eine realistische Hoffnungsvision: Die Religionen und Kulturen der Welt, im Zusammenspiel mit allen Menschen guten Willens, können einen solchen Zusammenprall vermeiden helfen.«

»Handbuch Weltethos« (2012), S. 100–108.

Wirtschaft und Ethos

Schon 1997 forderte Hans Küng vor dem Hintergrund der damaligen Weltfinanzkrisen eine Rückbesinnung auf einige elementare Grundwerte in der Wirtschaft. Sein Plädoyer für »Anständig Wirtschaften« gehört seither zum Kernanliegen des »Projekts Weltethos«; es ist in vorliegendem Text knapp zusammengefasst.

Welches wirtschaftspolitische Konzept? Marktwirtschaft sozial

Im großen Widerstreit zweier sozialphilosophisch-wirtschaftspolitischer Konzepte hat die Marktwirtschaft eindeutig über die Planwirtschaft gesiegt. Die Diskussion dreht sich seither um die Frage: Welche Marktwirtschaft? Da ist, vorangetrieben vor allem durch die USA, die prädikatlose, ungeregelte Marktwirtschaft oder *Marktwirtschaft pur*.

Aber nach den verheerenden Erfahrungen der vergangenen und gegenwärtigen Weltfinanz- und Wirtschaftskrise dürfte es schwer sein, Menschen heute von der »Marktwirtschaft pur« zu überzeugen. Es geht vielmehr darum, eine sozial verpflichtete Marktwirtschaft oder *soziale Marktwirtschaft* zu etablieren. Die soziale Marktwirtschaft wurde nach dem Zweiten Weltkrieg in exemplarischer Weise in der Bundesrepublik Deutschland realisiert, befindet sich aber ebenfalls in einer Krise, die vor allem den Umbau des wuchernden Sozialstaats erfordert.

Wege aus der Weltwirtschaftskrise? Drei Komplexe des Versagens

– Ein Versagen der *Märkte* selber: Moral hazard, exzessive Spekulation (Immobilien- und Aktienmarkt), überbewertete Währung, schlechtes Timing der kurzfristigen Schulden, Präsenz eines starken Schwarzmarktes, ein Ansteckungseffekt.
– Ein Versagen der *Institutionen*: unzureichendes Funktionieren von Regulierungs- und Überwachungssystem, Bankensystem, rechtliche Infrastruktur und Finanzsystem, mangelnder Schutz der Eigentumsrechte, Mangel an Transparenz und inadäquate Bilanzstandards.
– Ein Versagen der *Moral*, das dem Versagen der Märkte und Institutionen zugrunde liegt: »Crony«- und Mafia-Kapitalismus, Bestechung und Korruption, Mangel an Vertrauen und sozialer Verantwortung, exzessive Raffgier der Investoren oder Institutionen (J. H. Dunning).

Es muss deutlich werden, daß in der Wirtschaft die Moral, das Ethos nicht etwas Marginales ist oder nur etwas künstlich Aufgesetztes, sondern daß man hier mit Recht von einem »moral framework« spricht, das sowohl mit den Märkten wie mit den Regierungen, mit den Wirtschaftsverbänden und mit den supranationalen Organisationen in Interdependenz und Interaktion steht. Mit Ethos sind also nicht nur »moralische Appelle« gemeint, sondern moralisches Handeln.

Verantwortungsvolles Wirtschaften: ohne institutionalisierte Gier und Lüge

Wir brauchen, so machte es bereits die asiatische Finanzkrise der 1990er Jahre klar, eine *Neuordnung des globalen Finanzsystems*. Eine solche erfordert eine Besinnung auf das notwendige Minimum an bestimmten ethischen Werten,

Grundhaltungen und Maßstäben. Ein *Weltethos für diese Weltgesellschaft und Weltwirtschaft* tut not, auf das sich alle Nationen und alle Interessengruppen verpflichten können. Wie eine *Rahmenordnung* für die Finanzmärkte (ähnlich wie seinerzeit das Bretton-Woods-Abkommen) *global gelten* müßte, damit die Teilnehmer bei Einschränkungen nicht einfach in andere Märkte fliehen, *so müßte auch ein ethischer Grundkonsens global gelten*, damit ein einigermaßen friedliches und gerechtes Zusammenleben auf unserem Globus gewährleistet ist. Also:

Globale Marktwirtschaft erfordert ein globales Ethos der Humanität

Markt und Ethik sind nicht zwei unversöhnbare Welten, aber es muß klar sein, was den Vorrang (Primat) hat – jedenfalls nicht der Markt:
– Es gilt *der Primat der Politik gegenüber der Ökonomie*: Die Wirtschaft darf nicht nur im Dienst der angeblich rationalen strategischen Selbstbehauptung des Homo oeconomicus funktionieren. Die Politik, die sich um Menschen, Gemeinschaft und Menschheit als Ganze kümmert, muß die Regeln setzen, und die Wirtschaft muß sich daran halten.
– Zugleich gilt *der Primat des Ethos gegenüber Ökonomie und Politik*: So grundlegend Wirtschaft und Politik sind, sie sind nur einzelne Dimensionen der allumfassenden Lebenswelt des Menschen, die um der Menschlichkeit des Menschen willen ethischen *Maßstäben der Humanität* unterworfen sein müssen.

Das heißt: Weder die Ökonomie noch die Politik haben also den Vorrang, sondern die in allem zu wahrende unantastbare *Würde des Menschen* und die *mit dem Menschsein* gegebenen *Grundrechte und Grundpflichten*. Es kann eine von Wirtschaftsinteressen unabhängige, aber keine von ethischen Normen losgelöste Politik geben. Doch was für eine Ethik soll gelten?

Keine unökonomische Gesinnungsethik

Nicht tauglich für eine neue Weltwirtschaftsordnung ist die *bloße Gesinnungsethik der Ideal-»Ökonomen«*. Für sie reichen eine rein moralische Motivation und der gute und oft hehre Zweck (Gerechtigkeit, Liebe, Wahrheit, Frieden) aus. Um gegebene ökonomische Gesetzlichkeiten und die konkrete Durchsetzbarkeit in einem hochkomplexen Wirtschaftssystem scheinen sie sich nur wenig Gedanken zu machen. Eine solche idealökonomische Gesinnungsethik pflegt Gewinnstreben prinzipiell oder zumindest für konkrete Fälle als von vornherein unmoralisch zu diskreditieren.

Dagegen ist zu sagen: Für die Allgemeinheit *moralische Forderungen bar aller ökonomischen Rationalität* zu erheben, ohne also die Gesetzlichkeiten der Wirtschaft zu beachten, bedeutet keine Moral, sondern *Moralismus*. Wettbewerb, Verfolgen von Eigeninteressen und Gewinnstreben, wenn sie höhere Güter und die Rechte anderer nicht verletzen, sind legitim.

Auch keine gesinnungslose Erfolgsethik

Ebenso ist zu formulieren: Auch nicht tauglich für eine neue Weltwirtschaftsordnung ist die *bloße Erfolgsethik der Real-Ökonomen*. Für sie »heiligt« der Gewinn alle Mittel, im »Notfall« auch unmoralische wie Vertrauensbruch, Lug und Trug sowie hemmungslose Raffgier. Sittlich berechtigtes Gewinnstreben wird hier zu einem dogmatischen »Gewinnprinzip« oder gar »Gewinnmaximierungsprinzip« erhoben.

Dagegen ist zu sagen: Dogmatisch *ökonomische Auffassungen bar aller ethischen Normen* zu vertreten ist nicht

Ökonomie, sondern ökonomischer Reduktionismus, *Ökonomismus*. Dem Erfolg kann keinesfalls einseitig der Primat zugestanden werden. Wahrnehmen der eigenen Interessen und jedes unternehmerische Handeln müssen sich letztlich immer auch ethisch verantworten, selbst wenn dies im konkreten Fall des Konkurrenzdrucks eine Zumutung bedeuten mag.

Deshalb jetzt die positive Antwort: Tauglich für eine neue Weltwirtschaftsordnung ist nur ein Handeln realistischer Ökonomen mit idealistischem Horizont nach einem *Ethos der Verantwortung*. Solches Ethos setzt auch in der Wirtschaft eine Selbstbindung an das Gewissen und an Werte voraus, fragt aber realistisch nach den voraussehbaren, besonders auch negativen Folgen wirtschaftlicher Entscheidungen und übernimmt dafür die Verantwortung. Die richtige Gewissensentscheidung setzt Informationen und Kritikfähigkeit voraus und kann angesichts einer bleibenden letzten Unsicherheit intuitiv, wenn auch nicht irrational erfolgen.

Ein verantwortetes Wirtschaften in heutiger Zeit besteht also darin, die *wirtschaftlichen Strategien und das ethische Urteil* überzeugend zu verbinden. Dieses neue Paradigma von Wirtschaftsethos wird darin konkret, daß es – bei allem selbstverständlichen Gewinnstreben – wirtschaftliches Handeln auch daraufhin überprüft, ob es höhere Güter oder Werte verletzt, ob es *sozial-, umwelt- und zukunftsverträglich*, kurz, ob es wahrhaft menschlich, *humanistisch* ist.

Für eine ethisch fundierte Unternehmenskultur

Richten wir nun unseren Blick von der global-wirtschaftlichen Perspektive auf die Ebene der Unternehmen. Vom Führungspersonal in der Wirtschaft wird heutzutage eine dreifache Kompetenz gefordert, die natürlich je nach Unternehmen verschieden groß sein kann:

– *ökonomische* Kompetenz im Hinblick auf den Markt, die Unternehmen und den einzelnen;
– *politische* Kompetenz im Hinblick auf die Institutionen: lokale, regionale, nationale Verantwortungsträger und internationale Organisationen;
– *ethische* Kompetenz im Hinblick auf Persönlichkeit und Charakter. Ein Unternehmer oder ein Manager muß nicht nur strategisch denken, sondern auch vorleben, was er von anderen verlangt. Es hängt letztlich vom einzelnen ab, welcher *Geist* in einem Unternehmen herrscht.

Eine gute, womöglich *ethisch fundierte Unternehmenskultur* ist freilich nicht selbstverständlich, ein Unternehmen muß aktiv etwas dafür tun – und zwar immer wieder neu. Es genügt nicht, auf Hochglanzbroschüren Leitlinien und Unternehmensziele zu definieren, in der Annahme, sie würden damit auch umgesetzt und man hätte seiner Verantwortung damit Genüge getan. Eine Wertekultur entsteht nur in einer Atmosphäre des Vertrauens, das wiederum die Grundlage ist für Fairneß und Loyalität. Das heißt konkret:

Erstens: »*Compliance*«, die Befolgung von Gesetzen, ist zu Recht eine Grundanforderung an heutige Unternehmenskultur. Denn selbst in renommierten westlichen Unternehmen wurde und wird möglicherweise noch immer betrogen, manipuliert und korrumpiert. Aber ohne einen Sinn für Integrität und ohne ein echtes Verständnis für Werte wie Wahrhaftigkeit und Gerechtigkeit, für die auf allen Unternehmensebenen aktiv geworben werden muß, wird es langfristig kaum Besserung geben.

Zweitens: Daß sich heute immer mehr Unternehmen zu ihrer sozialen Verantwortung, der »*Corporate Social Responsibility*«, bekennen, ist zu begrüßen. Doch nicht selten erschöpft sich dieses Bekenntnis in punktuellen sozialen, kulturellen oder ökologischen Initiativen. Echte soziale Verantwortung geht weit darüber hinaus. Sie betrifft die gesamte

Geschäftstätigkeit eines Unternehmens, die Mitarbeiter und alle vom Unternehmen betroffenen Menschen. Und sie gründet in einem Bewußtsein für Werte wie Verantwortung, Menschlichkeit und Solidarität, die zur Grundlage einer wirklich verantwortlichen Unternehmenskultur werden müssen.

Drittens: Ungezählte Unternehmen haben in den letzten Jahren aufwendige Leitbildprozesse durchlaufen, haben Strukturen implementiert, Institutionen geschaffen und Dokumente verabschiedet. Oft hat sich dadurch an der Unternehmenskultur aber wenig geändert. Leitbilder brauchen ein Fundament. Sie brauchen die *Bereitschaft aller Beteiligten*, diese Leitbilder im Unternehmensalltag auch umzusetzen. Den Leitbildern sollte die *innere Haltung* derer entsprechen, für die sie gedacht sind. Deshalb muß man über diese inneren Haltungen (»Tugenden«) sprechen, müssen ethische Überzeugungen und Werte, auch in den Führungsetagen, offen und ehrlich thematisiert und vor allem gelebt werden.

Eine besondere Rolle kommt in der Tat den *Führungskräften* zu (K. Leisinger). Wertevermittlung ist immer ein »Top-Down-Prozess«, der oben anfangen muß, wenn er nach unten gelingen will. Wie in der Erziehung, so lebt auch in einem Unternehmen die Wertevermittlung von *Vorbildern*. Von den Verantwortungs- und Entscheidungsträgern müssen die Werte vorgelebt werden, sie müssen unternehmensintern kommuniziert und sie müssen für die Mitarbeiterinnen und Mitarbeiter erfahrbar gemacht werden. Daß solche Prozesse am besten in »flachen« Hierarchien und in möglichst kleinen Einheiten mit möglichst gut qualifizierten und motivierten Mitarbeitern gelingen, liegt auf der Hand. Je größer, unüberschaubarer und anonymer die Strukturen, desto schwieriger sind solche Prozesse.

In allen Unternehmen spielen aber die *Auswahlkriterien* sowie die *Beförderungspraxis* für das Führungspersonal eine entscheidende Rolle. Ob Mitarbeiter mit ethischen Überzeugungen, mit emotionaler Intelligenz und Sozialkompetenz in Führungspositionen gelangen, wirkt sich nicht nur unmittelbar auf Unternehmensentscheidungen und die jeweilige Unternehmenspolitik aus. Es hat eine nicht zu unterschätzende Signalwirkung im Unternehmen selber und weit darüber hinaus. Die von Kritikern oft gestellte Frage, ob denn *erfolgreiches Wirtschaften und ethische Überzeugungen* überhaupt zu vereinbaren sind, ist mit Verweis auf solche Beispiele, die es in vielen Unternehmen gibt, entschieden mit Ja zu beantworten. Und die heranwachsende Generation zukünftiger Führungskräfte – dies zeigen Beispiele aus Universitäten und Business Schools weltweit – ist in der heutigen Krisenzeit ethischen Fragen gegenüber viel selbstverständlicher aufgeschlossen, als dies manche ihrer Lehrer, oft noch einem alten Paradigma verhaftet, wahrhaben wollen.

»Handbuch Weltethos« (2012), S. 109–116.

Der Autor dieses Buches

Hans Küng (*19. 3. 1928), in eine katholische Familie hineingeboren, ist im Schweizer Städtchen Sursee aufgewachsen und hat in Luzern sein Gymnasium absolviert.

Sieben volle Jahre hat er dann in Rom im elitären Päpstlichen Collegium Germanicum et Hungaricum gelebt und an der Päpstlichen Universitas Gregoriana seine philosophischen und theologischen Studien absolviert. Zum Priester geweiht, hat er in der Petersbasilika seine erste Eucharistiefeier zelebriert und vor den päpstlichen Schweizergardisten seine erste Predigt gehalten.

Mit seiner Dissertation über den reformierten Theologen Karl Barth wurde Hans Küng am Institut Catholique in Paris zum Doktor der Theologie promoviert. Nach zwei Jahren Seelsorge in Luzern wurde er 1960 mit 32 Jahren Professor der katholischen Fundamentaltheologie an der Universität Tübingen.

Als von Johannes XXIII. ernannter Experte nahm Hans Küng 1962–1965 am Zweiten Vatikanischen Konzil teil. Er lehrte zwei Jahrzehnte Theologie in der Katholisch-Theologischen Fakultät Tübingen, gründete und leitete das Institut für ökumenische Forschung der Universität. 1979 erfuhr Hans Küng unter Papst Johannes Paul II. die Inquisition am eigenen Leib, behielt jedoch trotz des Entzugs der kirchlichen Lehrbefugnis Lehrstuhl und Institut (aus der Katholischen Fakultät ausgegliedert).

Er hielt seiner Kirche drei weitere Jahrzehnte in kritischer Loyalität die Treue und ist, vielfach ausgezeichnet, bis auf den heutigen Tag Professor der ökumenischen Theologie und katholischer Priester. So blieb die katholische Glaubensgemeinschaft trotz aller Erfahrungen mit der Unbarmherzigkeit des römischen Systems seine geistige Heimat, deren Maßstab jedoch bis auf den heutigen Tag Jesus, seine Botschaft, sein Verhalten, sein Geschick sein soll. Küngs Katholizität beinhaltete stets eine Offenheit gegenüber den anderen christlichen Konfessionen, den Weltreligionen und der säkularen Welt. Seit den 1980er Jahren widmete er sich intensiv dem Dialog der Weltreligionen und der Begründung, Verbreitung und Umsetzung des Projekts »Weltethos«.

Bücher des Autors zur Vertiefung

Rechtfertigung. Die Lehre Karl Barths und eine katholische Besinnung, Johannes/Benziger 1957; Serie Piper 674, München 1986.

Konzil und Wiedervereinigung. Erneuerung als Ruf in die Einheit, Herder 1960.

Die Kirche, Herder 1967; Serie Piper 161, München 1977.

Unfehlbar? Eine Anfrage, Benziger 1970; erweiterte Neuausgabe: Unfehlbar? Eine unerledigte Anfrage, Serie Piper 1016, München 1989, mit einem aktuellen Vorwort von Herbert Haag.

Christ sein, Piper 1974; Serie Piper 1736, München 1993.

Existiert Gott?, Piper 1978; Serie Piper 2144, München 1995.

Die Hoffnung bewahren. Schriften zur Reform der Kirche, Benziger 1990; Serie Piper 1467, München 1994.

Projekt Weltethos, Piper 1990; Serie Piper 1490, München 1992; TB 1659, München 2011.

Das Judentum, Piper 1991; Serie Piper 2827, München 1999.

Das Christentum, Piper 1994; Serie Piper 2940, München 1999.

Weltethos für Weltpolitik und Weltwirtschaft, Piper 1997; Serie Piper 3080, München 2000.

Erkämpfte Freiheit. Erinnerungen, Piper 2002, Serie Piper 4135, München 2008.

Der Islam, Piper 2004; Serie Piper 4709, München 2006.

Umstrittene Wahrheit. Erinnerungen, Piper 2007; Serie Piper 5387, München 2009.

Was ich glaube, Piper 2009; Serie Piper 6390, München 2010.

Anständig wirtschaften, Piper 2010, TB 7323, München 2012.

Ist die Kirche noch zu retten?, Piper 2011, TB 7498, München 2012.

Jesus, Piper 2012.

Handbuch Weltethos, Piper 2012, TB 30059, München 2012.

Erlebte Menschlichkeit. Erinnerungen, Piper 2013.